歴史の転換期

10

Turning Points in World History

1905年
革命のうねりと連帯の夢

小松久男 編

山川出版社

監修　木村靖二・岸本美緒・小松久男

はしがき

グローバルヒストリーなど世界史を広い視野から多面的に考えようとする動きが活発な今日、最新の学問的な知見を踏まえ、さまざまな時期の「世界」を新しい切り口で提示してみたい——本シリーズはこのような考えに基づいて企画されました。世界の歴史の大きな転換期となった年代を取り上げ、その年代に各地域の人々がどのように生活し、社会の動きをどのように感じていたのか、世界史の共時性に重点をおきながら考えてみることがこのシリーズの趣旨です。

グローバルな視点から世界史像を描く試みは、今日ではすでに珍しいものではなく、本シリーズもそのような歴史学界の集合的努力の一環といえます。ではそのなかで、本シリーズの狙いと特徴はどこにあるのか。このはしがきでは、それをいくつかの面から述べてみたいと思います。

第一に、「転換期」ということの意味についてです。今日の時点から振り返ってみれば、それぞれの時期の「転換」の方向性は明確であるようにみえます。地域により、早い遅いの差はあれ、また独特の特徴はあれ、歴史はある一定の方向に向かって発展してきたのではないか……。しかしこのような見方は、のちの時代から歴史を振り返る人々の陥りやすい、認識上の罠であるともいえます。その後の歴史の動きを知っている私たちからみると、歴史の軌道は自然に「それしかなかった」ようにみえてしまうのです。それでは、「今日から当時の社会を振り返る」のでなく、「当時の社会から未来をみようとする」立場に立ってみたらどうでしょうか。今日の私たちのなかで、数十年後、百年後の世界がどうなっているかを自信をもって予測できる人はほとんどいないと思いますが、それは過去の人々も同様です。

当時の世界各地に生きる人々の生活に即してみれば、彼ら彼女らは「世の中が大きく変わっている」ことを体感しつつも、彼ら彼女らを押し流すこの潮流がどこに行くのか予測できないまま、不安と希望のなかで日々の選択をおこなっていたといえるでしょう。そのような諸地域の人々の具体的経験をかさね合わせることで、歴史上の諸「転換期」は私たちに、今日の視点から整序された歴史の流れに比べてより複雑な、そしていきいきとした歴史の姿を開示してくれるのではないでしょうか。

第二に世界史的な「共時性」についてです。本シリーズの各巻は、それぞれ特定の一年を西暦表示でタイトルに掲げています。これについては、当然疑問がわくことと思います。その前後数十年間、あるいは百年間をみれば、世界各地で大きな変化がみられ、その意味で一定の相互連関を見て取ることができるとしても、そのような転換は特定の一年で一気に起こるものではないだろう。いくつかの地域では大きな転換が起こったとしても、そのほかの地域では起こらないということもあるだろう。とくに、グローバル化が進んだ十九世紀・二十世紀ならともかく、古代・中世についてそうした世界史的「共時性」（シンクロニシティ）を想定することは意味がないのではないか、と。もちろん、本シリーズの編者、執筆者もそうした厳密な共時性を強引に主張しようとしているのではなく、各巻の諸章の対象を、その年のみについて論じているわけではありません。また、世界史上の「交流」や「衝突」など、地域を超えた動きやそれを担った人々を特別に取り上げてそれだけを強調しようとしているのでもありません。少なくとも十八世紀以前において、絶対多数の人々は、自らの生きる地域や国の外で何が起こっているのかをほとんど知らなかったでしょうし、本シリーズの多くの章においては、そのような普通の人々が主人公になるでしょう。それにもかかわらず、特定の年に焦点をあてて世界各地の状況を眺めてみることには、なお一定の意味があるように思われます。それは、当時のそれぞれの地域の人々が直面していた問題とそれへの対応の多様性と共通性を、ばらばらでなく、広い視野から分析する可能性を開くということです。広域的な気候変動や疫病のように、さまざまな地域が同じ時期に直接に「同じ」問題に直面することもあるでしょう。また、情報や技術の伝播、商品の流れのように、時間差をもちながら世界各地に影響を与えてゆく事象もあるでしょう。なお、問題が類似していたとしても、各地域が同じ対応をするとは限りません。ある地域の対応が隣接した地域の逆の対応を招くこともあるでしょう。類似の状況に直面しながら、ある地域ではそれが既存のシステムを大きく揺るがしたのに対し、他の地域ではほとんど影響を受けない場合もあるでしょう。そのような対応の違いがみられた場合に、それはなぜなのかを考えてみることは、それぞれの社会の特質に対する理解を深めることにも繋がるでしょう。遠く離れた地域で生まれ、相互に何らの情報ももたなかった人々を「同時代人」と呼ぶことは普通はないかもしれませんが、それでも彼ら彼女らがコン・テンポラリーすなわち同じ時のなかに生きていた、ということの面白さを味わってみたいと思います。

第三に「世界史」とは何か、という問題です。今日、グローバルヒストリーという標語を掲げる著作はたくさんありますが、「一国史」の枠組みを超えるという点でほぼ共通するとはいっても、その方法はさまざまです。気候変動・環境や疫病など、自然科学的方法を加味したアプローチによって広域の歴史を扱うものもあります。また、比較史的方法にせよシステム論的方法にせよ、アジアに重心をおいてヨーロッパ中心主義を批判するものもあります。さらに、多言語史料を駆使した海域・交流史をグローバルヒストリーと称する場合もあります。本シリーズは「世界史的」視野をめざしつつも、必ずしもグローバルヒストリーという語は用いず、それぞれの執筆者に任意の方法で執筆していただき、また対象についても自由に選んでいただく方針をとりました。世界史といっても、ある年代の世界をいくつかの部分に分割してそれぞれの部分の概説を書いていただくというかたちではなく、むしろ範囲は狭くても可能な限りヴィヴィッドな実例を扱っていただくようにお願いしました。したがって、それぞれの巻は、その年代の「世界」を網羅的に扱うものには必ずしもなっていません。その結果、一見したところ、いくつかのばらばらのトピックの寄せ集めとみえるかもしれません。しかし、各巻の諸章の対象を一国あるいは一地域の枠のなかに押し込めず、世界に向けて開かれた脈絡のなかで扱っていただくことも、執筆者の方々に同時にお願いしたところです。「世界」をモザイクのように塗り分けるのではなく、いわば具体的事例を中心として広がる水紋のかさなり合い、ぶつかり合いとして描き出そうとすることが、本シリーズの特徴だと考えています。「世界史」とは、一国史を集めて束ねたものでないことはもとよりですが、「世界」という単一の枠組みを前もって想定するようなものでもなく、むしろ、それぞれの地域に根ざした視点がぶつかり合い対話するところにそのいきいきした姿をあらわすものである、と考えることもできるかと思います。

以上、三点にわたって本シリーズのコンセプトを簡略に述べました。歴史の巨視的な動きも、大政治家、学者から庶民にいたる諸階層の人々の模索と選択のなかで形成されていきます。本シリーズの視点はグローバルであることをめざしますが、それは個々の人々の経験を超越した高みから世界史全体を鳥瞰するということではなく、今日の私たちと同様に未来の不可測性に直面しながら選択をおこなっていた各時代の人々の思考や行動のあり方を、広い同時代的視野から比較検討してみたい、そしてそのような視点から世界史的な「転換期」を再考してみたい、という関心に基づいています。このような試みを通じて、歴史におけるマクロとミクロの視点の交差、および横の広がり、縦の広がりの面白さを紹介することが本シリーズの目的です。

本シリーズの巻別構成は、以下のようになっています。

1巻　前二二〇年　帝国と世界史の誕生
2巻　三七八年　失われた古代帝国の秩序
3巻　七五〇年　普遍世界の鼎立
4巻　一一八七年　巨大信仰圏の出現
5巻　一三四八年　気候不順と生存危機
6巻　一五七一年　銀の大流通と国家統合
7巻　一六八三年　近世世界の変容
8巻　一七八九年　自由を求める時代
9巻　一八六一年　改革と試練の時代
10巻　一九〇五年　革命のうねりと連帯の夢
11巻　一九一九年　現代への模索

各巻には、各章の主要な叙述以外に、「補説」としてやや短い論考も収録されています。各巻の巻頭には、全体像を概観する「総論」を設けました。見返しの地図、巻末の参考文献も、役立てていただければ幸いです。

『歴史の転換期』監修　木村靖二・岸本美緒・小松久男

1905年　革命のうねりと連帯の夢

総論 革命のうねりと連帯の夢

小松久男

ウィーンからの眺望

一九〇五年以後、ユーラシアは革命と動乱のうねりのなかにあった。これを経験した人々は、この時代をどのようにみていたのだろうか。ある革命家は、亡命の身でこう書いている。

ロシア革命のこだまは、国境を遠く離れたところまで響きわたり、西ヨーロッパではプロレタリアート運動を激化させ、アジアでは諸国民を政治活動に目覚めさせた。カフカスに隣接したペルシャでは、カフカスでのさまざまな事件の直接的な影響で革命運動が始まり、帰趨《きすう》がはっきりしないいますでに二年以上が過ぎている。中国でも、インドでも、いたるところで人民大衆は自国の独裁者や、ヨーロッパの略奪者(資本家、宣教師など)に抗して立ち上がっている。略奪者たちがヨーロッパのプロレタリアートを搾取するだけでなく、アジアの諸国民をも零落させているからだ。ロシア革命の最も新しい影響は今年(一九〇八年)の夏に起こったトルコ革命である。

(トロツキー『バルカン戦争』)

これは一九〇八年末、トロツキー(一八七九〜一九四〇)が書いた文章である。彼は日露戦争での打ち続く敗北のなかで展開した一九〇五年革命で、ペテルブルク労働者代表ソヴィエトの幹部として活躍していた。体制の存続をはかるツァーリは、言論、集会、結社の自由などの市民的な自由と国会の開設を約束する十月詔書を出したが、トロツキーらはこれに満足せず、革命の深化を求めたため当局に逮捕された。しかし、流刑地のシベリアに向かう途中で脱走し、各地を転々とした後ウィーンにたどりついていた。ここで彼は一九〇五年革命後の世界情勢を見渡している。

アジアについていえば、「ペルシャ」の革命運動とは、一九〇五年に始まったイラン立憲革命のことである。これはたしかに彼の指摘するとおり、ロシア領アゼルバイジャンでの革命運動と連動する面をもっていた。ここは当時世界最大の油田を有したバクーなどの工業都市での労働運動と多民族が入り混じる社会を背景とする民族運動、そして帝政の策動とが複雑に絡み合う、まさに革命の中心地域であり、革命の気運と手段、組織方法はイランからの多数の出稼ぎ労働者や越境する革命家を介して、タブリーズを中心とするイラン領アゼルバイジャンに伝わっていたからである。イランの革命家たちもコーカサスに避難所を見出していた。このイラン立憲革命については、第一章で詳説されている。中国の動きは、孫文らの革命運動と立憲運動を、インドの場合はインド総督カーゾンのベンガル分割令に反対するインド人の運動を指しているにちがいない。そして、最新のトルコ革命とは、スルタン・アブデュルハミト二世の専制下で封印されてきた憲法と議会を復活させた青年トルコ人革命のことである。トロツキーは革命と動乱のうねりを実感しているが、これをより鮮やかに表現しているのは、これより少し前、同年四月に書かれた文章「時間上に広がるわが祖国」だろう。彼はこう書いている。

> 私は時間上に広がるわが祖国を愛している――嵐と雷雨のなかに生を享《う》けたこの二〇世紀を。それはみずからのうちに果てしなき可能性を秘めている。その領土は、全世界である。これにくらべて、先立つ幾世紀は、歴史の外の砂漠の微々たるオアシスにひしめきあっていた。（中略）一八世紀も、いや一九世紀すらも、世界史というものを知らなかった。われわれになってはじめて、いまや

おそらくその入口に立っているのである。

テヘランももはやまどろんではおらず、大胆不敵に反乱を起こしている。それは西欧的憲法の旗をかかげて、東洋的市を封鎖しようとしており、街頭行進の隊列を組み、闘い、議会を勝ちとろうとしている……議会のつんざくような騒音が、真珠の泉のせせらぎをかき消している。もはやテヘランはまどろんだりはしていない！

（トロツキイ『文学と革命』）

このイラン立憲革命の描写はたしかに文学的な香りを漂わせているが、現実から遊離したものではなかった。やはり同時代人としてこれを観察していたイギリスのイラン学者ブラウンは、ガージャール朝の専制と失政に対する不満が高まるテヘランにいた目撃者の語りをつぎのように紹介している。

ロシア革命はここに驚天動地の影響を与えた。人々はロシアのできごとをおおいなる関心をもって見守り、新しい精神にとらわれたかのようになった。人々は自分たちの支配者に倦《う》み、ロシアの例にならって別のもっと良い統治の方法をもつことができると考えるようになった。不満は一九〇五年十二月その頂点に達し、ウラマー（イスラーム学者）はすべて都市を離れ、政府に対する抗議行動として〔聖地〕シャー・アブドゥルアズィームにバスト（立て籠もり）した。六週間後、マジュリス（正義の議会）と「正義の館」の開設を約束されると、彼らは説得に応じて家路についた。

このときテヘランのバザールもまた抗議の一斉休業にはいっていた。テヘランの激動に続いて、トロツキーは「大いなるアジア大陸の前に資本主義文化の開拓者として浮かびあがった」日本、そして日露戦争によって「アーリア人に過酷な教訓を与えた」その日本以上に、「永遠に枯渇したかに見えていた歴史的活力」を甦らせたインド人、そして「満洲人たちの弾圧的王朝に抗して、共和制運動が成長してきている」中国の巨大なエネルギーに注目し、「歴史的発展の重心はアジア大陸に移るかもしれない」と展望する。「アジアは『老衰』から新しい青春へと移っており、豊かだが老衰しつつあるヨーロッパを銀行オフィスに変えかねない」と。彼が現実の世界史の始まりを二十世紀初頭に認め、かつ発展の動力をアジアに見出していることは興味深い。これらの文章を書いた後、トロツキーはウクライナの左翼新聞の特派員として凄惨なバルカン戦争のルポルタージュに専念することになる。

あるブハラ人の「日記」

この頃、帝政ロシアの保護国、ブハラ・アミール国の首都「聖なるブハラ」では、イスラーム法裁判官の任にあったムハンマド・シャリーフ・サドリ・ズィヤー（一八六七〜一九三二）が「日記」と題する自伝的な記録をつけていた。ここブハラはロシア帝国のみならずイスラーム世界、すなわちオスマン帝国やイラン、アフガニスタン、インドなどの情勢を眺望することのできる絶好の位置にあった。彼の日記はブハラからみた時代状況の一端を鮮明に伝えている。一九〇五年前後、彼がもっとも関心を寄せていたのは日露戦争の発端と戦況、そしてロシアに対する日本の優位性である。例えば、日本は義和団事件後も満洲から兵を引かないロシアに対して再三抗議をおこなったが回答はなく、ついに開戦にいたったというくだりで、彼は「ミカド」にこう語らせている。「そのときまでに回答がなければ、私は棍棒をもって立ち、アフラシヤーブとの戦場になろう」と。これはペルシア文学の古典『王書《シャーナーメ》』のテーマ、すなわち英雄ロスタムと敵方の戦士アフラシヤーブとの戦いを踏まえたものにほかならない。戦況についてはかなり詳細であり、黒木〔為楨《ためもと》〕大将や奥〔保鞏《やすかた》〕大将率いる日本軍の攻勢、乃木〔希典《まれすけ》〕将軍による旅順攻略とステッセル中将の降伏の模様が綴られている。艱難辛苦のすえに朝鮮海域にたどりついたバルチック艦隊の最後についてはこう書いている。

東郷〔平八郎〕は待ち伏せからとびかかるライオンのように攻撃を加え、海水は絶望のちりとなって兵士たちに降りそそいだ。ロシアの戦艦、水雷艇、輸送船、駆逐艦は一〇《ママ》五隻をかぞえた。ロジェストヴェンスキー提督と幕僚の座乗する旗艦は破壊され、捕虜となった。

サドリ・ズィヤーは、ポーツマス講和条約にふれた後、しばらくの時をおいてミカドの崩御と乃木将軍夫妻の殉死についても記している。情報源は、カーブルの『情報の灯』やカルカッタの『固い絆』という、いずれもペルシア語の新聞である。彼はこれらの記事から引用するのだが、ミカドは国民の準備が整ったとみると、憲法を発布し、議員の選出および議会と貴族院の開設を公布したという記述からもわかるように、明治日本の立憲君主制を高く評価してやまない。彼はミカド頌詩も書いている。これと対照的なのが「ロシア帝国の衰退の要因」と題された詩である。その大意はつぎのようである。ピョートル大帝の死後、公正の基礎は専制にとってかわられ、臣民の安寧は破壊された。ユダヤ教徒やアルメニア人は迫害を受け、ムスリムもまた強制的な改宗のような抑圧を受けた。国民のすべてを敵にまわしたロシアには、神の怒りの剣がくだされ、公正と慈悲の創造主は、日本から貴種のミカドを興された。三十歳の雄々しい日本は齢三〇〇年の国を打ち倒すだろう、と。一方で、彼はクロパトキン指揮下のロシア軍に十分な軍需物資を補給することもできない戦時体制の不備を指摘しながら、日露戦争とは表裏一体の関係にある一九〇五年革命の詳細にふれることはない。日本海海戦の敗北後、「ロシアの軍司令官と将校は勝利の希望を捨て、ロシアの民に明らかになったのは、国内の無秩序と反乱が国民のあいだに始まったことである」と記すにとどまっている。

日露戦争ほどの詳しさは欠くものの、日記はイラン情勢に関する彼の観察を伝えている。彼は「世界最古の国の一つ」イランの衰退の要因をなによりも、ナーセロッディーン・シャー(在位一八四八〜九六)以下、歴代国王の失政に求める。彼らに対置されるのがアフガニスタンの国王アブドゥッラフマーン・ハーン(在位一八八〇〜一九〇一)であり、彼は国内に統一と安定をもたらしたばかりか、英露二大国の干渉にも耐え抜くことができたと評価する。一方、本書第一章の主人公サッタール・ハーンに関する記述はすげない。彼はアゼルバイジャンで「一年にわたって独立の太鼓を打ち鳴らし、人々の耳を聾《ろう》して地方をめちゃめちゃにした」と書くのみである。彼の眼は立憲革命の展開よりも、英露二大国のふるまいに向けられている。

この暴動のさなかにロシアがタブリーズに侵攻する一方、イギリスはイランの南部を占領した。一方には鋭い歯と長い爪を広げるイギリスのライオン、他方には底知れぬ強欲と貪欲のあごを開けて待ち伏せるロシアの熊がおり、イランの兎は両者のあいだ。まだ生きてはいるが、これは死ぬよりもひどい。(中略)独裁のロシアは、迫害と暴力をさらに強めてタブリーズとラシュトを血で染め、地域を荒らし、名士たちを吊るし、[マシュハドの]ハズラテ・イマーム・レザー(神よ彼を嘉したまへ)の聖なる廟を砲撃で破壊した。(中略)イギリスはロシアの熊のふるまいに介入してこれを引き留め、野営地に連れ帰ると、半死のイラン兎をその爪から解き放したのである。

これは、立憲革命の混乱期に乗じてロシア軍がイラン北部を蹂躙《じゅうりん》し、最終的に一九〇八年の英露協商によって両大国がイランにおける勢力圏を確定するにいたる経緯をサドリ・ズィヤー流に要約したものである。

彼はオスマン帝国の動静にも目を向けていたが、青年トルコ人革命に対する評価は否定的である。一九〇八年に起こった事件の一つ、「七〇〇年も続いたオスマン国家の専制を立憲君主制へと変えた」、「カリフ国の首都」における革命について、彼はこう書いている。

ことの経緯を聞き知り、オスマン革命に関する書物を読んだことのあるまっとうな読者は、一群のトルコ人が自由と立憲制の要求を口実に賢明なるスルタン・アブデュルハミト・ハンに背いたことを知っている。陰謀をめぐらし、自分たちの主義主張で人々を扇動し、こうして人々を味方につけながら、彼らは機会をうかがっていたのである。トルコが引き続く戦争によって極度に疲弊し、多数の敵が四方から襲いかかってイスラームの中心を包囲した、まさにそのときに彼らは頭をもたげ……

「くだんの一団」すなわち青年トルコ人はスルタンに反逆し、これを「レシャトという名の無知な者」にかえた。この革命によってかつては諸国の羨望を集め、イスラームの中軸であった強国は失われた、というのがサドリ・ズィヤーの理解であった。ここに立憲君主ミカドによせた共感はみられない。むしろイスラーム世界の屋台骨がくずれたという喪失感が際立っている。

一九〇五年以後の革命と動乱を観察したサドリ・ズィヤーの感慨は、つぎの一節に集約されているようにみえる。

西のトリポリをめざす戦争〔イタリア・トルコ戦争のこと〕は、アフガニスタンの君主やイスラーム世界の他のスルタンたちに、ヨーロッパの強国はふだんは合法性にこだわって公正を説き、高度に文明化されていると認識されていたが、こたびは目にあまる正義の無視と暴力、非道を犯して恥をさらしたことを気付かせた。これらの専横な者たちが密かにあるいは公然と犯している野蛮な行為のすべてを数えあげたなら、われわれはおびたただしい数の本を書かねばならないだろう。これらの文明化した人々がクレタやキプロス、タブリーズ、マシュハドなどのイスラームの諸地域で犯している無差別の虐殺やひどい略奪、文明化した強国の残忍なふるまい、これらのすべてはイスラーム世界を覚醒させ、ムスリムのあいだに共感とお互いを知ろうとする意欲を生み出したのである。

これは同時期のムスリム知識人が共有していた時代の空気を伝えているように思われる。

イスラーム世界と日本

サドリ・ズィヤーは、ブハラでも有数の教養人であり、新方式学校のような改革運動にも理解があったが、自ら政治的な主張を展開したり、ましてや政治・社会運動に参画することはなかった。しかし、一九〇五年、彼の言及したイスラーム世界の覚醒を自らの任務として決然と引き受けた男がいた。彼は主著『イスラーム世界』の前書きでつぎのように記している。

私はかねてから長途の旅を夢見てきたが、いつも怠慢や障害のために時を逸してしまった。今から五、六年前も今度こそと決意したものである。しかし、そのときロシアに起こった〔一九〇五年の〕革命は、民族間の大きな暴動やここかしこでの覚醒の運動を惹き起し、わがムスリム同胞たちもこの潮流に巻き込まれた。私は〔帝政の揺らぎによって〕目前に現れた民族の未来を思案するとともに、ロシア・ムスリムの市民権と宗教に関する権利の擁護こそ神聖な使命と考えたので、いったんは決意したこの旅行をしばらく延期することにした。

この著者はアブデュルレシト・イブラヒム（一八五七〜一九四四）、第二章にも登場するロシア・ムスリム政治運動の組織化に尽力した活動家の一人である。西シベリア（トボリスク）生まれの彼は、苦学のすえにメディナに留学してイスラーム諸学をおさめ、一時はロシア内地のムスリムを統括するムスリム宗務協議会の役員を務めたが、ロシア政府の「御用機関」という実態に満足せず、公務を去る。ジャマーレッディン・アフガーニーらの先達の影響のもと、イスラーム世界に広がる危機と変革の必要性を認識したイブラヒムは、各地をめぐりながらロシアの対ムスリム政策を批判するジャーナリストとして名をなすことになる。この間、ヨーロッパではロシア人社会主義者や日露戦争期の対露工作で名高い明石《あかし》元《もと》二郎《じろう》らと接触したという。一九〇四年にはロシア政府の要請によって滞在先のイスタンブルから強制送還の措置を受け、オデッサの監獄に収監された。ロシア政府からみれば、彼は国境を越えてムスリムの覚醒と統合を扇動する「危険な汎イスラーム主義者」にほかならなかったからである。しかし、同胞の請願によって釈放されたイブラヒムは、革命状況のなかで奮迅のはたらきを示す。

ロシアで革命が頭をもたげるやいなや、わがタタール人たちは最初の行動として自分たちの政治的な存在を主張することにためらいはなかった。ペテルブルクで政党結成の動きが始まると、われわれも「ムスリム連盟」の名のもとにロシア全土のイスラーム教徒が一つの自立した党になることの必要性を決意し、これに基づいて政党が組織された。（中略）

〔ドゥーマ（国会）が開かれると〕ムスリムは一体となり、選挙においても、また第一および第二ドゥーマにおいても無能や怠惰をいっさいみせることなく、完璧な注意を払って国民の権利や信仰の権利を守るために自らの政治的な存在を発揮した。

イブラヒムは、ロシア・ムスリム連盟の結成に奮闘すると同時に、一九〇五年サンクトペテルブルクでテュルク語新聞『ウルフェト（友愛）』を創刊する。早くも第一号で自治に関する論説を載せた新聞は、以後ムスリム連盟やドゥーマ（国会）の活動のほか、インドや中国、ジャワを含むイスラーム世界の動向を伝えるメディアとして幅広い読者を得た。ブハラのサドリ・ズィヤーもこれを読んでいた可能性が高い。もう一つの特徴は、各地の読者からの投稿を載せることによって、ムスリム知識人のフォーラムの役割をはたしたことである。例えば、サマルカンドの知識人ベフブーディーがロシア・ムスリムに共通の文章語の必要性を訴えると、ただちに重要な問題提起としてこれを掲載している。こうして、第二章で描かれているように、新聞はロシア・ムスリムの公共圏の形成に寄与していく。トロツキーは触れていないが、一九〇五年は帝国人口の一割（約一九〇〇万人）を超えるロシア・ムスリムにとっても大きな転換期であった。一九〇六年八月ヴォルガ河畔のニジニノヴゴロドに開催された第三回ロシア・ムスリム大会は、南コーカサスで民族紛争をあおったロシア当局に抗議するとともに、立憲制の導入を宣言したイランの国王と自由を享受したイランのムスリムに祝電を送った。しかし、とイブラヒムは記す。

残念なことにロシアにおける専制の抑圧が再び地平線を覆いつくすや、専制政府は狂信の手綱を手にした。人権や市民権は踏みにじられ、印刷所は閉鎖された。ペンは折られ、新聞の多くはたたまれた。多くの人々が安寧の国〔監獄のこと〕に送られたのである。

帝政の反動はイブラヒムの新聞も停刊させ、彼は刑事訴追を受ける身となった。ロシアでの活動を断

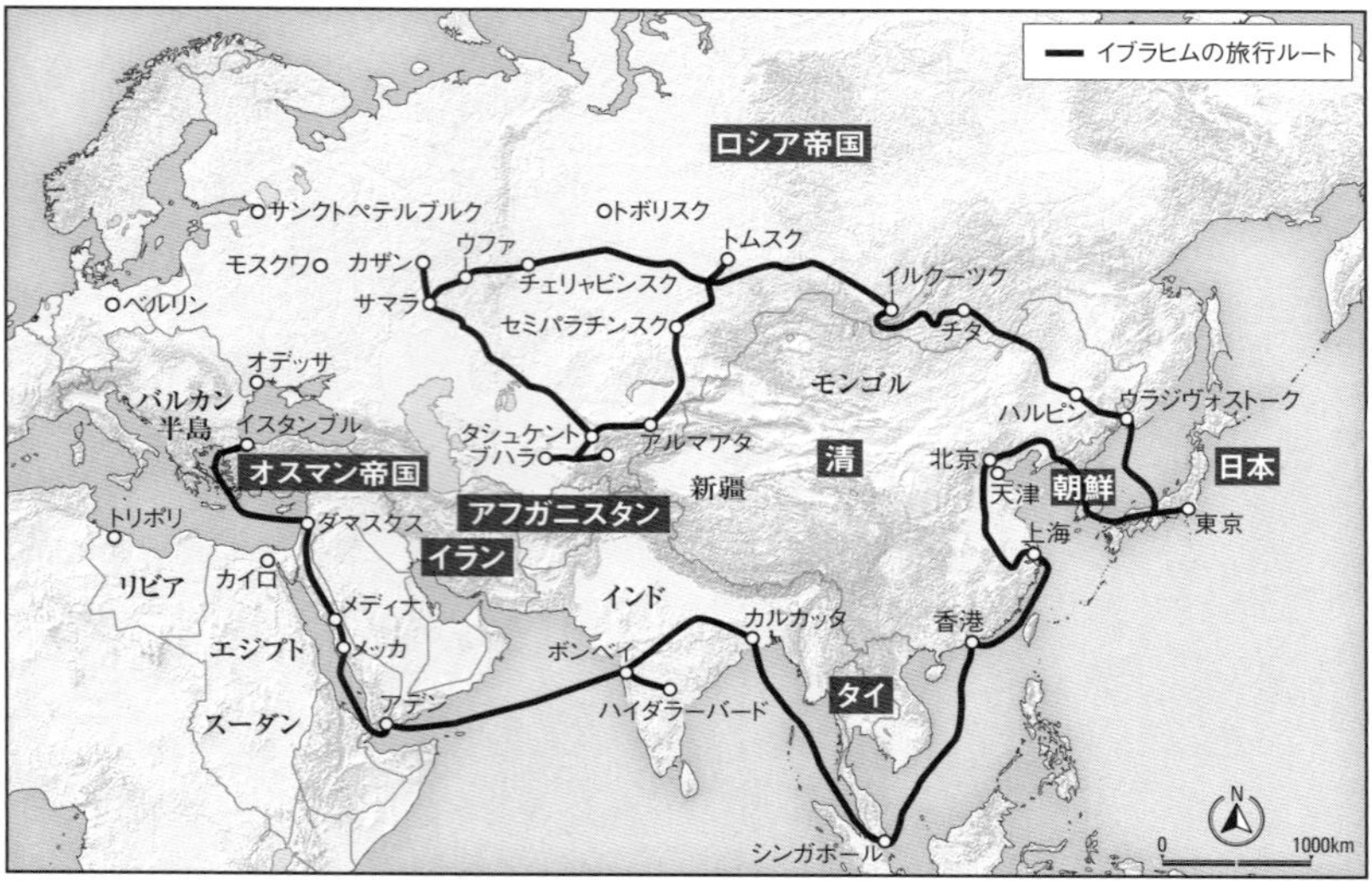

イブラヒムの旅行ルート

念した彼は、年来の夢であった大旅行を決意する。それは、イスラーム世界の現状をつぶさに観察する旅であり、ロシア領中央アジアをめぐった後、シベリア、日本、朝鮮、中国、東南アジア、インド、メッカをへてイスタンブルに達する、まさにユーラシア周遊の大旅行となった。そのなかで彼がもっとも長く滞在し、詳細な記録を残しているのは日本である。彼は旅行記に、「イスラームの教える道徳は日本人にはみな自然に具わっている」と記している。この珍しくも闊達な人物の来訪は、明治末の日本でもよく知られたようであり、夏目漱石の日記(一九一〇年六月十六日)には「ダッタン人の回々教管長」として登場する。徒歩主義同志会の幹事で、正岡子規とも親交のあった俳人内藤鳴雪《めいせつ》は、青梅の花見に誘ったイブラヒムを前に、「梅の如き人に逢うたる日和哉」と詠んでいる。彼は乃木将軍その人とも面会した。

イブラヒムともっとも親密な関係をもったのは、日清・日露の戦争で自信を深めたアジア主義者であった。イブラヒムはムスリム諸民族の連帯と統一によってイスラーム世界をヨーロッパ列強の支配から解放することをめざしていたが、それは新興国日本の台頭によって従来の国際秩序が転化するときにはじめて可能になるのであった。そのためには日本との連携を実現しなければならない。この考えは頭山《とうやま》満《みつる》や犬養毅らアジア主義者の志向にまさにかなうものであった。彼らは、イブラヒムを列強に対抗してアジア諸民族の連合を実現するために奮闘する「韃靼《だったん》の志士」と認める。こうして意気投合した双方は、一九〇九年六月、アジアの復興と連帯を趣旨とする亜細亜《アジア》義会を結成し、その趣旨はまもなくイスタンブルの雑誌上でも紹介された。そこには次のようなくだりがある。

われわれの住むアジアは、高邁にして神聖な思想に満ち、世界においてもっとも枢要の位置を占めている。アジアは土地の広大さと山河の巨大さ、人口の膨大さ、産物の豊かさにおいて、他のいずれの大陸にも優っている。

それゆえにこそ、最古の文明はアジアに生まれ、もっとも偉大な思想はアジアから広まった。しかし、遺憾なことに、現在アジア人は相互に連絡を欠いているばかりか、反目さえいとわない。この敵対こそ、西洋の東方侵略を招いた真因なのである。この点を理解して、その除去に努めなければ、アジア人の未来は危うい。すぐれた倫理と慣行、健全な性格と思想に恵まれたアジア人は、ひたすら自らを信じて、アジアの改革と発展に努力しなければならない。亜細亜義会を創設したのは、まさにこのためにほかならない。われわれの趣旨をアジアの人士に広く呼びかけ、参加と支援をお願いする次第である。

インドのムスリム

さて旅のイブラヒムは、香港からシンガポールへの船旅で中国、インド、イランを結ぶムスリム商人と議会制について議論を交わしている。ときに中国でも国会の開設を求める幅広い運動が起こっていた。商人はこう語る。

国民の覚醒はまだ十分ではない。思うに議会でも国を改革することはできないだろう。議会を否定するわけではないが、いっておきたいのは議会には人材が必要だということだ。無知な大衆の選出した先生でことは変わらない。ロシアのドゥーマやイランのアンジュマン(議会)がそのよい例だ。

さて、オスマン帝国の議会はいったい何をするだろうか。

一九〇九年の秋イブラヒムはインドに渡る。そこでは第三章に述べられているように、一九〇五年のベンガル分割令を契機としてムスリムの覚醒が広大な大陸の各地に起こっていた。ロシア・ムスリム連盟が誕生した〇六年には、ここでもインド・ムスリム連盟が結成されていた。彼がインドで実感したのはイギリスによるインド統治の過酷さとそれに対するインド人の反抗の気運の高まりであった。

近年インドにおけるイギリス統治は各地で厳しい批判にさらされているのみならず、ベンガル州では愁訴が日に日に増しており、公然たる抗議行動も現れていることから、イギリスはこうした民衆の不信がしまいにはイギリス統治の障害となることを見込んで、その解決方法を熟慮していた。イギリスがインド人との融和をはかるために創設したインド国民会議(イブラヒムはこれを国民議会と

酷使されるインド・ムスリム
イギリス人植民者の乗る荷車の上には，綿花，藍，茶などの特産品が山積みされている(『モッラー・ナスレッディン』第2年，18号，1907年4月5日)。『モッラー・ナスレッディン』については26頁のコラム参照。

誤解している)も、もとはその方策の一つであったが、それはイギリスの期待に反してインド人に自治を与える方向に進むだろう(じっさいに国民会議派はこれを求めていた)と予見するイブラヒムは、イギリスがインド統治を維持するためにヒンドゥーとムスリムの離間をはかり、とりわけ後者を統治の「道具」として用いることに警戒心をあらわにしている。イギリスに留学してインド・ムスリムとしては最初の弁護士資格をとり、インド・ムスリム連盟のロンドン支部を設立したアミール・アリー(一八四九〜一九二八)のような政治家も、イブラヒムの目にはインド・ムスリムを操縦しようとするイギリスの「道具」と映っていたのである。

それでは、インドのムスリムはどのような状況にあるのか。カルカッタからラーホール、ハイダラーバード、ボンベイなどをめぐったイブラヒムは、いくつかの考察を試みている。一つは彼らが多数の宗派にわかれて相互に対立し、統合には程遠いことである。もとより、イスラーム世界凋落の要因を多数の宗派への分裂に求め、コーランの章句「汝ら、みんな一緒にアッラーの結びの綱にしっかりと縋りつき、ちりぢりになるではないぞ」を哲理とするイブラヒムからすれば、これは重い現実であった。どうすれば宗派対立を止揚できるか、彼はすでにシンガポールでもグジャラート出身のシーア派(イスマーイール派)イマームと議論していた。そこで彼は、シーア派成立の原点ともいうべきカルバラーの悲劇(六八〇年、ムハンマドの娘婿で第四代カリフ、アリーの息子フサインらがウマイヤ朝軍に惨殺された事件)の復讐を念ずるよりは、いまイスラーム世界を支配、攻撃している敵に一致して立ち向かうことの理を説いたが、統一の要となるべきオスマン帝国はあまりに弱体で求心力がないというイマームの指摘には返す言葉もなかったのである。それでも彼はシーア派が経済力にまさり、開明的な知識人にも恵まれていることを認めたうえで、こう述べている。

> もとは一つであった二つの宗派である。一三〇〇年前のできごとを記憶から消し去ったなら、三年でいったい何が起こるか考える、いや考えることができれば、古い政治の話を引き合いに出すよりも今の社会とウンマ（共同体）の安寧、そして信仰の永続に心することの方がはるかに適切、有効であることがわかるだろう。

同時にイブラヒムはイギリスがエジプト人兵士をスーダンのムスリムに、インド人のムスリム兵士をアフガニスタンに派兵することの非道に憤りを隠してはいない。

つぎに彼が注目したのは、インド・ムスリムの啓蒙・教育活動である。とくに、キリスト教宣教師やヒンドゥーのイスラームに対する論難に対抗して活動するラーホールのイスラーム擁護協会に注目し、それが刊行した論文は「純正なウルドゥー語で書かれているので、読者はインド・ムスリムに限られるとはいえ、その栄誉はすべてのムスリムが分かちあえるものである」と賛辞を述べている。これは第三章の主人公イクバールが理事を務めていた協会である。その一方で、かれはムスリムが使用してきたアラビア文字表記のウルドゥー語がイギリス当局によって「グジャラート文字」（正しくはデーヴァーナーガリー文字）に変えられたことを批判している。これは一九〇〇年イギリス政府が公共機関でのデーヴァーナーガリー文字の使用を決定したことを指しているにちがいない。

イブラヒムは、インド・ムスリムの旺盛な出版活動に注目しながらも、教育の普及に関しては「五世紀の水準」と手厳しい評価をくだしている。近代教育の先駆けとして知られるアリーガル・カレッジについても、今から二〇年前サイイド・アフマド・ハーンなる御仁がアリーガルに学校を開設し、宗教諸学とともに数学や自然科学などの教授に努める考えを追求したが、思うに期待されたほどの成果は得られていないようである。

と記し、ウルドゥー語によるスンナ派イスラーム諸学の教育で知られるデーオバンド学院についても、

私はデーオバンドやアリーガルなどにあるマドラサの活動を否定するつもりはない。とりわけデーオバンドのアラブ学院は称賛に値する高等教育施設である。しかし、六千・七千万人のムスリムを擁するこの国でいくつかの限られた学校の名前をあげても十分ではない。

こうした現実を踏まえたうえで、彼はインドの未来を展望する。インド人はあらゆる多様性にもかかわらず歴史的に形成された同族同種であり、経済的にも結びついているヒンドゥーとムスリムは、共通の敵イギリスに対して連帯することが可能である、と。彼はイギリスのインド支配も長くは続かないと予見する一方で、ヒンドゥーとの連帯なくしてインド・ムスリムの解放もありえないと説くのである。

東方問題

ボンベイで日本人として最初の聖地巡礼をめざす山岡光太郎と合流したイブラヒムは、再度の巡礼をはたした後、一九〇九年末イスタンブルに到着する。彼の大旅行記『イスラーム世界』(副題は「日本におけるイスラームの普及」)は大きな反響を呼び、以後、彼は汎イスラーム主義のジャーナリストとしてめざましい活動を展開することになる。一一年、ブハラからイスタンブルに留学していたフィトラト(一八八六〜一九三八)は、言文一致体の啓蒙文学の傑作といえる作品『争論』のなかでこう書いている。

イランの国民議会に対する反革命派の攻撃を憂慮する風刺画
反動側の軍隊やウラマーは獣にまたがり，ときに悪魔にかつがれている。左上は翌1908年に反革命クーデタを断行する国王モハンマド・アリー・シャー(『モッラー・ナスレッディン』第2年，35号，1907年9月27日)。サッタール・ハーンらは，これに抵抗して闘争を展開した。

考えてもみたまえ。ニヤズィ・ベクとエンヴェル・ベクがイスタンブルの立憲制のためにつくした努力はいったい人道主義以外の何だろうか。サッタール・ハーンとバーゲル・ハーンがイランの立憲制のために自らの命も顧みず奔走したのは、同胞の安寧を措いていったい何を考えたのだろうか。ノガイ(タタール人)のアブデュルレシト・イブラヒム師は自宅からわずか一二ルーブリを懐にしただけで、イスラームの統一を打ち立てるために、はるか中国、日本まで赴き、日本の首都東京では数名の貴顕をムスリムとなし、イスラーム結社まで開いたとのこと、これはイスラームへの奉仕以外のいったい何だろうか。

フィトラトは、青年トルコ人革命の立役者となった二人の将校、イラン立憲革命を防衛したタブリーズ蜂起の二人の英雄とならんでイブラヒムの快挙に言及する。彼らの行動主義を称えたフィトラトの著作は、中央アジアに流布して社会変革を志向するジャディード(革新派)知識人のマニフェストとなった。彼らは、サドリ・ズィヤーよりも一世代若い、いわば「革命の世代」に属する青年たちである。

同じ頃、サンクトペテルブルクでは、一九〇五年革命を抑え込んだ首相兼内相のストルイピン(一八六二〜一九一一)が、汎イスラーム主義者の活動についてつぎのように報告していた。

彼らはおもにトルコに集中しており、最近の青年トルコ人の成功やトルコ国家の復興によってひどく鼓舞され、全世界のムスリムを統合して単一のムスリム国家を形成することをみずからの課題としている。(中略)汎イスラーム主義者はロシアのムスリム住民に大きな支えを見出している。彼らは、メッカを訪れるわが国の巡礼者のあいだで宣伝をおこない、わが国のムスリム青年をトルコに引き寄せ、宣伝のための密使をロシア、とりわけ沿ヴォルガやトルキスタン、ならびにブハラやヒ

ロシアの恫喝
青年トルコ人政府の政策は不公正であり，ブルガリア人，ギリシア人，アルメニア人に自治を与えるべきだと迫るロシアの有力紙『ノーヴォエ・ヴレーミャ（新時代）』の姿を描いた風刺画（『モッラー・ナスレッディン』第3年，39号，1908年9月29日）。

ヨーロッパ列強が東方・アジアにしかける罠，「議会」ごっこ
列強の罠に気付かない議員たちを「ひな」にたとえている
（『モッラー・ナスレッディン』第3年，31号，1908年8月4日）。

ヴァに送り込み、コンスタンティノープルではロシアにひどく敵対的な雑誌や新聞をトルコ語とロシア語で刊行し、これらの刊行物がどこよりもロシア国内に広まることを期待しているのである。ストルイピンが指摘する「ロシアにひどく敵対的な雑誌」とは、イブラヒムがイスタンブルで刊行していた雑誌『ムスリムの親交』(一九一〇〜一一年)にほかならない。二人はまさに対決していたことがわかる。しかし、ロシアとオスマン帝国との関係は、たんに汎イスラーム主義の問題をめぐって展開していたわけではなかった。それは、列強ならびにオスマン帝国の戦略とバルカン半島とオスマン帝国領内の諸民族の利害が複雑に交錯する東方問題の一つの局面というべきだろう。

とりわけ十九世紀以降、オスマン帝国は「東方問題」と呼ばれる国際関係のなかで苦境に立たされていた。列強の干渉とこれに支援されたバルカン諸民族の独立運動はやむことがなく、独立の志向は長く共存してきたアルメニア人のあいだにもしだいに高まっていったからである。一九〇八年の青年トルコ人革命は、立て直しの契機となるかにみえた。翌年の始めトロツキーもこう書いている。

一つ明らかなのは、革命の勝利が民主トルコを意味することだ。民主トルコは間違いなくバルカン連邦の基礎になるだろう。そして、バルカン連邦は、近東の「蜂の巣」から、不幸な半島のみならず全ヨーロッパに雷雲をもたらしている資本主義や王朝の陰謀を永遠に一掃するだろう

(トロツキー『バルカン戦争』)

たしかに一九〇九年に制定された改正憲法は、かつてミドハト憲法を封印した君主の大権を制限する一方で、国民の権利と議会の権限を拡大し、イスラームを国教と明記したうえで、すべてのオスマン人は法の前に平等であることを定めていた。しかし、それでもキリスト教徒諸民族の要求を満たすことは

できず、再開された議会は宗教をめぐる問題で紛糾する。しかも、列強は強いトルコを望んではいなかった。この後、オスマン帝国はイタリアがオスマン領北アフリカ(現在のリビア)に侵攻したイタリア・トルコ戦争(一九一一〜一二年)を皮切りに、第一次バルカン戦争(一九一二〜一三年)、第二次バルカン戦争(一九一三年)とあいつぐ戦争のなかで疲弊し、最後は「第三次バルカン戦争」ともいえる第一次世界大戦に参戦して破局を迎えることになる。しかし、このプロセスを帝国の衰退として語るだけではあまりに平板である。第四章で詳説されているように、この過程は東方問題の構造から読み解く必要がある。そうしなければ、その後に生じた問題を理解することもできなくなるからである。ちなみに、一九〇五年クレタで頭角をあらわしたエレフテリオス・ヴェニゼロス(一八六四〜一九三六)は、第一次世界大戦後、トルコ独立戦争を指揮するムスタファ・ケマル(一八八一〜一九三八、のちのアタテュルク)と対決することになる。

イタリア・トルコ戦争が始まると、イブラヒムは、エンヴェル(のちの陸軍大臣)やムスタファ・ケマルらの青年トルコ人将校が指導する義勇軍を励ますために現地に赴くが、その直前にアジア義会の同志に向けて書簡を送っている。それはイタリアの宣戦布告に際して、日本がただちに中立を宣言したことを批判するものであった。ヨーロッパ諸国に向けてイタリアの不当を問う姿勢を示したならば、日本はそのプレゼンスを世界に示すことができたはずだというのである。

もし貴国にしてかくの如き萎微《いび》振わざるの外交を再三繰返すが如き事あらば、漸く東海の淵に勃興しつつある旭光は冲天にして全亜細亜だに輝すあたわずして中道にしてその光輝を失うに至るを恐るるの一事に御座候。

アジア義会がイブラヒムの檄に応えた形跡はないが、彼が日本にかけていた期待のほどは読み取ることができる。

ここまで一九〇五年を生きた数名の人物の著作をたよりに、この時代のイスラーム世界を概観した。わずかな点描にすぎないが、「短い二十世紀」の幕開けとされる第一次世界大戦に先立って、この地域では大きなうねりがほぼ同時期に連なるように起こっていたことがわかる。それはそれぞれの要因をもちながら、同時に波及しあっていた。このうねりのなかで人々はさまざまなレベルで、多様な方向に向かって連帯の声をあげ、それはときに共鳴し、ときに激しく衝突した。つぎなる大波はすでに立ち上がろうとしている。一九〇五年から十数年後、世界史を生きるトロツキーとイスラームに生きるイブラヒムの行路は、ソヴィエト・ロシアで交差する。サドリ・ズィヤーは、レーニン率いるソヴィエト・ロシアの赤軍の侵攻で始まったブハラ革命(一九二〇年)と亡命のエンヴェル・ベク(パシャ)も参画した内戦の顚末を記した後、関東大震災の惨状に心を動かされていた。日露戦争以来、彼もまた日本への関心を失うことはなかったようである。

一九〇五年に着目した本巻は四章からなる。第一章ではイラン社会史にも目を配りながら、イラン立憲革命の英雄「国民将軍」サッタール・ハーンの実像に迫る。第二章では一九〇五年革命で覚醒したムスリム知識人に焦点をあてる。彼らはロシア帝国の構造に合わせてロシア・ムスリムの公共圏を形成するが、参画した人々の構想はじつに多様である。第三章ではイギリスのベンガル分割令を機にインド・ムスリムの政治運動が顕在化するなか、ロンドンに渡った詩人イクバールの軌跡と詩想に光をあてる。

第四章では一九〇五年のクレタにおけるヴェニゼロスの蜂起を手掛かりに、クレタ、ギリシア、オスマン帝国の憲法の相互連関を明らかにしながら「東方」の転換期を読み解く。時代のはらむ緊張と現代への胎動を読み取っていただければ幸いである。

COLUMN

風刺雑誌『モッラー・ナスレッディン』

一九〇五年革命ののち、帝政ロシア領内のムスリム地域では多数の新聞・雑誌が誕生し、ジャーナリズムの時代が始まった。そのなかでもコーカサス総督府の所在するティフリス(今はジョージアの首都トビリシ)で創刊された週刊雑誌『モッラー・ナスレッディン』(一九〇六〜一七年)は、機知に富んだエッセイや詩、そしてとりわけカラフルな風刺画を駆使して内外の政治や社会の諸問題に鋭利な批判を加えて異彩を放った。誌名のモッラー・ナスレッディン(ナスレッディン・ホジャ)は、中央アジアからトルコまで、テュルク系の人々のあいだに伝わる有名な滑稽・知恵話の主人公であり、同誌の風刺画にもその姿が頻繁に登場する。この雑誌は隣接するイランの情勢にも目を配り、ガージャール朝の専制を批判したためにイラン国内では購読を禁止されたが、ひそかに回覧されて多くの読者を得たという。執筆者はムスリムのアゼルバイジャン人であったが、風刺画の作成にはティフリス美術学校のドイツ人教師が協力した。この地域は、ロシア帝国の辺境に位置しながらイスラーム世界の一部をなし、イランやオスマン帝国に接するという地政学的な特徴に加え、さまざまな民族と文化が交錯し、民族運動と労働運動が帝政支配とせめぎあうという地域的な特徴をあわせもっていた。本誌の批判精神はこのような土壌から生まれたといえる。一九〇六年四月七日発行の創刊号の表紙には、陽は昇ったのにだれも起きてこない、すなわち世界は日々前進しているのに惰眠をむさぼる同胞を揶揄するモッラー・ナスレッディンの姿が描かれている。

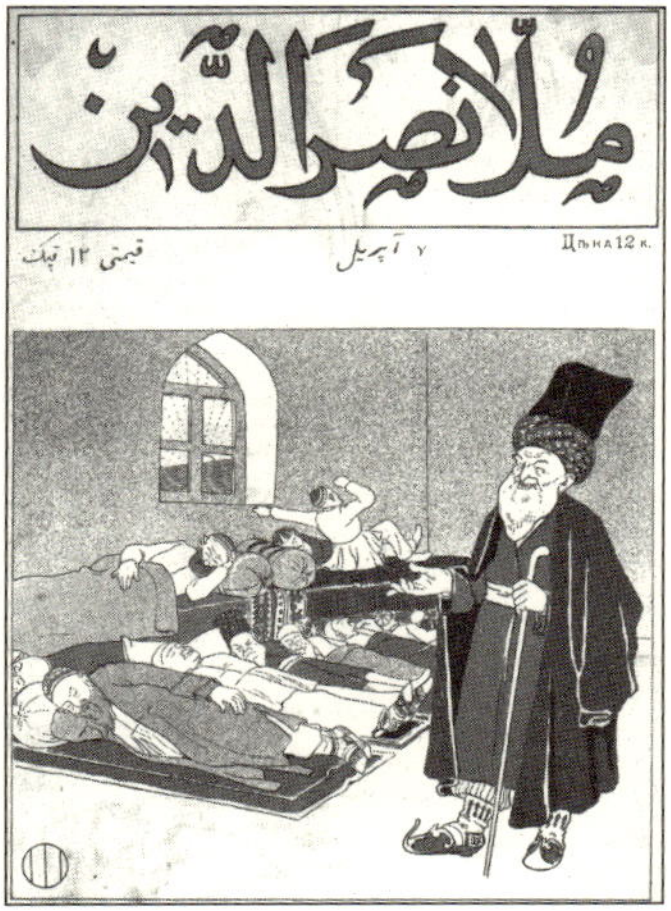

『モッラー・ナスレッディン』創刊号
（1906年4月7日）

『モッラー・ナスレッディン』
（第2年，11号，1907年3月17日）
右上に見える太陽の怒りを買って落下する「尾付きの星」。星は三胴のサソリ（嫌われ者）として描かれており，二つの頭にはオスマン帝国とガージャール朝を象徴する帽子が見える。これはオスマン帝国とイランの専制権力の失墜を暗示している。

一章　サッタール・ハーンのイラン立憲革命

八尾師　誠

1　近現代イラン史の展開と立憲革命

タブリーズ蜂起から立憲革命をみる

タブリーズの街に生まれ、当地で幼少年期を過ごし、一六歳という極めて多感な時期に、立憲革命(一九〇五~一一年)の激動に飲み込まれ、そして一八歳にしてタブリーズ蜂起を目のあたりにすることとなったアフマド・キャスラヴィーは、自らに深く刻印されたその体験を、三〇年近くたった後に『イラン立憲制史』としてまとめ上げた。この本が多くの読者を獲得し、今もって立憲革命史の研究には欠かすことができない一書であることは、一九四一年の初版以来、七九年のイスラーム革命の直後に、キャスラヴィーの反シーア派的言動が災いして、一時的に敬遠(発禁処分)されたとはいえ、その後は復活し、現在にいたるまでにこの種の出版物としては異例であるが、三〇回近く増刷を重ねている事実が裏付けていよう。この本は、一九一〇年という、まさに立憲革命が現在進行形の状態にあった時点に出版されたE・G・ブラウンの『ペルシア革命――一九〇五~一九〇九』と並んで、立憲革命史研究のうえでは先駆的業績として位置付けられ、古典的研究としての評価を獲得しているが、同時に彼自身の実体験を軸にして整理されたという意味では、貴重な一次資料としての性格も備えている。もっとも、その個性的な叙述のゆえにこの本をめぐる評価には賛否両論が渦巻いているのも事実である。そうした興味深い背景をもつ当書のなかで、キャスラヴィーは当時の自らの興奮に突き動かされるかのように、タブリーズの住民蜂起（一九〇八〜〇九年）の劇的役割をつぎのように記している。

イランにはアゼルバイジャンだけが残った。アゼルバイジャンにはタブリーズだけが、そしてタブリーズには唯一アミールヒーズ地区が残った。アミールヒーズの小路（クーチェ）のなかでは、たった一つの小路だけが、サッタール・ハーンだけが抵抗を続けていた。そしてその後、まさにその小路が、アミールヒーズ地区へと、その地区がタブリーズの街へと、この街がアゼルバイジャン地方へと、そしてこの地方がイランへと広がっていったのである。

歴史叙述としてみた場合は、誇張がいくぶん鼻につき、情緒的で思い入れが過ぎるといえばそれまでであるが、それでも、キャスラヴィー自身の興奮をとおしてみる当時の雰囲気を知り、二十世紀初頭のイランをみまった立憲革命という一大政治変動の過程で起きたタブリーズにおける住民蜂起の意義を考えるうえでは、極めてわかりやすい象徴的表現であるといえる。一九〇六年にイラン史上はじめて成立した立憲体制は、二年もたたないうちに、シャー（イラン国王）を中心とする反立憲派勢力の攻勢の前に、あえなく崩れ去り、消滅の危機に瀕した。まさにその時、イランの一角を占めるアゼルバイジャン地方の中心都市であるタブリーズの街の住民だけが、押し寄せる国王軍部隊に立ち向かい、一一カ月間にわたる頑強な抵抗を続けたことが、他地方における立憲派勢力の巻き返しのきっかけをつくり、結果として立憲体制の再興、つまり国民議会（第二議会）の再開にいたる道筋をつけるうえで決定的な役割をはたしたことを、この一節は、端的に、しかも余すところなく表現しているのである。

この短い一節から読み取れるもう一つの重要な点は、サッタール・ハーンなる人物が、イランにおける立憲制の歴史のうえでもっとも過酷な危機的状況にあって、決定的役割をはたしたという事実である。換言すれば、サッタール・ハーンの執拗な抵抗があったればこそ、イランにおける立憲体制の歴史のその後にわずかながらも希望の光が差し、蘇生を方向付けたといっても過言ではないのである。

このことを裏付けるかのように、テヘラン、エスファハーン、タブリーズなどイランの主要都市には、サッタール・ハーンやバーゲル・ハーン（サッタール・ハーンと並ぶタブリーズ蜂起の指導者の一人）の名前を冠した通りが現存し、今もって、市民の身近な所で彼らの記憶は生き続けている。サッタール・ハーンへの国民的関心はとどまるところを知らず、一九七〇年には映画「サッタール・ハーン」（アリー・ハーテミー監督）が製作され、上々の興行収益を上げている。サッタール・ハーンを主人公とする小説も何編か世に問われている。その嚆矢《こうし》と考えられるのは、一九三七年にアゼルバイジャン共和国の作家メフメト・サイード・オルドゥーバーディーがアゼルバイジャン語で発表した長編小説『霧のタブリーズ』である。サッタール・ハーンを主人公にして蜂起時のタブリーズを描き出しているこの作品は、一九七九年のイスラーム革命後に、ペルシア語に翻訳され、イランでも多くの読者を獲得した。また、一九七三年に発表されたフーシャング・エブラーミー作の『国民将軍サッタール・ハーン』はイスラーム革命直後におけるイランの高等学校のペルシア語（つまり国語）の教科書にも採録されている。つまり、サッタール・ハーンの国民的英雄としての位置付けは、革命をはさんでも変わることがないということである。

そこで、そもそもサッタール・ハーンとは、あるいは、バーゲル・ハーンとはどのような人々であったのか、そして、彼らは当時のイラン社会、とくに都市社会とどのようにかかわり合い、都市社会の何を体現していたのであろうか、そして、そのことは当時の国際社会とどのように繋がっていたのか、といった問題を本章では追求してみたい。まずは、サッタール・ハーンのような人々が、革命の決定的な局面で、決定的な役割を担うことになった立憲革命とはそもそもいかなる革命であったのか、簡単に整理しておこう。

サッタール・ハーン

バーゲル・ハーン

イランにとっての立憲革命とは

西暦の十九世紀の幕開けは、イランの歴史にとって、奇しくも二つの意味での大きな転機と符合する。一つは、一世紀近くにわたって続いたイラン高原地域における政治的群雄割拠(戦国時代)を再統合したガージャール王朝の草創期にあたっていたことであり、もう一つは、中東地域へも植民地主義の触手を伸ばし始めたイギリス、ロシアをはじめとするヨーロッパ列強とイランが直接対峙することとなったことである。より実情に即していえば、十九世紀を通じて、イランはヨーロッパ列強相互の角逐の舞台に取り込まれ、その過程で、それら諸国への従属の度合いを深めていったのである。十九世紀の前半は、列強の外交攻勢に晒され、トルコマンチャーイ条約(一八二八年)に代表される不平等条約の締結をよぎなくされた。また、十九世紀後半は、電信線敷設利権や漁業利権、銀行設立利権、タバコ利権などの利権供与、さらには借款を通じての経済的、金融的従属が顕著となっていった。こうした趨勢に対するイラン側の反応は、大別して二つのかたちをとった。一つは抵抗であり、もう一つは改革の試みであった。前者の例として、トルコマンチャーイ条約の履行監視のために派遣されたロシアのグリボエードフ使節団殺害事件(一八二九年)は、列強に対する原初的抵抗の一形態とも考えられるし、一八四八年から数年続いたバーブ教徒の反乱も、新宗教運動の様相を呈してはいるものの、その主張からは、ガージャール朝の専制支配に対する抵抗の意図と同時に、宗教的に表現された一種のナショナリズムを読み取ることも可能である。また、国王によって一度供与されたタバコ利権を撤廃に追い込んだタバコ・ボイコット運動(一八九一〜九二年)は、列強による植民地主義的支配に対する大衆的抗議運動であると同時に、ガージャール朝の専制的支配に対して向けられた異議申し立てでもあった。

一方、王朝側も無為無策に終始したわけではなく、イラン・ロシア戦争における敗北を教訓とした王位継承者アッバース・ミールザーの軍事改革(十九世紀初頭)や列強に対する消極的均衡外交の展開と並行して、一連の軍事・行政・経済・社会改革に取り組んだアミーレ・キャビールの改革(一八四八～五一年)、外資導入を軸とする積極的均衡外交を展開しつつ、飢餓対策や政府機構の改革、経済再建に取り組んだセパフサーラールの改革(一八七一～七三年)など、主体的な試みはあった。しかし、こうした試みはことごとく、牽引役となった人物の死去や失脚と同時に、雲散霧消した。

しかし、ヨーロッパ列強による植民地主義的支配に対するイラン住民の反感は募る一方であり、ガージャール朝の専制的支配に対する批判や抵抗も、さまざまなかたちをとってあらわれるようになり、その裾野もいっそうの広がりをみせていった。まさにそうした状況下で起こったのが、日露戦争と第一次ロシア革命である。当時のイラン人は、日露戦争における日本の「勝利」に欣喜雀躍し、立憲制を導入してからわずかしかたっていない日本が専制体制を敷く強力なロシアに勝利したと受け止めたのであった。また、専制政府の打倒に向けての闘いの結果、議会の開設に繋がった後者は、一時的にイランに対するロシアの政治的重圧を軽減したのみならず、ガージャール朝の専制支配と闘うイラン人たちをおおいに鼓舞する結果となったのであった。かくして、一九〇五年末に勃発する立憲革命と呼ばれる一連の政治的激動の過程は、当初より、反専制とイランの自立をめざす反列強とをともに不可分の課題として展開していったのである。

しかし、この二つの基本的課題は、期待された成果を手にすることなく、立憲革命自体も道なかばにして頓挫する結果となった。ところが、まさにこの立憲革命をきっかけとして、それまでは分断されていたイラン社会のさまざまな次元での統合に向けた大きなうねりが具体的なかたちをとるようになるのである。政治的、経済的次元はいうにおよばず、社会的、文化的次元においても、さらには住民のアイデンティティの次元においても、そうした方向性はもはや不可逆的な趨勢となっていった。要するに、国民国家に向けてのイランの歩みが開始されたのであった。本章はそうした近現代イラン史の奔流に翻弄されながらも、必死に自分を生きようとした人々の話でもある。

2 イランのなかのアゼルバイジャン、そしてタブリーズ

イランのなかのアゼルバイジャン

まず、地域としてのアゼルバイジャンはイランの近現代史においていかなる位置を占めていたか、そしているかを簡単に整理しておこう。

今日、アゼルバイジャンという名辞は、イラン・イスラーム共和国の北西部分を占める地域とアゼルバイジャン共和国の両方を指し示す地域名称である。もっとも、現在のアゼルバイジャン共和国が位置するアラス川以北の地域をアゼルバイジャンと称するようになるのは、一九一八年以降のことである。この年、ミュサヴァト(モサーヴァート)党を中心とする勢力はティフリス(現ジョージアの首都トビリシ)で独立共和国を宣言した。その際に新たな国家の名称(国号)として選ばれたのがアゼルバイジャン人民共和国であり、アゼルバイジャンという名辞が歴史上はじめて国号として登場したのである。同政権の

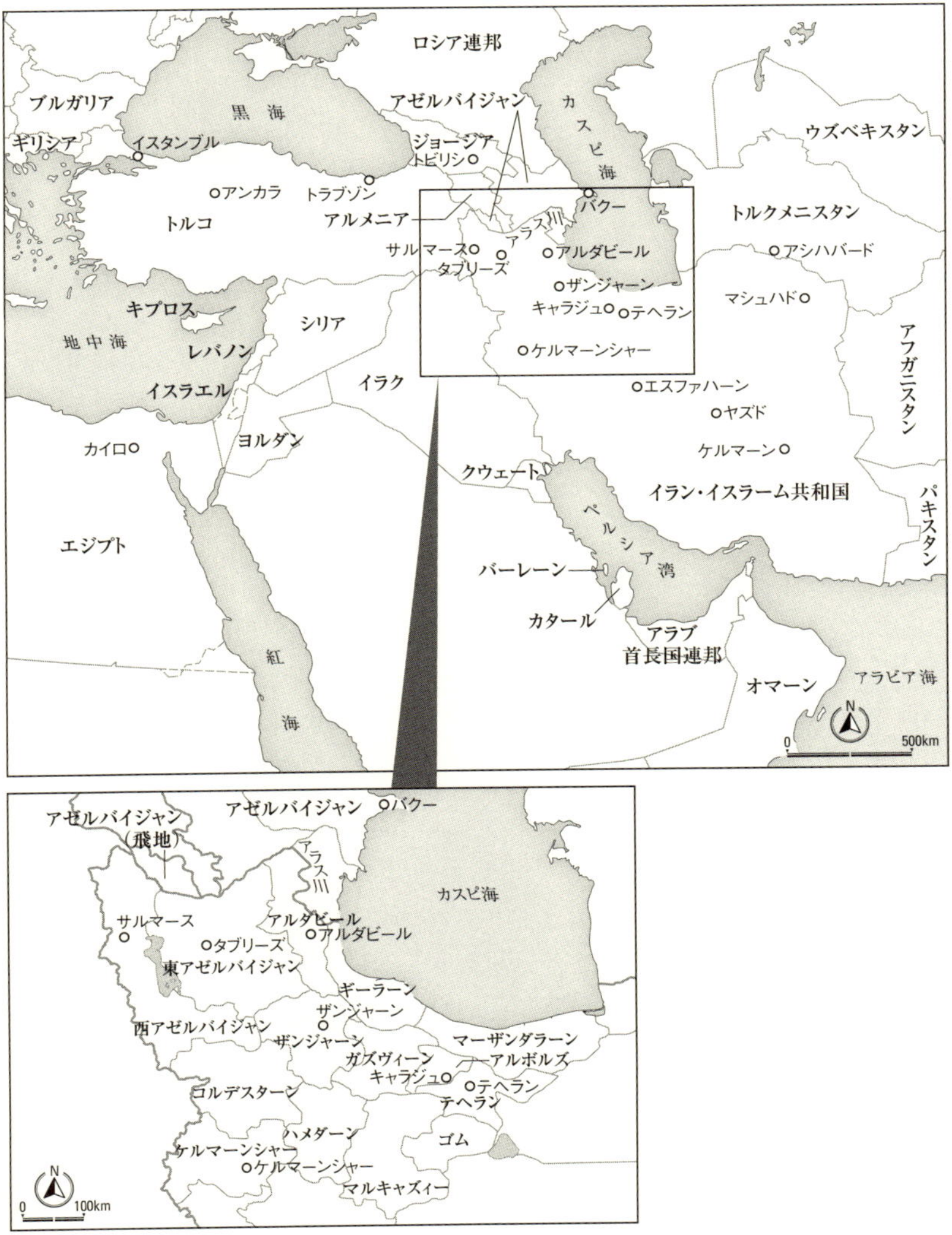

現在のイランとその周辺

首都は七月にはギャンジェに、ヌーリー・パシャ麾下《きか》のオスマン軍がバクーを制圧した後の九月にはバクーに移される。一九二〇年四月には赤軍がバクーに進攻し、共和国は崩壊するものの、新たに成立したソヴィエト政権は、アゼルバイジャン・ソヴィエト社会主義共和国を称した。つまり、アゼルバイジャンの呼称はそのまま踏襲され、現在にいたるも、この名称が受け継がれる結果となっている。

さて、本章で主として扱うのは、イラン領のアゼルバイジャンであり、現在のイラン・イスラーム共和国の地方行政区分に従えば、東アゼルバイジャン州、アルダビール州(一九九三年四月に、東アゼルバイジャン州より分離)、西アゼルバイジャン州に相当する地域を指す。アゼルバイジャン地域の主たる住民はトルコ人(現地語発音ではトルク)であるが、イラン国内においてトルコ人を主たる住民とする地域は、アゼルバイジャンに限らない。ザンジャーン州のほぼ全域、ガズヴィーン州の西部や、コルデスターン州の東部、さらにはハメダーン州の一部、中央(マルキャズィー)州の一部にまで広がっている。

アゼルバイジャンはイランの穀倉地帯と呼ばれており、元来、イランのなかでは自然条件に恵まれた(換言すれば、比較的降雨量の多い)、したがって、生産性の高い農耕地や牧草地に恵まれた地域である。結果として、イランのほかの地域と比較しても、人口密度が高く、つまり人口圧が高いうえに、二十世紀にはいっていくどか経験した政治的危機のせいもあり、イラン国内のみならず、イラン国外への人口移動が際立っている地域でもある。イラン国内の主たる移動先としては、首都であるテヘランをはじめとして、マシュハドを中心とするホラーサーン州(現在は北ホラーサーン州、ラザヴィー・ホラーサーン州、南ホラーサーン州に分かれている)、アルボルズ州、ゴム州などであるが、事実上、ほぼイラン全土におよんでいる。

国外の移動先としては、十九世紀中葉から二十世紀初頭にかけて大量の出稼ぎ労働者が向かった隣接するロシア帝国領のカフカズ(ザカフカズ=南コーカサスも含めたイランでの呼称)の工業地帯(とくにバクーの石油産業地帯)が有名であった。近年では、一九八〇年代から一九九〇年頃まで年間数万人規模で来日していたイラン人の多くはトルコ系(もっともテヘラン在住者が多数を占めてはいたが)であったことは記憶に新しい。

ところで、イスラーム教徒の割合が九八%を超えていると思われるイラン・イスラーム共和国も、民族(ゴウム)的にみた場合は、紛う方無き多民族国家である。イランの国勢調査(センサス)には民族を問う項目がないため、正確な数値はわからないものの、全人口に占めるトルコ人の割合として多くの研究者があげている数値は一五〜二五%(つまり、一二〇〇〜二〇〇〇万人)である。要するに、公的にはほぼ全人口の半数強を占め主要民族とされるペルシア人(ファールス)につぐ人口規模である。とはいえ、イラン国民を構成する民族集団としては、いわゆる少数民族の一つとして位置付けられることになる。もっとも、ほかの少数民族、例えば、クルド人(コルド)、アラブ人、トルキャマン人、バルーチ人などとは、その民族問題のありようは、明らかに異なる様相を呈しており、同列には論じられない。

イランのトルコ人は、折にふれてイラン人アイデンティティを声高に主張する。その一方では、日常的に、直接的かかわり合いをもつほかの民族集団、例えば、ペルシア人やクルド人と自らを差別化する意味において、自らをトルコ人として明確に意識している。しかも、そのように自称するだけでなく、周囲からもそう呼ばれるのが常である。彼らは、域内のキリスト教徒集団と自らを峻別し、アナトリアのスンナ派トルコ人とも、域内のクルド人をはじめとするスンナ派諸集団とも一線を画し、イランのほかの多くの国民同様、シーア派イスラーム教徒であることを強く自覚している。彼らがいだくこうした独自のアイデンティティこそが、オスマン朝下における青年トルコ人運動の側からの連帯の呼びかけや、新生アゼルバイジャン人民共和国の側からの統合の誘いを前に、それに直接呼応するような動きが、イランのアゼルバイジャンにおいては、少なくとも政治的主張として主流とはならず、その一方でイランへのより強い帰属意識が育まれてきた大きな理由と考えられる。

イラン・イスラーム共和国下にあっても国民統合は二十世紀初頭以降着実に進行しており、わけても、トルコ人とペルシア人との統合、というよりは(通婚などを通じての)融合は、ほぼ日常的なありきたりの現象とみてよい。事実、いまや、イラン全土でその姿を目にすることができるトルコ人は、それぞれの地方・地域において、一般の勤労者として社会にとけこんでいるのみならず、政治・行政・商業・宗教・知的分野などの広範囲にわたって主要な社会的地位を占めるにいたっている。

そうした具体的事例をいくつかあげておこう。パフラヴィー王朝二代目、モハンマドレザー・シャーの母親であるタージョルモルークはバクー生まれのアゼルバイジャン人であったし、現在イラン・イスラーム共和国の最高指導者、ハーメネイー師は、自身はマシュハド生まれであるが、彼の父親は、「アーザーディスターン」共和国の指導者シェイフ・モハンマド・ヒヤーバーニーと同じく、タブリーズ近在のハーメネ村の出身、いまやイランの国民的詩人に列せられているモハンマドハサン・シャフリヤールや、ペルシア語詩の歴史において四大女性詩人の一人に数えられるパルヴィーン・エェテサーミーはタブリーズ生まれのアゼルバイジャン人、スポーツ界に目を転ずれば、かつてはドイツのバイエルン・ミュンヘンで活躍し、現役を退いてもなお知らぬ人とていないサッカー選手アリー・ダーイー(アリ・

ダエイ)や、シドニーとアテネのオリンピック一〇五キロ級重量挙げの金メダリスト、ホセイン・レザーザーデはともにアルダビール生まれのトルコ人である。

一方で、少なくとも、イスラーム共和国になってこのかた(四〇年ほどたつ)、政権の中枢や政府の主要な役職に、クルド人やトルキャマン人、アラブ人、バルーチ人が就いた例はない。同じ少数民族と位置付けられていても、トルコ人とそれ以外の諸集団とのイラン社会における位置の違いは歴然としているといえよう。

以上、イランという枠組みのなかでのアゼルバイジャン地域の政治的位置、そしてその主たる住民であるトルコ人のイラン社会における立ち位置を概観してきたが、ここで、本章の主たる舞台となるアゼルバイジャン地域の中心都市タブリーズについて、少し素描を試みてみよう。現在のタブリーズは、首都テヘランにつぐイランの主要都市群の一つではあるが、現在の国民国家イランを眺めた場合の心象地理からすれば、テヘランから六〇〇キロ以上離れたいわば周縁の地であるうえに、パフラヴィー朝期以来の中央集権化政策もあり、一頭地を抜くテヘランにはおよぶべくもない。しかし、歴史上、とくにガージャール朝期にあっては、現在とはまったく異なる顔をもつタブリーズの姿が浮かび上がってくるはずである。

王府タブリーズの栄華

十九世紀の末に数年間にわたってタブリーズを生活の場としたアメリカ人宣教師、S・G・ウィルソンは、タブリーズの光景をつぎのように描写している。

タブリーズの市街地は、（中略）オルーミーエ湖にまで達する三六マイルの奥行きをもつ平原の先端部に位置する盆地の斜面の向こう側まで広がっている。丘陵部は不毛で、ちょっと見には何の魅力もない。（中略）ペルシアの街は、タブリーズも例外ではないが、全体として泥壁でできており、周囲の丘や平原とほとんど変わらない色合いである。家々の平坦な屋根、バーザールの円蓋、泥漆喰で囲われた庭園の囲い壁は、平板で何の魅力も感じられず、全体として黒ずんだ外観を呈している。

また、ちょうど立憲革命が勃発した翌年の一九〇六年にタブリーズを訪れたフランス人外交官ユジェーヌ・オバンの印象はこうである。

建物は極めて耐久性の低い建材でつくられており、歴史上のさまざまなできごとによる浮沈が甚だ激しかったうえに、つぎつぎと発生した破壊的な地震によるさらなる悪化があったためか、あれほど栄光に満ちあふれた過去の遺構はほとんど残されてはいない。

いずれにせよ、十九世紀末から二十世紀初頭のタブリーズは欧米人にとっては魅力に乏しい街だったようである。ところが、そのタブリーズも、いったん歴史に目を転ずれば、赫赫《かっかく》たる足跡を残している。街自体の歴史は古く、イスラーム期以前にまで遡るともいわれる。とはいえ、大セルジューク朝期には、いまだそれほどの重要性をもってはいなかったようである。ところが、イルハーン朝期になると半世紀間ほど首都とされたことで、おおいなる繁栄のきっかけをつかむ。一四〇四〜〇五年に当地を訪れたクラヴィホも、タブリーズの美しさをほめちぎっている。続くカラ・コユンルゥ、アク・コユンルゥ（黒羊・白羊）両王朝および草創期サファヴィー朝の首都とされたことで発展に弾みがつき、それ以降は、つねにアゼルバイジャン地方の中心的位置を占めてきた。タブリーズが別名「王府(ダーロッサルタネ)」と称されたゆえんである。一方で、繰り返された外部勢力や周辺の移動部族民諸集団(日本では「遊牧民」という表現が一般的であるが、これに相当するペルシア語の語彙を忠実に邦訳すれば、こうなる)の侵入と、地震や洪水などの頻発する自然災害によって、タブリーズはいくどとなく人的・物理的に甚大な被害をこうむってきた。また、後継の歴代諸王朝は支配の中心をイラン高原の中央部方面に移したこととあいまって衰退著しく、一説によると十九世紀の初頭には人口も三万人にまで落ち込んだらしい。

ところが、イラン・ロシア戦争(第一次は一八〇四~一三年、第二次は一八二六~二八年)での敗北後、深まる北方の脅威に対する警戒と防衛的見地から、ガージャール朝政権にとってのアゼルバイジャンの政治的重要性が一気に高まり、王位継承者(ヴァリーアフド)は、即位までのあいだ、同地方の総督(ヴァーリー)として、中心都市であるタブリーズで過ごすことが慣例化した。こうした地政学上の重要性に加えて、経済的重要性も見逃せない。タブリーズから黒海沿岸の港湾都市トラブゾンを介したイランの対ヨーロッパ貿易は一八五〇~六〇年代に頂点を迎え、イランの対外貿易総額の五分の二を占めるまでになった。しかし、十九世紀後半にはいると、スエズ運河の開通にともなうペルシア湾ルートのめざましい発展によって、タブリーズ=トラブゾン経由のルートの重要性は相対的に低下する。しかし、一八八〇年代以降にみられる対ロシア貿易の急増のためにその要衝に位置するタブリーズの商業・貿易上の重要性は失われることなく、「ヨーロッパ商品の一大貯蔵庫」、「大規模卸商人(タージェル)の根拠地」としての地位を依然として保ち続けた。

かくして、順調な発展を遂げたタブリーズは、人口も確実に伸び、一八一〇年頃には四～六万人程度であったものが、一八四〇年頃には一〇～一二万人、一八七三年には一五万人の人口を擁し、ガージャール朝下随一の大都市へと変貌を遂げた。そして、一八八〇年前後には約一七～二〇万人にまで達した。ちなみに、二十世紀の二〇年代以降、首都テヘランが飛躍的な成長を遂げるようになるまで、つまり、ガージャール朝の末期までは、タブリーズは人口規模でテヘランを抜き、イラン最大の都市であり続けたのである。

タブリーズをヨーロッパ世界と結んでいたこれらの通商ルートを介してイランにもたらされたものは、なにも商品だけではなかった。幾多のヨーロッパの文物や新しい情報を、イランのなかで最初に手にしたのはタブリーズの住民であった。こうして育まれたタブリーズの先進的な政治的・経済的・文化的環境が、きたるべき立憲革命においてタブリーズが重要な役割をはたす背景となったことは想像に難くない。

ガージャール朝下の都市街区

まず、ガージャール朝下イランの都市社会を考えるうえで、重要な要素となる都市街区(普通はマハッレ、タブリーズの場合はクーイ)の問題を整理しておこう。

ガージャール朝における都市支配は、地方の総督や知事のもとで任務の遂行にあたるキャラーンタル(一種の市長職)と呼ばれる役人が担当した。キャラーンタルの職責は、都市全体における法と秩序の維持であり、さまざまな係争事項の処理から、生活必需品の価格の決定、各同業者組合(アスナーフ)への課税率の査定やその支払い方法の決定など極めて広範囲にわたっていた。彼らの権限は都市内部における警察権や司法権にもおよんだ。キャラーンタル職は当該地方あるいは当該都市の名家出身者のうちからシャー自身、あるいはその名代によって任命されるのを常とした。しかし、地方の総督や知事が自らの職責をまっとうするためには当該地方の有力者との協力関係が不可欠であったように、キャラーンタルの任命にあっても、住民が難色を示した人物を力ずくで任命することは困難であった。そうした場合には逆に、中央の権威が脅かされる危険性をはらんでいたり、租税徴収が円滑に運ばないといったより深刻な事態が出来《しゅったい》する可能性もあったからである。

ガージャール朝下イランの諸都市は、規模の違いこそあれ、それぞれが複数の街区から構成されていた。この街区の存在こそが、都市社会のありようを根本的に規定し、都市居住者の生活と意識を大きく特徴付ける要因であった。各街区は宗教・宗派、職業、出身地などの面で同じ背景を有する人々が集まり住む傾向にあった。宗教的背景の違いによって形成された街区としては、エスファハーンのユダヤ教徒地区やアルメニア人地区、ケルマーンやヤズドのゾロアスター教徒地区、タブリーズのアルメニア人地区などが代表的事例である。こうした宗教別集住例は大規模都市に限られ、多くの中小都市の場合は、主として職能集団別、あるいは、シーア派十二イマーム派内部の宗派別の居住が一般的であった。

都市街区の基本的特徴とは、街区居住者にとっての一種の生活共同体を形成していたことである。各街区には、マスジェド(モスク)やマドラセ(学校)、ホセイニーエ(一種の多目的集会所で、日本の公民館のような施設)といったイスラーム関係の諸施設から、公衆浴場、水倉、ガフヴェハーネ(コーヒーハウス)、ズールハーネ(身体鍛錬のための道場)といった諸施設に加えて、マザール(廟墓)、エマームザーデ(聖者廟)などの信仰生活の支えとなる場所、さらには大きな街区ともなると、独自の小バーザールなども備えていた。

一方、為政者の側からみた街区は、都市支配、都市行政の基本的単位として重要な位置を占めていた。街区の長はキャドホダーと呼ばれ、シャーを頂点とするガージャール朝の地方統治、都市支配の権力構造ピラミッドの末端を構成した。通常、彼らは、キャラーンタルにより、当該街区の富裕層、名士層のなかから選任され、世襲が一般的であった。この限りでは為政者から正式に認められた役職ではあったが、俸給の支払いを受けることはなく、一種の名誉職的色彩を帯びていた。とはいえ、総督や知事、キャラーンタルから租税徴収の任を委ねられ、街区内部の治安と秩序の維持に責任を負っていたのであり、そのためにも、街区内部の事情に精通し、街区住民と信頼関係を保つことが職務遂行上の重要な要件であった。彼らは場合によっては、住民の要求の取りなしをおこなうこともあり、その意味ではいわば当局と住民との仲介役的存在であり、江戸時代の名主や庄屋に近い立場にもあったようである。

キャドホダーが管理する都市街区は、一種の「自治」が前提とされ、街区内諸関係を律する独自の掟(普通は明文化されることはなく、口伝された)がつくられることもあった。秩序維持の手法も自前が基本であった。例えば、自街区の女性に他街区の人間が危害を加えた場合には、その容疑者を逮捕し処罰する権限は、件《くだん》の女性が所属する街区の責任者＝街区長に委ねられるのが一般的であった。こうした街区のあり方は、街区住民の内部的結束を強め、所属街区への帰属意識を高める反面、街区相互の緊張関係を生み、それが軋轢・抗争に発展することもしばしばであった。

タブリーズの街区と都市社会

ここで、十九世紀後半から立憲革命にいたる時期におけるタブリーズの街区を概観しておこう。一八五七年にタブリーズを公務で訪れたアディーボルモルクは、タブリーズを構成する街区として一〇街区を数え上げている。ところが、官立翻訳所長官のサニーオッドウレ(のちのエェテマードッサルタネ)が編纂した『諸国の鑑』(一八七七〜七八年／一二九四年 H.Q.〈ヘジュラ太陰暦〉)では、八街区の名前があげられ、それ以外は独立した街区ではなく、付属地、もしくはまだ十分に開けていない(つまり住民が希薄な)耕作地(マズラエ)であると説明されている。またタブリーズの郷土史『清き末裔たちの歴史』(一八八二〜八三年／一三〇〇年 H.Q.)は、『諸国の鑑』があげている八街区にさらに一つ加えて九街区の名前をあげており、それ以外は、付属地であると位置付けている。同じくエェテマードッサルタネが一八八八〜八九年／一三〇六年 H.Q.に編纂した『事績集成』では、『清き末裔たちの歴史』が示しているのと同じ九街区の名前をあげている。察するに、少なくとも行政当局の側からは、専属の街区長(キャドホダー)がいる街区のみが独立した街区として認識され、それ以外は例えば街区長が兼任の場合は一人前の街区とは認知されていなかったものと思われる。

もっとも、街区構成や街区自体の広がりは必ずしも一定していたわけではなく、時代とともに変化してきたようである。その理由はさまざまに考えられるが、タブリーズのような地震多発地帯では、地震のたびに家屋が倒壊したり、相当の人的被害をこうむったりしたため、街区の浮沈もそれなりに激しかったことが推測される。その一方で、タブリーズのように十九世紀を通じて発展を遂げてきた街の場合には、発展にともなう市街地の拡大とともに新しい街区が誕生したり、人口増加で規模が大きくなった

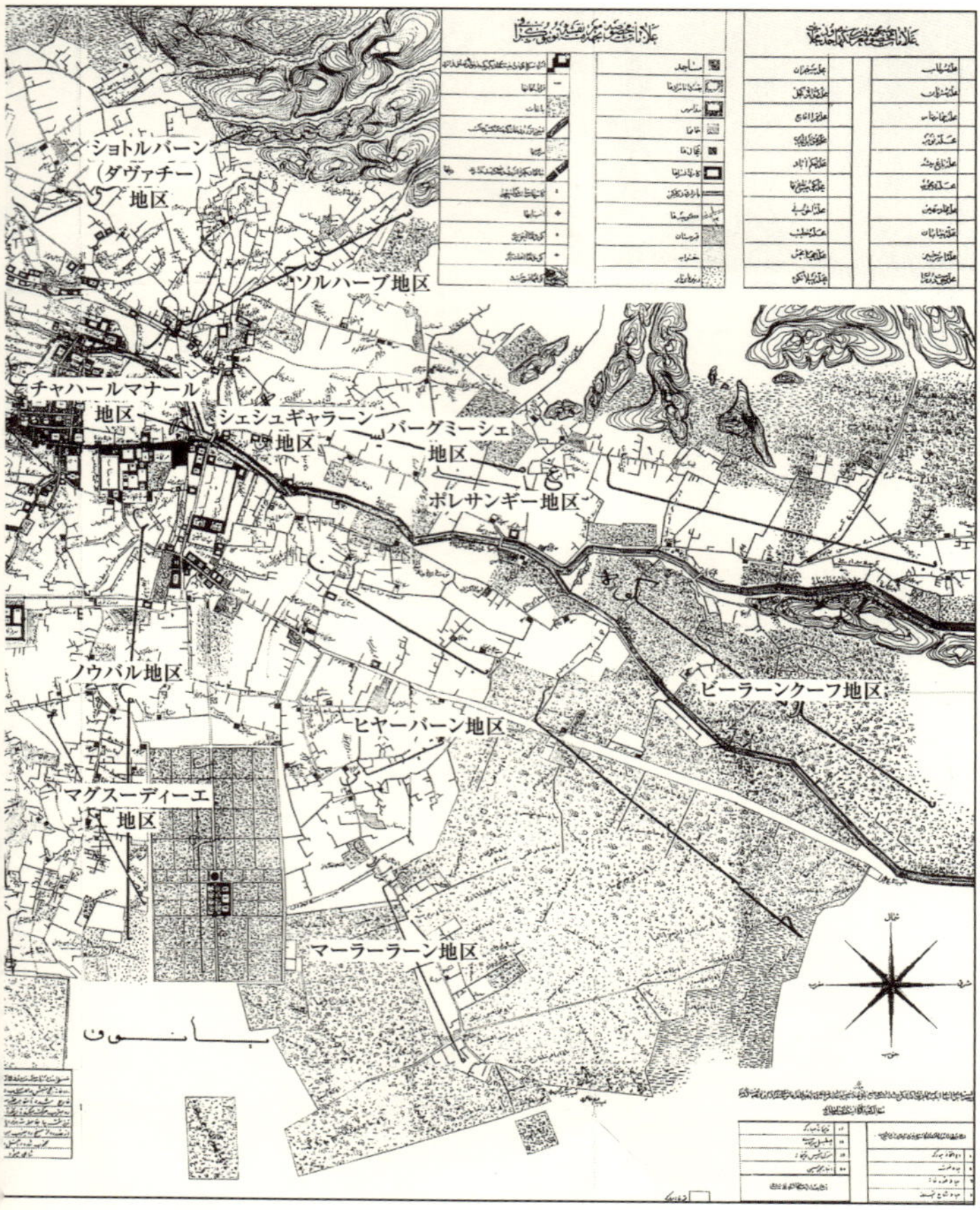
ショトルバーン
（ダヴァチー）
地区
ソルハーブ地区
チャハールマナール
地区
シェシュギャラーン
地区
バーグミーシェ
地区
ボレサンギー地区
ノウバル地区
ヒヤーバーン地区
ピーラーンクーフ地区
マグスーディーエ
地区
マーラーラーン地区

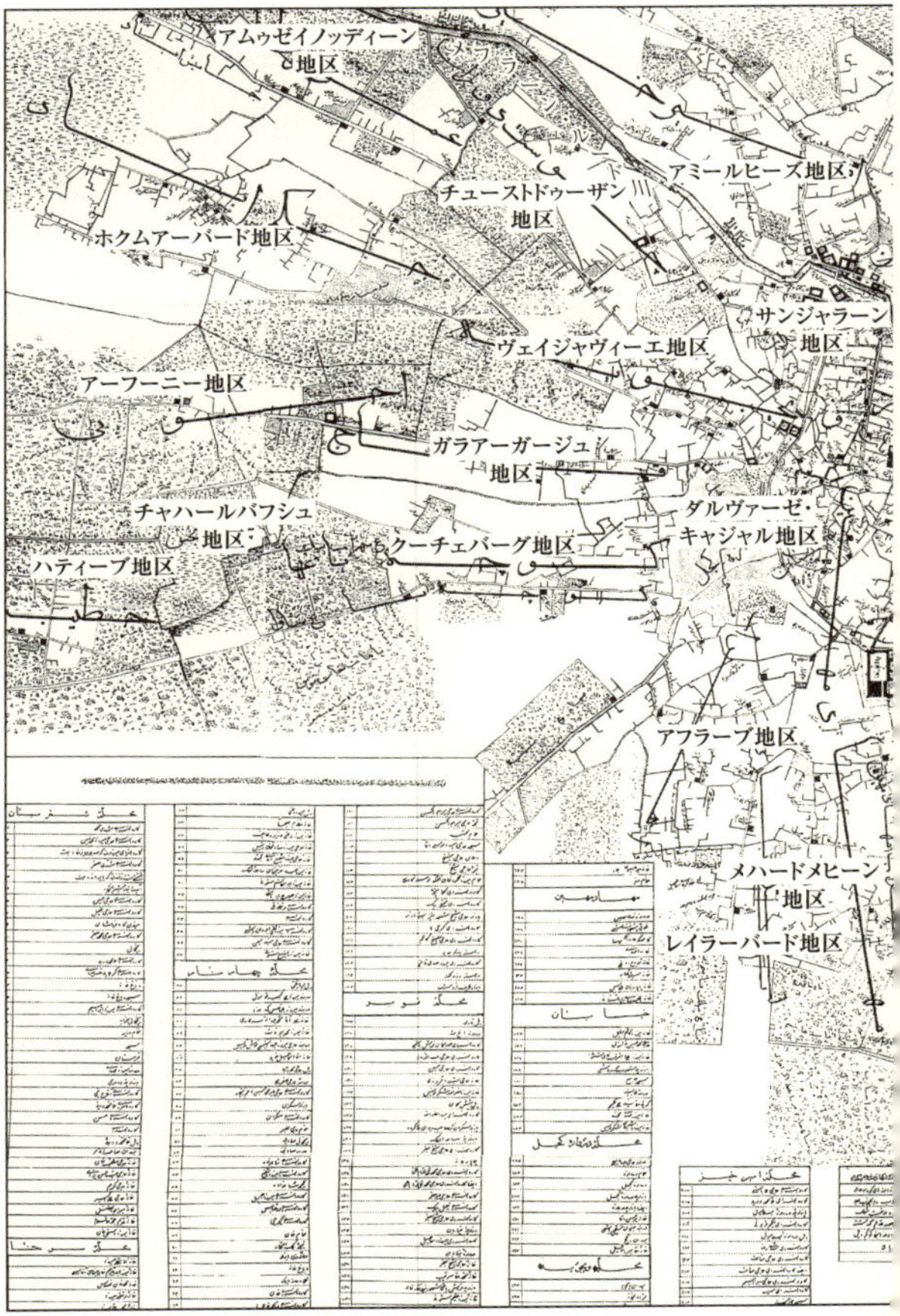

タブリーズの街区(1880年)

ために二つに分かれたりといった事態も当然のことながら想定される。

今日のわれわれの手には一八八〇年七月十九日印刷と記されたタブリーズの実測地図が一葉残されている(四六〜四七頁参照)。これは「ダーロルフォヌーン」校のタブリーズ分校の関係者らによって作成されたものである。イランでもっとも古い実測市街図の一つというだけではなく、「近代的」変貌を遂げる前のタブリーズ市街の様子を伝える地図として極めて貴重な資料である。

この市街地図からは、街区名としては全部で二六区が確認される。もっとも、この実測地図とほぼ同時期に上梓されたと思われる『王府タブリーズの歴史と地理』にみえる街区数は二〇区である。ただ、立憲革命前夜あるいは革命期の街区数については、E・アミールヒーズィー(後述)は二五区、ウィルソンは二四区、オバンは二六区としており、若干の異同がみられるものの、かなり近似した数値となっている。先に述べたように、行政当局の把握の仕方と住民意識とでは異なっていようし、また、外国人の目には別のかたちに映っていたのかもしれない。以上の諸点を考慮したうえで、一八八〇年頃と立憲革命時とでは、人口規模もほとんど同じことを考え合わせると、一八八〇年に作成された実測地図が示す街区状況は、ほぼそのまま立憲革命期のタブリーズにもあてはまると考えてよかろう。

ここで、『王府タブリーズの歴史と地理』によって、いくつかの街区の特徴を概観しておこう。

タブリーズの街を東西に貫流しているメフラーンルード(アジチャイ)川をはさんで、北側には区域が特定されている街区が四つある。まず、ショトルバーン地区、別名ダヴァチー地区(意味はらくだ追い)は、タブリーズの有力街区の一つであり、人口も多く、住民も富裕層が大半を占めていた。隣のソルハーブ地区も大きな街区であり、歴史的にも由緒ある区域であった。両地区ともに、ガナート(暗渠《あんきょ》水路)

による水の供給にも恵まれていた。一方、バーグミーシェ地区は区域も広く、緑も豊かで、街の有力者や富裕層の邸宅が立ち並ぶ西側寄りの一角は、とくにシェシュギャラーン地区、ポレサンギー地区と呼ばれた。タブリーズ蜂起の最中、サッタール・ハーンを中心とした立憲派モジャーヘダーン（後述）の拠点となったアミールヒーズ地区に関しては、こう記されている。

街の北側に位置する大きな街区である。水が少ないため、バーグ（果樹園）も少ない。ショールの商いで有名なあるタブリーズ商人の一族がこの街区に居を構えている。現在の街区長（キャドホダー）はファトフアリー・ハーンの息子のモハンマド・ハーンである。代々この地区に住む。住民思いの洗練された若者で、街区の住民も彼を慕っている。

イランのほかの諸都市と同様に、タブリーズにおいても街区相互が対立し、張りあい、場合によっては武力抗争も辞さないような状況がごく一般的にみられた。十九世紀初頭から顕著となるシーア派十二イマーム派内部の分派抗争は、タブリーズにおいても熾烈を極め、シェイヒー派、モタシャッレ派、キャリームハーン派はそれぞれ居住区を別にして、対抗意識を燃やし互いに相争った。例えば、A・キャスラヴィーも、その様子を「彼らは互いに居住区も別であり、相互の交流、通婚関係もなく、マスジェドも別といったありさまであった」と書き記している。

タブリーズ社会を映し出すルーティー群像

ガージャール朝期イランの都市社会を特徴付けるこうした街区状況のなかで、ひときわめだつ存在感を示していたのが、ルーティーと呼ばれる一団の者たちであった。タブリーズのルーティーたちは、こうした街区相互の対立、抗争のなかに自らの活躍の場を見出していたのであった。古くは、サファヴィー朝のシャー・タフマースブの時代に、街区ごとにリーダーをいただくルーティー集団が支配当局に逆らい、手に負えなくなったので、当局が彼らを拘束し処罰した話から始まって、タブリーズの歴史を彩るルーティーの事例は枚挙にいとまがない。十九世紀にはいると、ガージャール朝第三代モハンマド・シャー時代から第四代ナーセロッディーン・シャーの時代にかけて勇名をはせたルーティーに、ハーッジ・アラフヤールとハッラージュ・オグルゥがいる。前者はテヘランから派遣されてきた市場監督官(ダールーゲ)の横暴に業を煮やした住民の意向を察して、白昼堂々とバーザール内にあった市場監督官の執務所に乗り込み、手にした懐刀で市場監督官を殺害するや、市壁外に逃走した。後者は、王朝の能吏アミーレ・ネザーム・ギャッルースィーがアゼルバイジャン総督であった時期、執拗に政庁に抵抗を試み、総督側も手を焼いたが、彼には手をふれることができなかったようである。とくに前者は、任侠精神の手本として、その後も長く街の人々のあいだで語り伝えられたという。まさに、地元住民の利益を守るべく、よそ者の市場監督官と渡り合う地元の英雄という図式がそっくりそのままあてはまる事例であろう。

では、そもそもルーティーとはいかなる社会的存在であったのか。

一九七九年のイスラーム革命直後に、新政権が街のならず者、ごろつき連中を腐敗分子として一掃すると宣言した際に、ちょうどテヘランに滞在していた筆者が、この問題についてイラン人の意見を聞こうと、たんに反社会的ならず者というほどのつもりで、ルーティーという言葉を使ったところ、彼らは語気を荒げて反論してきた。いわゆるならず者、街のダニ、ごろつきといった連中のことはラートであって、ルーティーとはまったく別の存在であるというのが彼らの主張であった。

いずれにせよ、歴史上、ルーティーと称された人々の社会的存在形態はじつに複雑であり、その社会的性格も一様には規定し難い。資料による限りでは、ガージャール朝期における彼らの活動の場は圧倒的に都市部に集中しており、その意味ではすぐれて都市的存在であったということができる。事実、ガージャール朝下のイランではどの都市においても彼らの存在が指摘されている。当時のイランを訪れたヨーロッパ人の旅行記にも彼らに関する記述は少なくない。ところが、これら旅行記の多くにみる限り、彼らの扱われ方はお世辞にも好意的とはいえない。その呼び方をみれば一目瞭然である。いわく、乱暴者、喧嘩好き、人殺し、ごろつき、ならず者、悪漢、凶漢、無法者、怠け者、人間の屑、気取った犯罪者などなど。要するに、外部の観察者からは概して反社会的存在、少なくとも社会にとっては好ましからざる存在として認識されていたようである。

その一方で、イラン側の史料では、彼らはどのように表象されてきたのであろうか。そこでは、第三者的観察者の域を出ないヨーロッパ人の視点とは多少とも異なるルーティー像が描かれているようである。もちろん、ヨーロッパ人の視線と同様に、悪党、不逞の輩、暴徒、与太者、放浪者、ごろつきなどと呼ばれることはあるが、その一方では、親しみや敬意をこめてダーシュ(兄弟)、マシュティー(あるいはマシュハディー〈これは、シーア派十二イマーム派の聖地にして巡礼地の一つとされるマシュハド詣でをはたしたものに与えられる尊称〉)と呼ばれたのも事実である。さらには古の任侠無頼の徒(アイヤール)が体現していたとされる任侠精神を受け継ぐ者という意味でルーティーと呼びならわされてきたのである。

いずれにせよ、時に、このようにまったく相反する評価が彼らに対して与えられる。その理由として考えられるのは、彼ら自身が社会的に多様な顔をもっていたことである。しかし、このことと同時に、留意しておくべきは、彼らを表象する側の立場や価値観によっても、ルーティー像は大きく異なり、場合によってはまったく相反する姿が描き出されるという点であろう。

3 立憲革命の英雄サッタール・ハーン

相反するサッタール・ハーン評価

さて、ここで本章の主人公サッタール・ハーンに焦点をあてることとしよう。

立憲革命の英雄として知られるサッタール・ハーンが、社会的にその名が知られるようになるのはルーティーとしてであったことは、すべてのペルシア語資料が異口同音に語るところである。そこで、彼自身について考えてみる前に、まず、これまでのサッタール・ハーン評価を簡単に整理しておこう。

もっとも早い時期に英雄としてのサッタール・ハーン言説の原型を打ち出したのは、ほかでもないアフマド・キャスラヴィーである。キャスラヴィーが描くサッタール・ハーン像が集約的に表現されている『イラン立憲制史』の一節を紹介しよう。

実際、サッタール・ハーンのこのような勇敢な抵抗は、一つの偉業である。イランにおける立憲制の歴史のなかで、これほど偉大で価値ある行為はほかにない。この一人の庶民は自らの勇気と熟練した技量を存分に発揮し、立憲制をイラン全土に押し広げたのである。(中略)国民議会議員たちの無力と未熟さ、そして、テヘランの自由を求める者たちの敗北のせいでイランの歴史の縁にこびり付いた黒い染みを、この人物が命を賭して、ぬぐい去ったのだ。

キャスラヴィーによるこれ以上は望めないというほどの高い評価の根拠は明白である。立憲制がようやくにして軌道に乗ろうとしていた時、シャーが画策したクーデタによって、それが一気に葬り去られるかもしれない瀬戸際で、キャスティングボートを握ったのがサッタール・ハーンであったということである。以後に発表されるサッタール・ハーン関係の著作は、研究書にせよ、小説にせよ、おおむねこの路線を踏襲している。小説『国民将軍サッタール・ハーン』（フーシャング・エブラーミー作、一九七三年刊）や、少年向けに書き下ろされた小作品『サッタール・ハーンの冒険』（ダーリウーシュ・エバードッラーヒー・ヴァーヘド作、一九七五年刊）、一般読者向けの研究書『国民将軍サッタール・ハーンと立憲革命』（パナーヒー・セムナーニー著、一九九七年刊）などがそのおもな例である。

キャスラヴィーに代表されるこうした積極的・肯定的なサッタール・ハーン評価とは対局に位置するのが、E・G・ブラウンが紹介するサッタール・ハーン観である。彼の『ペルシア革命——一九〇五〜一九〇九』は、世界で最初に著されたイラン立憲革命史研究であるが、当書の末尾に付されたノートの部分に、信頼のおける複数の筋からの情報とする但し書き付きで、サッタール・ハーンについての一文が紹介されている。少し長くなるので、要約しながら、紹介してみよう。

サッタールは文盲で無知なガラダーグ地方出身の馬喰《ばくろう》で、憲法がなんであるかについては、ラヒーム・ハーン〔タブリーズを包囲した国王軍を構成する部族民集団の族長〕同様にまったくわかっていない。彼はいうなればタブリーズのルーティーで、一九〇八年六月のクーデタ以前にファダーイー〔義勇戦士〕に加わった。タブリーズで戦闘が始まると、彼は目を見張るような勇敢さと、ある種の指導者精神を発揮し、そのことをもって自らの属する街区〔アミールヒーズ地区〕のルーティーたちに対する優位性を誇示することができたのである。彼は自分のなかに義賊クロード・デュヴァル的なものをもっており、一種芝居じみた行為を好んだ。（中略）一九〇八年八月の夏、ナショナリストたちが降伏し、意気地のないガキ大将バーゲル・ハーンも自分の家にロシアの旗を立て恭順の意を表わした時、サッタール・ハーンだけが二〇〇名ほどの騎馬の部下たちとともに、なおも抵抗を続けた。

　彼が芝居効果を好むということは、もちろんのこと、ある程度は彼の品行とかかわっているが、それでもなお、それは称賛に値する。彼の沈着さや目を見張るような大胆さが、タブリーズの救済にもっとも貢献したのだ。「神はわれわれとともにある」とは、彼の口癖であり、おそらくは、なかばそう信じてもいたであろう。

　あの上首尾に終わった闘い、つまり、マークー〔トルコとの国境に近い西アゼルバイジャン州の街で当時の知事エグバーロッサルタネはタブリーズ立憲派に敵対した〕のクルド人部隊の猛烈な攻撃を撃退したこと、国王軍部隊の総攻撃に対する激しい抗戦、夜陰に乗じてのアジチャイ橋への最終的攻撃〔この結果、国王軍は総崩れとなった〕は御存じのことと思う。この時がサッタール・ハーンの絶頂期であった。この時、もし彼が倒れていたならば、彼は歴史に栄光の名前を残したことであろう。

〔傍点は原著に準じ、括弧内は著者註、以下同〕

以上はブラウン自身による評価というわけではないが、外国人研究者のあいだには、サッタール・ハーンの勇敢さに対してさえ、ある種冷ややかな視線を浴びせかける、こうした否定的評価が多く見受けられるのも事実である。そしてその理由として考えられるのは、評価する側が、ルーティーであったサッタール・ハーンを基本的には反社会的存在ととらえていることとかかわっていよう。

現在までのところ、サッタール・ハーンの評価は大別してこの二つに集約される。キャスラヴィーに代表される評価と、E・G・ブラウンの著書におさめられているような表象に特徴的にみられる評価は、一見、対局にあるようにみえるが、そこには通底する共通点があることも見逃してはならない。つまり、前者の場合には、サッタール・ハーンという一人の人物を英雄という鋳型に嵌《は》め込むことで、英雄にふさわしくない部分や不都合な側面が切り取られ、都合の良い部分、英雄と呼ぶにふさわしい美点のみが強調される。つまり「美化」がおこなわれているのである。その一方で、サッタール・ハーンを否定的に評価する立場からは、立憲革命への一定程度の貢献を認めながらも、彼の反社会的行動の側面が強調される。つまり、両方の立場はともに、サッタール・ハーンという多様な顔をもつ一人の人間のある側面をことさらに強調することで、結果的に、極めて平板なサッタール・ハーン像をつくり上げてしまっているといえよう。

等身大のサッタール・ハーン

サッタール・ハーンは、学校(マクタブ)に通ったことも、読み書きを習ったこともなかったようだ。もっとも彼自身、そのことを常日頃悔いていたという。したがって当然のことながら、彼自身の手になる日記などの文書資料が残されているわけではない。サッタール・ハーンの名前(署名)がはいった電報文などは残されているが、それらは彼の意向を伝える貴重な資料ではあっても、彼自身が書き記したものではない。畢竟《ひっきょう》、彼の生涯にわたる行動とその背後にあった考え方をうかがい知ろうとすれば、彼の周辺にいた者たちの証言や彼らが書き残した文書類を拠り所とする以外にない。そうしたなかで、とくに注目に値するのは、サッタール・ハーンのもっとも近くで、立憲革命、そしてタブリーズ蜂起を経験したE・アミールヒーズィーが一九六〇/六一年に上梓した『アゼルバイジャン蜂起とサッタール・ハーン』のなかで紹介されているサッタール・ハーンに関する情報であろう。アミールヒーズィーは一八七七年の生まれというから、サッタール・ハーンより一〇歳ほど年下ということになる。商人の子としてアミールヒーズ地区に生を受けた彼は若くして立憲運動に身を投じ、三〇歳を超えるか超えない頃にタブリーズ蜂起に直面し、その最中にサッタール・ハーンに直接請われて、彼の補佐役兼顧問の一人となる。そして、サッタール・ハーンがテヘランに移る際には同行するが、彼が死去した後は、一時期、イスタンブルで過ごす。一九一九年にはモハンマディーエ中等学校のペルシア語教師としてタブリーズに戻り、その翌年には同校の校長に就任した。しかし、一九三五年になると、テヘランに移り、ダーロルフォヌーン高等学校の校長を皮切りに、イラン教育界の要職を歴任することとなる。一九四二年にはアゼルバイジャン州の文化局長、一九四六年にはイラン文化省高等視学官にのぼり詰めた。この間、イラン・アカデミー(ファルハンゲスターン)のメンバーにも名前を連ねている。このアミールヒーズィーが、サッタール・ハーンあるいは彼の周辺の人々から直接聞きおよんだこととして語るサッタール・ハーンの半生をいくつかの節目に着目しながらかいつまんでたどってみることとしよう。

アミールヒーズィーによれば、サッタール・ハーンが生まれた年はヘジュラ太陰暦の一二八四～八五年というから、西暦に直せば一八六七～一八六八年頃ということになる。より具体的に一八六八年八月十九日とする説もあれば、一八六〇年代初めとする者もあり、いずれとも決しがたい。じつは彼が生まれた場所も、タブリーズでないことは間違いないとしても、いま一つ定かではない。とはいえ、彼の父親の線からおおよその見当はつく。彼の父親ハージー・ハサンはガラダーグ(別名アラスバーラーン)地方の出身で、タブリーズやアハル(ガラダーグ地方の中心都市)で布地を仕入れては周辺・近隣の村々で売り歩くいわゆる行商人であった。つまり、片足を都会に、もう一方の足を農村におく、アゼルバイジャン語でいうところのチェルチーであった。ガラダーグ地方は、北はアラス川でアゼルバイジャン共和国と、東はメシュキーンシャフルと、南はタブリーズやヘリースと、西はマランドと接する地域である。住民はトルコ系が圧倒的であり、一部にキリスト教徒やアリー・エラーヒー(アリーを神と考える人々。別にアフレ・ハッグ〈真理の民〉とも呼ばれる)が散見されるものの、大多数はシーア派十二イマーム派に属する。

要するに彼の父親の生活圏がほぼガラダーグ地方に限られていたことからして、サッタール・ハーンが生まれた場所も、おそらくは当該地域のどこかであろうと推測される。また、この地域を活動圏とする移動部族民集団モハンマドハーンルゥの生まれとする説もある。

ハージー・ハサンは先妻とのあいだに一男二女、後妻(アム・ハノム)とのあいだには三男二女をもうけている。サッタールは後妻とのあいだに生まれた二番目の子で、全体のなかでは三男にあたる。ハージー・ハサンの長男エスマーイールには三人の息子がいたが、長男のモハンマド・ハーンは、タブリーズ蜂起の最中に足を負傷し、義足を使用することになるもアミーレ・トゥマーニーの尊称を恵与される。のちにタブリーズに侵攻してきたロシア軍により、次男のキャリームともども、絞首刑に処せられる。三男のエブラヒームはサッタール・ハーンと一緒にテヘランに向かい、同地で天寿をまっとうしている。ハージー・ハサンの後妻から生まれた長男マシュハディー・ガッファール・ハーンは靴職人であり、蜂起には直接かかわらなかったが、サッタール・ハーンの兄弟という理由で、ロシア軍により絞首刑に処せられた。サッタール・ハーンの弟ハージー・アズィーム・ハーンはサッタール・ハーンの行動に同調せず、革命当初は農業を営んでいたが、しだいに革命へと取り込まれていった。また、マシュハディー・ガッファール・ハーンにはモハンマドハサン・ハーン、アキバル・ハーンという二人の息子がおり、前者は、第一次世界大戦中にケルマーンシャーで誕生した臨時国民政府に参加するが、天寿をまっとうし、アキバル・ハーンも同様に天寿をまっとうしている。一方、サッタール・ハーン自身には、長男ヤドッラー・ハーン、長女ビュユク・ハーノム、次女マアスーメ・ハーノムの三子があった。

反逆児サッタール・ハーン

アミールヒーズィーによれば、サッタール・ハーンの生き方に決定的な影響を与え、その後の彼の人生行路を決定づけたのは、父であるハージー・ハサンの長男エスマーイールをめぐる事件であったという。エスマーイールもまた、父親と同じようにガラダーグ地方に生まれ、子ども時代は父親の仕事を手伝っていたが、一七〜一八歳頃になると、モハンマドハーンルゥやハサンベイグルゥといったこの地域の移動部族民集団に交じって乗馬や射撃に没頭するようになった。

サッタール・ハーン（前列左）と息子ヤドッラー・ハーン（前列中央）
サッタール・ハーン亡き後，ヤドッラー・ハーンはおじに育てられた。のちにフランスに留学，士官学校を卒業して大尉に任官するが，命令不服従の廉《かど》で終身刑に処せられる。その後，赦されて渡英，1978年に当地で死去した。

ちょうどこの頃、アラス川の北側では、おりしもシャーミルの抵抗が終焉を迎え、ロシア帝国によるカフカズ全域の制圧が完了しようとしていた。ところが、異教徒であるロシア帝国への従属を潔しとしない一部イスラーム教徒住民がそれぞれ徒党を組んで、ロシア帝国の官憲と渡り合う事態が随所で出来《しゅったい》した。こうした者たちの行動は、アゼルバイジャン民族主義の立場からは、「カチャク（義賊）」と位置付けられて、アゼルバイジャン独立運動史の重要な一章をかざっている。「カチャク」といえば、普通は不法に品物の輸出入やその販売をおこなう行為つまり、密輸を意味するが、アゼルバイジャン語では、公権力に公然と歯向かい、形勢不利とみるや、山岳地帯や森林地帯に逃げ込み、姿をくらます逃亡者（そのなかには農民も多く含まれていた）をも意味している。そうした者たちの代表的な例としては、ギャンジェ地方のデリ・アリやカンベル、ガラバーグ地方のシュレイマンとムルタザー、ゼンゲルス地方のネビー、ヌーハ地方のケリム・エフェンディオグルゥなどがあげられる。

ファルハードもそうした「義賊」の一人であり、エスマーイールとも旧知の間柄であった。ある時、ロシア官憲に追われてアラス川を渡り、イラン領に逃げ込んできたファルハードはエスマーイールの家に匿われることとなった。たまたまこれを嗅ぎつけたガラダーグの知事は、かねてから執拗な追捕要請がロシア側より突きつけられていたこともあり、彼の家を包囲し、ファルハードを殺害、エスマーイールを拘束してタブリーズに送った。時のアゼルバイジャン総督は、王位継承者でのちにガージャール朝第五代シャーとなるモザッファロッディーン・ミールザーであったが、彼を斬首の刑に処すよう命じた。ヘジュラ太陰暦一三〇三年のできごとというから、西暦になおすと、一八八五～八六年頃のことである。この一件はハージー・ハサンを酷く落胆させ、アミールヒーズィーによると、彼は死ぬまでエスマーイールの喪に服して、必ずやガージャール一族に対して血の復讐を遂げるようサッタール・ハーンに繰り返し言い含めていたという。サッタール・ハーン自身も蜂起の最中に、「たとえ余命が一日しかなかったとしても、エスマーイールの敵《かたき》はとる」と常々周りの者たちに語っていたらしい。この話の真偽のほどは定かではないが、こうした同害報復的心性は、当時にあっては、周囲の者たちの深い共感を呼び起こし、タブリーズ蜂起というかたちでの、王朝（つまり、ガージャール一族）政権に対するサッタール・ハーンの執拗な抵抗を正当付ける確かな動機を提供したであろうことは十分に推測される。

さて、ハージー・ハサン一家がいつ、どのような理由で、ガラダーグ地方を後にして、タブリーズに移り住んだかについては、知る由もないが、おそらくは、エスマーイールの一件の直後のことと考えられる。少なくともサッタール・ハーンが一七〜一八歳の時にはすでにタブリーズにいたことは間違いないと思われる。

ともあれ、サッタール・ハーンは生まれながらのタブリーズ人ではないので、移り住んだアミールヒーズ地区の住民でさえ、だれ一人彼を知るものはいなかった。土地っ子のアミールヒーズィーでさえも、とある事件が起きるまではサッタール・ハーンの名前を聞いたこともなかったと述懐している。そのある事件の顛末とはこうである。

当時、ガラダーグ地方のハサナーバード村一帯に勢力を張っていた移動部族民集団の族長ミールザー・モスタファーの配下の者たちが、王位継承者の宮廷に使えるガーテルチーの一団（調達係。原義は「らば使い」）と些細なことから諍いを起こし、その過程で、族長の息子であるサマド・ハーンが彼らの一人を殺害してしまった。族長のミールザー・モスタファーは、事を穏便におさめるため、取りなしをしてくれる人物を介して申し開きをおこなおうと、サマド・ハーンをもう一人の息子アフマド・ハーンとともにタブリーズへと送った。そして、旧知の間柄であったサッタール・ハーンの父親ハージー・ハサンに逗留場所の世話を依頼した。ハージー・ハサンは息子のサッタール・ハーンを世話係としてつけ、街外れのバーグに彼らを匿うこととした。ところがこれを聞きつけたガーテルチーたちが彼らを取り囲み、激しい撃ち合いが繰り広げられたすえに、全員が捕縛され、総督府に連行された。サマド・ハーンとアフマド・ハーンは切り刻まれて殺害され、サッタール・ハーンは投獄された。この時の様子をアミールヒーズィーは、つぎのように回想している。

ガダク織りの短い上っ張りをまとい、刺繡を施した縁なし帽をかぶった一七〜一八歳くらいの若者が荷かつぎ人の肩にかつがれて運ばれていく(撃ち合いのなかで、サッタール・ハーンは足に銃弾を受けていた)のを目にした。だれ一人、彼のことを知っている者はいなかった。ようやくにして、彼のことを知っている二〜三名の者たちが、ガラダーグのサッタールという者であることを教えてくれた。(中略)その日、私ははじめてガラダーグのサッタールという者の名前を耳にした。多くの者たちがそこには居合わせたので、彼のことは広く知れ渡ることとなった。

＊彼がいつからハーンと呼ばれるようになったかは判然としないが、少なくともタブリーズ蜂起の時点では、すでにハーンの敬称を得ていたことは諸資料からわかる。ちなみに、ハーンとは元来、移動部族民集団の長の尊称であるが、ガージャール朝期には、より広く用いられるようになり、一般化していた。

アミールヒーズィーは、このできごともサッタール・ハーンがガージャール朝の役人への復讐を誓う重要な動機の一つになったとみている。いずれにせよ、サッタール・ハーンの足跡はこの事件を境にして急転回を示すことになる。事件後、サッタール・ハーンはアルダビールのナーリーンガルエ監獄に収監された。この監獄は、反乱を使嗾《しそう》した政治犯などの最重要犯罪人を対象としており、当時にあっても、環境の過酷なことで知られた監獄の一つであった。ここで二年間を過ごした後に脱走した彼は、ユルトチーやアラルルゥといった移動部族民集団のなかに身を隠し、仲間を集めては、乗馬と射撃の腕を頼りに、アイヤール、ヤアクーブ・レイス(歴史上の有名な任侠・無頼の徒でサッファール朝を創建)を気取って、ガージャール朝の馬車を街道でおそったりしていたようである。その後はタブリーズの父親のもとに舞い戻り、有力な知人の紹介を得て、ホイ、サルマース、マランドを結ぶ街道の警備（ガラスーラーン）の仕事に就く。ここでも彼は、持ち前の胆力と剛勇さを余すところなく示し、広く声望を手にする。それを買われてか、今度は遠くホラーサーン地方の総督直属の騎馬部隊の一員としてマシュハドに赴く。ほどなくして総督とも齟齬《そご》が生じたために、そこを辞し、アタバート（イラクにあるシーア派十二イマーム派聖地）に巡礼に出かけるが、そこでもオスマン朝の取締役人（シュルタ）とのいざこざに巻き込まれ、再びタブリーズに戻ってくる。

そこで今度は、数名の地主から、土地の管理人（モバーシェル）の依頼を受け、サルマースへと出向く。この時も彼はいっそうの存在感を示し、タブリーズに戻った時には、彼の男気と勇気を知らぬ者とてない存在となっていた。

タブリーズに落ち着いた彼は、それまでに身につけた馬に関する経験と知識を活かして、馬喰（ダシュトギール）、つまり馬の仲買人を始めたのであった。その一方で、彼の男気と胆力を見込まれて、地域の治安維持に一役買うこともたびたびであった。一例をあげておこう。タブリーズのタージェルバーシー（商人頭）の息子ハージー・ミールザー・マフムードがヨーロッパからの帰途、タブリーズの近くで追いはぎにおそわれ、身ぐるみはがされる事件が発生した。当局に一件を訴え出ると、知事は警察長官（ベイグレルベイギー）に対して、何としても犯人を捕まえ、取られたものを取り返すよう厳命を下した。しかし、警察長官は自らの配下の者たち（ファッラーシュ）が頼りないことを知っていたので、やむなく、サッタール・ハーンに助けを求めた。サッタール・ハーンはわずか二日で、盗まれたものを取り返し、犯人の二人を警察長官に引き渡したのであった。

かくして彼は、自らが生活の場とするアミールヒーズ地区（彼は一時期、アミールヒーズ地区の街区長《キャドホダー》も務めている）はもとより、タブリーズ全体にとっての治安維持には欠かせない存在として、そして、タブリーズでは押しも押されもしないルーティーとして知られるようになっていたのである。

4　激動のタブリーズ蜂起

蜂起前夜のタブリーズ

「立憲運動を始めたのはテヘランであるが、それを育み、成功に導いたのはタブリーズである」とは、キャスラヴィー一流の物言いであるが、ある意味、これは正鵠《せいこく》を射ている。一九〇六年八月五日、ガージャール朝第五代国王モザッファロッディーン・シャーが立憲制の詔勅を発し、これを受けて九月九日に選挙法（第一次選挙法）が公布されると、タブリーズでは全国に先駆けて、国民議会議員の選出を管理する選挙管理委員会（のちのタブリーズ・アンジョマンで、アゼルバイジャン地方アンジョマンとも呼ばれた）の選挙がおこなわれた。この選挙管理委員会は、地主や大商人、有力ウラマー（イスラーム学者）といった街の有力者らが主導権を握るもので、選挙管理業務以上の権限は付与されていなかった。

ところが、タブリーズ・アンジョマンは議会選挙終了後も、アゼルバイジャン総督モハンマドアリー・ミールザー（のちの第六代国王）の解散勧告に応じず、憲法補則（憲法第二部のことで、一九〇七年十月七日に発布）の発布までは解散しないことを表明した。これはタブリーズの立憲派勢力が統治当局に対して示した最初の直接的抵抗であった。タブリーズの立憲派勢力は選挙法の布告以前にすでに、立憲運動の推進母体としての独自のアンジョマンを組織していたが、これと合体したタブリーズ・アンジョマンは、タブリーズにおける立憲派の活動拠点となっていった。一九〇七年二月にテヘランに到着したアゼルバイジャン地方選出の国民議会議員団が議会に提出した七項目要求には、立憲制下におけるこうしたアンジョマンの位置付けに関する基本的考え方をみてとることができる。それは、地方に現存するアンジョマンを法制化し、首都テヘランの国民議会が中央政府(=国王が任命する政権)とのあいだで有している権限と同等の権限を地方の統治当局とのあいだで有する地方アンジョマンを樹立することであった。アンジョマンのこうした法的位置が保障されるのは憲法補則の第九〇条においてである。

さて、第一次立憲制期におけるタブリーズ・アンジョマンは、実際には憲法に規定される以上の権限と影響力を有するにいたっている。例えば、一九〇六年末にタブリーズで発生した食糧事情の悪化の際に、大商人による退蔵の禁止、肉・パンなどの価格統制等を講じている。タブリーズ・アンジョマンの活動はこれにとどまらず、それまではアゼルバイジャン総督府(総督は王位継承者)の管轄に属していた街の行政部門や警察部門も部分的に掌握し、さらには、裁判業務も管轄下に入れていた。ちなみに、イランで最初の警察機構が組織されたのはタブリーズであったし、イランではじめて控訴院がおかれたのもタブリーズであった。こうして、第一次立憲制期のタブリーズには総督の権力とアンジョマン権力とのいわば二重権力ともいえる状態が現出していたのである。

社会民主党とタブリーズ・アンジョマン

このタブリーズ・アンジョマンを主たる活動拠点としたタブリーズ立憲派の動向に少なからずの思想的影響を与えたのみならず、その活動自体をも大きく左右した政治的組織として注目されるのが社会民主党である。

十九世紀後半には世界最大の産油地帯であったバクー油田を有するカフカズ一帯は石油産業労働者を中心とする労働運動も盛んで、第一次ロシア革命(一九〇五年)の中心の一つでもあった。

ロシア社会民主労働党の働きかけで、一九〇四年にアズィーズベコフ、エフェンディエフ、ジャパリッゼらを中心にヒュンメト(ヘンマト)党が組織され、これとほぼ相前後して、社会民主党が誕生した。この両組織の関係は、構成メンバーも含めて、不明な部分も多いが、両者ともにロシア社会民主労働党の傘下にあり、前者は当該地域のムスリムの組織化を狙いとし、後者は同地域におけるイラン人の出稼ぎ労働者や居住者を母体として組織されたこともあり、構成メンバーなどは一種の入れ子状態にあったと考えるのが妥当なところであろう。

タブリーズに誕生した社会民主党は、カフカズの社会民主党の強い影響下に組織されたと思われる。例えば、タブリーズの社会民主党規約は、カフカズの社会民主党規約の引き写し的性格が強く、また、カフカズの社会民主党の創設メンバーではないが、ほどなくその中心的存在となるナリマン・ナリマノフは、タブリーズの社会民主党の創設にも積極的にかかわった。このように両者のあいだに緊密な協力関係が認められるとはいえ、タブリーズの社会民主党がカフカズの社会民主党の直接的指導下にあったというわけではなく、活動方針をめぐっては、アリー・ムッシュー(後述)とカフカズからやってきた社会民主党関係者(カフカズのモジャーヘドと呼ばれた)とのあいだに意見の相違や対立もみられた。つまり、両者は組織としては、ほぼ完全に独立した別個の実態と考えるべきであろう。

タブリーズに組織された社会民主党は、「秘密中央委員会」、「ソツィアル・デモクラート」、「国民義勇党」、「イスラーム聖戦士党」、「イスラーム防衛党」そして「モジャーヘド」などさまざまな呼称をもっていたが、なかでもその特徴をよく表しているのが秘密中央委員会(マルキャゼ・ゲイビー)という呼称である。その名が示すとおり、構成メンバーをはじめ、活動内容なども公にされなかったため、今もって明らかになっていない部分も多い。しかし、諸資料や当時の関係者らの証言から、創設者であり一貫して活動の中核を担ったのはキャルバラーイー・アリー(通称ムッシュー)であり、ほかにハージー・ラスール・サデキヤーニー、ハージー・アリー・ダヴァチー(通称ダヴァーフォルーシュ、つまり薬種屋)、ジャアファル・アーガー・ギャンジェイーなど、主として商業に携わる者たちであった。

『イラン立憲革命におけるアゼルバイジャン蜂起』の著者で、自身も秘密中央委員会のメンバーであったキャリーム・ターヘルザーデ・ベフザードが、タブリーズ蜂起における第一級の政治家・思想家として名をあげているキャルバラーイー・アリーの通称ムッシューは、いうまでもなく、フランス語のmonsieur である。彼がフランス語に通暁し、フランス革命史に造詣が深く、事あるごとに語っていたところからこの名で呼ばれるようになったといわれている。

タブリーズの街の中心に位置するノウバル地区の出身であるアリー・ムッシューは、父親の跡を継いで商売に従事するかたわら、陶器製造の工場も所有するなど、タブリーズの富裕層に属していた。若い時から、商売柄、ヨーロッパやオスマン朝下の諸地域、加えてカフカズ諸地域に広く足を運び、西欧の

アリー・ムッシューと二人の息子

新しい文物にふれ、とくに、カフカズではロシア社会民主労働党関係者との親交を深めたことが、のちにタブリーズ民主党の設立に繋がったことは言を俟《ま》たない。彼自身、タブリーズ蜂起を通じて、つねに秘密中央委員会の中心的存在として、蜂起の展開過程では大きな役割をはたしたが、一九一〇年四四歳の若さで死去した（一説では、毒殺）。

彼の息子たちも、モジャーヘダーンの一人として、包囲軍との最前線で闘いを担った。そのため、ロシア軍のタブリーズ侵攻後の一九一二年一月十日、ロシア軍に抵抗したシェイホルエスラーム（タブリーズのシェイヒー派の管長で、有力な立憲派ウラマーの一人）ら六名のタブリーズ立憲派とともに、二人の息子（ハサンとガディール）は絞首刑に処せられ、もう一人の息子ハージー・ハーンはタブリーズ蜂起を

ホセイン・ハーン・バーグバーン麾下のレイラーバード地区のモジャーヘダーン部隊

戦った後、タブリーズを離れていたが、一九一六年十一月、バーゲル・ハーンとともに臨時国民政府への合流を期して向かったガスレ・シーリーン（現在のイラクとの国境近く）郊外で命を落としている。

タブリーズ・アンジョマン（実質的には秘密中央委員会）が取り組んだ特筆に値する事績の一つにモジャーヘダーン部隊の創設がある。モジャーヘダーンとは、モジャーヘド（ジハードを遂行する者の意）の複数形であり、その名のとおり、立憲体制の護持という、聖なる目的の達成を偏《ひとえ》に担った、いわば革命防衛隊ともいうべき組織であった。このモジャーヘダーンの社会的背景を分析したソフラーブ・ヤズダーニーは、自著『立憲制のモジャーヘダーン』（二〇〇九年）のなかで、タブリーズのモジャーヘダーンにみられる際だった特徴として、ルーティーが多数参加していたことをあげている。サッタール・ハーンやバーゲル・ハーンに始まり、立憲制の旗手の異名をとったホセイン・ハーン・バーグバーン(その名のとおり、彼の職業は園丁)、マシュハディー・アムゥオグルゥ、チャーボグ・モハンマドフなど、数え上げればきりがない。ヤズダーニーは、これらルーティーがタブリーズ防衛戦に加わった背景には、元来彼らが重きをおく価値観である公正(アダーラト)への強いこだわり、そしてこれと連動する抑圧的支配や不正との闘い(つまり、専制支配との闘い)に対する精神的準備があったことをあげているが、同時に、立憲派に与することで、それまでの自分たちの生活スタイルを新しい枠組みのなかでも維持できると考えていたのではないかと指摘している。もっとも、それは彼らにとってのかなわぬ夢であったことは後述するとおりである。

立憲派と反立憲派の対立

一九〇八年六月二十三日、首都テヘランでは、ガージャール朝第六代モハンマドアリー・シャーが、直属の部隊であるロシア人司令官リャホフ大佐麾下のガッザーグ(コサック)旅団にテヘランの国民議会に対する砲撃を決行させてクーデタに成功すると、立憲派に対する大々的な弾圧をイラン全土で開始した。クーデタ後のこうした状況のなかで、タブリーズ・アンジョマンの崩壊も決定的となった。アンジョマン議長のバスィーロッサルタネや有力メンバーであったアジラーロルモルク(警察部門の責任者)はロシア領事館へ、立憲派の有力商人ハージー・クーゼコナーニーはオスマン朝領事館にそれぞれ難を逃れ、アゼルバイジャン地方選出の国民議会議員で立憲派の急先鋒タギーザーデはしばらく後に国外への亡命をよぎなくされた。

こうして、タブリーズ・アンジョマンが事実上の機能停止状態に追い込まれたうえに、国王軍諸部隊による重包囲という異常な環境のもとでの市街戦の日常化という状況にあって、国王軍(包囲軍)と直接対峙した(つまり、王朝政府に対して蜂起した)モジャーヘダーンからの強い信頼と支持を着実に固めていったサッタール・ハーンやバーゲル・ハーンが、事実上の蜂起指導者と目されたのはけだし当然のなりゆきであった。ここで、その具体的な経緯を、ハージー・モハンマドバーゲル・ヴェイジャヴィーエイーの『アゼルバイジャン革命とタブリーズ蜂起の歴史』(初版は一九〇九年の前半か)に拠って整理してみよう。彼は、その名前が示しているとおり、ウラマーや大商人たちが多く住まうタブリーズの有力街区であったヴェイジャヴィーエ地区の出身で、商人であった。彼の経歴に関しては不明な部分も多いが、わかっているのは、秘密中央委員会の書記役、つまり、同委員会の記録事務の責任者であったということである。そうした彼が書き残した当書は、いわば蜂起(包囲)戦に関する同委員会の正式記録とでも言い得るものである。いずれにせよ、ほぼリアルタイムの記録であるこの本は、現在までのところ、タブリーズ蜂起(包囲戦)を扱った史料としては、その精度と包括性においてほかに類をみない第一級の資料である。

『アゼルバイジャン革命とタブリーズ蜂起の歴史』によれば、議会砲撃によってテヘランの立憲派が総崩れとなるや、その報を耳にしたサッタール・ハーンとバーゲル・ハーンはそれぞれ自分の仲間の一団を引き連れてテヘランの立憲派を支援すべく、タブリーズ東郊のバースマンジュに集結したが、タブリーズ市内の反立憲派の攻勢に直面したタブリーズ・アンジョマンから、ただちに街に戻るよう請われて急遽引き返した。こうして、タブリーズの街は立憲派と反立憲派の二つの陣営に分かれ、市街戦が開始されることとなった。同時に、タブリーズの反立憲派を支援する名目で、モハンマドアリー・シャーはタブリーズを包囲し、タブリーズ全市の奪還を目的に国王軍の派遣を決定した。こうして、市街戦に加えて、国王軍との戦いも一九〇八年の六月から一九〇九年四月までの一一カ月間にわたって繰り広げられた。立憲派陣営からはタブリーズ蜂起と呼ばれる戦いである。

国王の指示を受けた議会砲撃に先だって、一九〇七年の段階から、それまで立憲運動を担ってきた陣営の内部において、立憲制のあり方をめぐる激しい対立が表面化していた。立憲制はあくまでもシャリーア(イスラーム法)にのっとった立憲制(マシュルーテ ィェ マシュルーエ)でなければならないと主張するシェイフ・ファズロッラー・ヌーリーに代表される立場と、西欧流の立憲制の実現を主張する立場がそれである。この対立に拍車をかけたのがモハンマドアリー・シャーによるクーデタ未遂事件(一九〇七年十二月)などの立憲派追い落とし工作であった。そうした流れのなかで、タブリーズにおいても、反立憲派の動きがしだいに活発化していった。

アゼルバイジャン選出の国民議会(第一議会)議員の一人で、当初は立憲派として行動していたミール・ハーシェム・ショトルバーニーはしだいにシャリーアにのっとった立憲制を支持する立場へと傾いてゆき、タブリーズの有力なウラマー(ミールザー・ハサン・モジュタヘドやミールザー・キャリーム・エマームジョムエなど)と語らって、国民議会砲撃の直前にソルハーブ地区にイスラーム・アンジョマンを設立し(正確な時期は不明)、立憲派との敵対的姿勢を明確にした。イスラーム・アンジョマンに参集した勢力は、一九〇八年六月の初めには、立憲派の拠点と目されたヒヤーバーン地区とアミールヒーズ地区に最初の攻撃をしかけ、議会砲撃をはさんだ六月終わりの段階には、ソルハーブ地区のみならず、シヨトルバーン地区、シェシュギャラーン地区やバーグミーシェ地区をも手中におさめることに成功した。結果、タブリーズの街を二分して流れるメフラーンルード川の北側はアミールヒーズ地区のみが立憲派の手に残り、それ以外はすべて反立憲派の手中に帰すこととなって、立憲派陣営と反立憲派陣営が、ほぼこの川をはさんでにらみ合う状況が生まれた。その一方では、モハンマドアリー・シャーは、立憲革命勃発時の大宰相で、立憲制の詔勅発布と同時に罷免されたガージャール王族出身のエイノッドウレを新たなアゼルバイジャン総督に任命し、セパフダール・トノカーボニー(途中で撤退。のちに立憲派陣営に加わる。テヘランを制圧したギーラーンのモジャーヘダーン部隊の指導者の一人)を総司令官に任命し、立憲派が執拗に抵抗を続けるタブリーズの街の奪還のための鎮圧軍(包囲軍)の派遣を決定した。

アゼルバイジャン総督に就任したエイノッドウレを事実上の最高責任者とするこの鎮圧軍は、ラヒーム・ハーン麾下のガラダーグ地方の移動部族民集団からなる騎馬部隊、ショジャーネザームらが率いるマランドの騎馬部隊、クルド人コルホル族、バフティヤーリー族などの移動部族民集団、さらにはシャー直属のガッザーク部隊(これには一指揮官としてのちのレザー・シャーも参加)などから構成され、これにタブリーズ市内の反立憲派諸勢力を加えて、最盛時で約三万五〇〇〇人から四万人を数えたといわれる。これに対して、タブリーズの立憲派を中核とするモジャーヘダーンは、カフカズからの義勇部隊や周辺地域から参戦した農民たちを加えても最大限一万五〇〇〇〜二万人と見積もられた。

このように数のうえでは明らかに劣勢ではあったが、モジャーヘダーンは繰り返される攻撃にたえ、包囲軍によって食糧の供給を絶たれたことで市内を覆った飢餓状況のなかでも怯むことなく応戦を続けて、最後まで白旗を掲げることはなかった。ヴェイジャヴィーエイーによれば、人的損害(戦死者)の面でも、蜂起の勃発から二カ月間のうちにモジャーヘダーン側は約三〇〇名だったのに対して、敵側は二〇〇〇名を超える人的損害を出したという。

テヘランでの議会砲撃以降、タブリーズでは立憲派（諸地区）に対する反立憲派の激しい攻勢が続くなか、彼らによる街中での殺戮・略奪行為も頻繁におこなわれた。イスラーム・アンジョマンから、「白旗を掲げていない者は国家への反逆者とみなされて斬首の刑に処せられ、その者の家も略奪の対象となる」との通告が出されると、立憲派に属する各地区でも白旗が散見されるようになった。

蜂起のなかのサッタール・ハーン

こうした状況のなかで、タブリーズ駐在ロシア総領事の説得を受け入れたヒヤーバーン地区のバーゲル・ハーン以下のモジャーヘダーンは武器を置き、戦闘を中止する意志を表明した。各地区の立憲派勢力（モジャーヘダーン）は、サッタール・ハーンをリーダーとするモジャーヘダーンが唯一抵抗を続けるアミールヒーズ地区へと結集していった。タブリーズ立憲派が、背水の陣を迫られたこうした極限状況（一九〇八年七月二〜三日）の最中、ロシア総領事がサッタール・ハーンのもとを訪れ、ロシア政府の庇護の下にはいり（つまり、降伏して）、白旗を掲げるよう説得を試みた。この時のサッタール・ハーンの返答を、ヴェイジャヴィーエイーはつぎのように記している。

私はアボルファズル・アッバース（キャルバラーでイマーム・ホセインが殉教した際に、彼を護って同じく殉教した将軍）とイランの旗のもとに身をおいている。したがって、貴殿からの旗は必要ない。私は決して圧政と専制には屈しない。私はイスラームとアボルファズル・アッバースの旗を手に、圧制者たちがタブリーズの街に立てた白旗をことごとく取り除くつもりである。イランの国王陛下が私を処罰されるというのなら、甘んじて受けるとしよう。しかし、国民は、イスラーム法にのっとった自身の権利を手放すようなことは金輪際しないであろう。

このように答えた後、サッタール・ハーンは二〇名に満たないモジャーヘドを引き連れて、街中に立てられた白旗の撤去作業に向かったという。そして、彼のこの行為が、失望のどん底にあった立憲派のタブリーズ住民を奮い立たせ、バーゲル・ハーンも再び銃を取り、街中のバーグに屯集していたラヒーム・ハーン麾下の部隊に奇襲攻撃をしかけて、包囲線始まって以来、最初のモジャーヘダーン側の輝かしい勝利を手にしたのであった。

白旗の撤去をおこなう
サッタール・ハーンたち

この戦闘の後、一九〇八年八月にはいり若干の小康状態が生まれると、立憲派勢力によりタブリーズ・アンジョマンが再建され、テヘランにおける国民議会再開までは同アンジョマンが国民議会代行を務めることが、国内の主要都市やタブリーズに駐在する諸外国領事に通知された。同時に防衛体制の強化と組織化がはかられ、サッタール・ハーンを総責任者とする防衛戦の指揮・監督を担う監督評議会が設置された。かくして、サッタール・ハーンはまさにタブリーズ蜂起(防衛戦)の真っただ中において、防衛戦の事実上の最高責任者となっていくのである。

さてここで、問題となるのは、サッタール・ハーンと秘密中央委員会との関係である。当時の関係者の証言から、サッタール・ハーンが秘密中央委員会の一員になったことはほぼ間違いない。彼がルーティーであることを理由に難色を示すメンバーもいたが、立憲制を守るという最終目的からして、彼のような存在はぜひとも必要であるとする意見が最終的には優勢となり、加入が実現したという証言も複数ある。とはいえ、サッタール・ハーンが主体的に秘密中央委員会への加入を希望したのか、あるいは、同委員会の側が彼を取り込もうとしたのか、いずれとも決し難い。

ヤズダーニーによれば、サッタール・ハーンの周辺には、補佐役でタブリーズ・アンジョマンとのパイプ役をはたしたアミールヒーズィーや書記役を務めたミールザー・エスマーイール・イェカーニーをはじめ、彼の思想的支えとなった存在は一定数認められるが、だれ一人として決定的な影響を与えた人物はいないという。当時タブリーズに駐在していたイギリス外交官も、「サッタール・ハーンは自律しており、自らの意志で行動している」との報告を送っている。かりにそうであったとすれば、それはまさに独立不羈《ふき》の精神をモットーとするルーティーとしてのサッタール・ハーンの真骨頂を示していよう。

一九〇八年六月下旬に始まる国王軍によるタブリーズ包囲とこれに対する闘いでみせた、意表を突くようなサッタール・ハーンらルーティーの勇姿は、イギリスの『ザ・タイムズ』紙、『デイリー・テレグラフ』紙、『マンチェスター・ガーディアン』紙などの特派員が送る記事を通じて、外部世界に報道されるや、とくにサッタール・ハーンは「ペルシアのガリバルディ」（欧米）、「アゼルバイジャンのプガチョフ」（ロシア）と称されるなど、理想的な革命指導者として称揚され、大きな反響を呼んだ。なかでもレーニンは、全世界におけるそうした運動を鼓舞する意味合いを込めて「旧体制復活の企てに対して、軍事行動も辞さないこうした革命的運動は、決して潰え去ることはない」であろうとして、タブリーズ蜂起とその指導者たちに高い賛辞を贈った。サッタール・ハーンの威名は遠く中央アジアやモロッコにまでおよび、当該地域の変革をめざす者たちの強い共感を呼び起こしたという。

実際、タブリーズ蜂起には、周辺地域はもとより、世界中からさまざまな支援が寄せられたのみならず、自ら銃を取り、直接戦闘に加わる者たちも数多くみられた。とりわけ、ロシア社会民主労働党系のヘンマトや社会民主党の関係者らは積極的な支援活動を展開するだけでなく、G・オルジョニキッゼ（スターリンの盟友で、のちのソ連共産党政治局員）、アリョーシャ・ジャパリッゼ（のちのバクー・コンミューンのメンバー）、マシュハディ・エフェンディエフ（ヘンマトの創設者の一人で、同じくバクー・コンミューンのメンバー）、メフメト・サイード・オルドゥーバーディーなどは、直接タブリーズに足を運んでいる。さらに、戦艦ポチョムキン号の水兵の一人がモジャーヘダーンの砲術指南として、このタブリーズ蜂起に参加していた事実は、この蜂起の国際性を物語る一つの事例としてあげることもできよう。

タブリーズ蜂起の全期間を通じて、カフカズからは八〇〇名を超えるモジャーヘドがタブリーズにはいり、戦闘に参加したといわれている。一説では、ロシア社会労働党系(つまり、ヘンマトやカフカズの社会民主党系)の者だけで、少なく見積もっても五〇名以上がタブリーズ蜂起のなかで戦死したという。こうした人的支援だけでなく、武器や弾薬、爆発物、革命関連の刷り物など多方面にわたる支援も繰り広げられた。イスタンブル、パリ、ロンドン、バクー、アシハバードなど世界各地のイラン人コミュニティからも資金・武器援助がおこなわれた。バクー在住のイラン人富豪ゼイノルアーベディーン・タギーオフなどもこうした支援活動に加わったことが知られる。さらには、当時のバクー駐在イラン領事であったキャリーム・ハーンやダビーロルママーレク(アシハバード駐在イラン領事)、ファトホッソルターン(ティフリス駐在イラン総領事)などは、カフカズの社会民主党とも繋がりをもち、タブリーズ立憲派への武器・弾薬・爆発物などの調達、移送などの手配や手引きに積極的にかかわったことが、当時のロシアの外交文書(領事報告)からうかがえる。

5　ルーティーたちのその後

革命に翻弄されるサッタール・ハーン

タブリーズ蜂起、つまりタブリーズ包囲戦において、防衛側(立憲派勢力)は劣勢にもかかわらず、降伏にいたることなく、ロシア軍の直接介入によって事実上の終息をみると、サッタール・ハーンとバーゲル・ハーンの名声は、立憲制護持の輝かしい英雄として、タブリーズのみならずイラン全土に轟き渡った。皮肉なことに、そうした状況こそが、彼らのその後の運命を左右する決定的要因となっていくのである。

ロシアもイギリスも、そしてテヘランの中央政府（加えて、中央から派遣されたアゼルバイジャン総督モフベロッサルタネ）も、そうした彼らを煙たい存在とみており、さらにはしだいに、彼らを邪魔な存在、そして危険な存在とみるようになっていった。ロシアとイギリスは、外国の干渉に対する強い拒否反応を表明していた彼らを、イランにおける自らの植民地主義的政策にとって最大の障碍と考えるようになり、また、大なり小なりそうした列強の影響下にあったテヘランの中央政府も、彼らの存在感を封じ込めることに躍起になっていた。そうした狙いを達成するもっとも効果的な方法は、革命の英雄として彼らをテヘランに呼び寄せ顕彰することを口実に、タブリーズから引き離すことであった。つまり、立憲制の守り手としての彼らの名声と栄誉を保ったままで、同時にサッタール・ハーンらルーティーの社会的存在理由でもある地域社会との緊密な紐帯《ちゅうたい》を断ち切ることによって、彼らの影響力を削ぐことを狙った一石二鳥の秘策であった。

サッタール・ハーンとバーゲル・ハーンは、それぞれ五〇名の配下の部隊（モジャーヘダーン）をともなって、ロシア軍がタブリーズに侵攻してからほぼ一年が経過したイラン太陽暦の一二八九年の新年を迎える前日（一九一〇年三月二十一日）、テヘランに向けて出発した。テヘランまでの道中、各地では住民の熱烈な歓迎を受けた。タブリーズからテヘランまではほぼ六〇〇キロの道のりであるが、その中間地点にあたるザンジャーンでは、ここまで出迎えに訪れた第二議会議員団による手厚いもてなしの宴が催された。彼らの名声は首都テヘランでも轟き渡り、一部のテヘラン住民はテヘランから一五〇キロの地点にある古都ガズヴィーンまで大挙して歓迎に訪れるほどであった。テヘランにはいったサッタール・ハーンの一行にはアターバク公園《パーク》(現在のロシア大使館、つまり旧ソヴィエト大使館の敷地あたりか)の敷地、バーゲル・ハーンの一行にはエシュラターバード公園の敷地が居所として提供され、それぞれに経費として一日につき一万リアルが支給された。

これに先立ち、一九〇九年七月半ばにギーラーンのモジャーヘダーンとバフティヤーリー部隊を中心とする立憲派勢力がテヘランの制圧に成功すると、十月初めには、ギーラーンのモジャーヘダーン部隊の指導者の一人セパフダール・トノカーボニーを首班とする政権が誕生し、十一月十九日には国民議会(第二議会)が開催された。一九〇六年に開設された第一議会(〜〇八年)と、この第二議会との顕著な相違は、前者とは違って、後者は開設当初より、激しい党派抗争の舞台と化していたことであった。

第二議会を構成した二大党派は中道党(エェテダーリユーン)と民主党(デモクラート)であった。前者は第一議会を構成した穏健派集団を中核に組織され、漸進的社会改革を志向して、主として支配的社会層(地主層や富裕層)の利益を代表していたが、小商人層、手工業者層にも強い支持基盤を有し、第二議会では三七議席を占めていた。その中心的メンバーは、モスタシャーロッドウレ(第一議会ではタギーザーデと並ぶ急進派)、セイエド・ナスロッラー・アハヴィー(第二議会副議長)、セパフダール・トノカーボニー、アリー・アキバル・デフホダー(ペルシア語最大の辞典『ロガトナーメ』編者)などであり、テヘランにおける立憲運動を推し進めた有力ウラマーである、セイエド・モハンマド・タバイータバーイーとセイエド・モハンマド・ベフベハーニーもその支持者であった。

一方、民主党は、急進的社会変革を求める諸社会層の利益を代表していた。中道党とは対局に位置する党派勢力であり、第二議会では二七議席を占めていた。その中心的メンバーとしては、タギーザーデ（第一議会の中心的立憲主義者）、ソレイマーン・エスキャンダリー・ミールザー（ガージャール王族出身であったが、立憲革命期の代表的社会主義者。トゥーデ党創設者の一人）、ヴァヒードルモルク・シェイバーニー（シェイフ・ファズロッラー・ヌーリーの死刑を宣告した高等司法院の判事）、モサーヴァート、ラスールザーデ、マフムード・マフムードなどがおり、ラスールザーデが編集長を務めた機関誌『新イラン』を発行した。

第二議会内におけるデモクラートとエェテダーリユーンの対立に加えて、テヘランを制圧したギーラーンのモジャーヘダーン勢力とバフティヤーリー勢力との確執、さらには、それぞれの内部における軋轢が、立憲派勢力全体の混乱に拍車をかけた。こうした諸勢力、諸党派相互の対立には、主義・主張や政策の違いによる以外、個人的な利害対立や確執も大きく影響していたことが考えられる。ギーラーンからやってきたモジャーヘダーン部隊の指導者の一人、サルダール・モヒイー（モエッゾッソルターン）は、サルダール・トノカーボニーとのあいだに、またバフティヤーリー部族集団の族長の一人ゼルガーモッソルターンはサルダール・アスアドとのあいだに、それぞれ確執をかかえていた。こうした複雑な勢力関係に不案内なサッタール・ハーンとバーゲル・ハーンは、自らが日頃実践するイスラーム的規範や生活態度からして、デモクラートに対しては、「フォコリー（原義はネクタイ野郎、つまりキザ）」とか、「ファランギーマァーブ（西洋かぶれ）」として距離をおく一方で、エェテダーリユーンに近い立場をとるようになっていった。彼らの出身社会層からすると、こうした行動は、一見、奇妙に映るが、サッタール・ハーンとセパフダール・トノカーボニーが旧知の間柄であったこと、ゼルガーモッソルターンやサルダール・モヒイーの側からの積極的なサッタール・ハーン取り込み工作があったことなども、無視できない背景として考えられねばならないであろう。いずれにせよ、テヘランにおけるサッタール・ハーンとバーゲル・ハーンがエェテダーリユーンに接近すればするほど、デモクラートとの距離はますます開いていったことは至極当然のなりゆきであった。

サッタール・ハーンたちの凋落

ところで、テヘランが立憲派部隊の手に落ちてから、新しい政権が誕生するまでには数カ月を要した。まず、シャーの廃位と王位継承者アフマド・ミールザーへの交代、第二議会の選挙などを処理する高等委員会が任命された。高等委員会はその後、「執政」つまり統治委員会に代わったが、ほどなくして、セパフダール・トノカーボニーが一九〇九年十月初めに立憲制回復後最初の政権を組織した。しかし、一九一〇年の七月半ばには、もう一つのよりよく組織された革命の軍事指導者の一団、つまりバフティヤーリーの後援を受けたデモクラート勢力の反対にあって政権は崩壊した。続いて、バフティヤーリーの族長の一人サルダール・アスアドの後押しを受けてミールザー・ハサン・ハーン・モストゥフィーオルママーレクが首相になった。彼は比較的若く、相当の資産家で、親デモクラートで、大衆に政治的受けが良く、影響力はそれほどでもなかったが、すべての事柄において真摯であった。

モストゥフィーオルママーレク政権がまず手始めに取り組んだのは、モジャーヘダーンなどの武装勢力が、立て続けに発生した政治的テロリズムを引き起こす温床になっているとして、その武装解除を実施することであった。ちなみに、一九一〇年七月十六日には、エェテダーリユーンを支持する著名なウラマー、セイエド・アブドッラー・べフベハーニーが暗殺されたが、これはデモクラートの仕業とみなされ、その黒幕と目されたタギーザーデは国外亡命をよぎなくされた。またその数日後には、報復としてデモクラート支持者の二人が殺害された。

こうしたテロの連鎖を憂慮した国民議会(第二議会)は一九一〇年八月四日、モジャーヘダーンやバフティヤーリー部隊の代表八名を議会に呼び、七時間におよぶ議論のすえに、警察以外の部隊の武器の所持・携帯を禁止する決定をくだした。この決定を受けて、四八時間以内の武装解除と、違反者の処罰が合わせて決められた。「自分が率先してこの決定を実践すべき」と判断したサッタール・ハーンは同行した仲間とともに、その場で違反しないことを誓ったうえに、モジャーヘダーンが屯集するアターバク公園に戻り、武器を置くよう説得に努めた。アミールヒーズィーによると、モジャーヘダーンのなかにはこれを不満として、異議を唱える者たちもいたが、サッタール・ハーンは「この政権を立ち上げたのはわれわれ自身である以上、それに従わないというのは、理にかなっていない」として説得を続けたという。

とはいえ、アターバク公園にいたモジャーヘダーンの多くは、武装解除をすんなりと受け入れられる状況になかったことも確かであった。その理由を、『二人の闘士』(二人の闘士とは、サッタール・ハーンと、一九二〇年にタブリーズでアーザーディスターン共和国を立ち上げたシェイフ・モハンマド・ヒヤーバーニーのこと)の著者ラヒーム・ライースニヤーは、つぎのように分析している。

一つには、何にもまして、モジャーヘダーンにとって銃は、自らの尊厳と誇りの象徴であり、いわば彼ら自身の存在証明そのものであったこと。つぎに、そもそもこの政府決定の武装解除が、公平に適用されないことが目にみえていたこと。つまり、アルメニア人のイェプレム・ハーン麾下の武装集団やデモクラート系の武装集団、加えて、サルダール・アスアドやサムサーモッサルネ麾下のバフティヤーリー部隊は武装解除の対象から除外されたことがあった。ちなみに、立憲派勢力によるテヘランの奪回後、当地の治安維持を受け持ったのは警察長官イェプレム・ハーン麾下のモジャーヘダーン部隊であった。加えて、生業を犠牲にしてまで、立憲制の護持という崇高な目標にすべてをかけてきたモジャーヘダーンが、立憲制の回復をみたからといって、疫病神のごとくに厄介払いをされることには、強い不満をいだくのも至極当然のことであった。また、故郷を離れ、ロシアの官憲の追求に晒されていた、カフカズからやってきていたモジャーヘダーン集団にとっても、この武装解除はとうてい受け入れられるものではなかった。加えて、経済的な理由も無視できなかった。政府から支給されることになっていた俸給の支払いが数カ月間にわたり滞っており、そのうえ、武器の買い上げ価格も決して十分ではなかった。さらに、政府の銘が刻まれている武器(ほとんどは敵である国王軍から奪ったものであった)には代金の支払いがおこなわれなかった。武器を引き渡した後に政府は彼らを投獄するかもしれないとの噂も、武器の引き渡しを躊躇する動きに拍車をかけた。

こうして、モジャーヘダーン内に強まりつつあった武装解除拒否の雰囲気をなんとか軟化させようと、サッタール・ハーンは、現在イランがおかれている状況を憂慮するならば、政府との対立は避けるようにと説得に努めた。議会からもシェイフ・エスマーイール・ハシトルーディーやモイーノル・ロアーヤーなどの有力議員が説得に訪れたが、奏功にはいたらなかった。

サッタール・ハーンが議会から戻った日の夜には、二門のマキシム砲、二門の野砲、二丁の機関銃を装備した、イェプレム・ハーンとサルダール・バハードル(サルダール・アスアドの息子)麾下の歩兵、騎兵、ジャンダルメリー(第二議会期に財務長官に就任し、イランの財政改革に着手したアメリカ人財政顧問、モルガン・シャスターが、徴税業務の円滑なる達成を目的に創設した国庫ジャンダルメリーのことで、パフラヴィー朝下では、地方の治安維持と国境警備を担った警察部隊)、警察、ガッザーグの諸部隊、さらにはバフティヤーリーの部族集団もこれに加わり、総勢二二〇〇名ほどがアターバク公園を取り囲んだ。一方、麾下の部隊をアターバク公園においていたモエッゾッソルターンは、状況が不利とみるや、オスマン朝公館に逃げ込み、ゼルガーモッサルタネは、早々と自らの部隊をシャー・アブドル・アズィームに退去させていた。

サルダール・アスアドの回想録によれば、政権が差し向けた部隊とモジャーヘダーンとの銃撃戦の火蓋が切って落とされたのは、一九一〇年八月六日/イラン太陽暦一二八九年モルダード月十四日の日没二時間前のことであり、日没四時間後には趨勢が決した。モジャーヘダーンのほとんどは、銃撃戦の最中に公園から退去したが、一八名の死亡者(政権側の発表では五名)と四〇名ほどの負傷者を出し、二七〇名ほどが逮捕された。サッタール・ハーン自身も銃撃戦の最中に足に銃創を負い、その後はテヘランでの事実上の蟄居《ちっきょ》状態におかれたが、タブリーズへの帰還願いも聞き届けられることなく、この傷が原因で一九一四年十一月十七日/一二九三年アーバーン月二十五日、テヘランで没した。ちなみに、バーゲル・ハーンはこの事件以降、激しく変動する政局の最前線から身を引き、テヘランでの隠遁生活を送っていたが、第一次世界大戦の勃発にともないロシア軍がテヘラン進攻の動きを示すと、これをきらいケルマーンシャーに逃れた国民議会議員団を中心として設立された臨時国民政府への合流を企てた。しかし、その移動の途次、ガスレ・シーリーン近郊で、土地のクルド人集団の襲撃を受け、あっけなく殺害された。一九一六年十一月のできごとであった。

国民将軍サッタール・ハーン

サッタール・ハーンやバーゲル・ハーンがいかなる意味において、立憲革命(具体的にはタブリーズ蜂起)の指導者であったかという問題については、キャリーム・ターヘルザーデ・ベフザードが興味深い整理をしている。彼によれば、タブリーズ蜂起の指導者は以下の四つの範疇に大別されるという。

① 第一級の政治家・知識人…アゼルバイジャン選出の国民議会(第一議会、第二議会)議員を務めたセイエド・ハサン・タギーザーデ、秘密中央委員会の創設者であるアリー・ムシューやハージー・アリー・ダヴァーフォルーシュ、タブリーズの十二イマーム派シェイヒー派の管長セガトルエスラームなど

② 著述家・説教者・演説家…シェイフ・サリーム、ミールザー・ホセイン・ヴァーエズ、レザーザーデ・シャファッグ(のちのテヘラン大学教授)、シェイフ・モハンマド・ヒヤーバーニー(のちにアーザーディスターン共和国の指導者)、ヘイダル・ハーン・アムゥオグルゥなど

③ モジャーヘダーンなどの義勇戦士・防衛者たち…サッタール・ハーン、バーゲル・ハーン、ホセイン・ハーン・バーグバーン、ハワード・バスカーヴィル(タブリーズのアメリカン・スクールの教師で、防衛戦のなかで戦死)

④ 立憲制支持派の商人層…ハージー・メフディー・クーゼコナーニー、ハージー・ラスール・サデキ

ヤーニーなど

要するに、サッタール・ハーンやバーゲル・ハーンは、立憲主義思想の名だたるイデオローグであったわけでも、イラン史上初の立憲的体制を制度としてつくり上げた功労者というわけでもない。あくまでも立憲制のために戦った戦場の指導者として位置付けられているのである。それ以上でもそれ以下でもない。そうした彼らは、危機的状況にあった立憲制の命脈を繋いだ最大の功労者として、当時から今日にいたるまで、イラン社会では高い評価を受け、国民的英雄として顕彰されている。その一例をイスラーム革命の直前に出版されたイランの高等学校(ダビーレスターン)のペルシア語(国語)の教科書に掲載された「国民将軍」と題する一文にみてみよう。

イラン国民(メッラト)の自由を求める闘いの歴史は、イランのほかのどの地点より、アゼルバイジャンにおいて明白であり、祖国愛に満ちたこの人間的な闘いの中心にいたのがサッタール・ハーンであった。彼こそは本当の意味での立憲制の将軍、イラン国民の英雄と呼びうる存在なのである。

当然というべきかもしれないが、イスラーム革命後のイランの高校の歴史教科書にみるサッタール・ハーンの位置付けも、これとまったく同じといってよい。

さて、サッタール・ハーンとバーゲル・ハーンの功績を称える最初の顕彰事業と考えられるのは、タブリーズ蜂起の最中に、サッタール・ハーンには「国民将軍《サルダーレ・メッリー》」、バーゲル・ハーンには「国民司令官《サーラーレ・メッリー》」の称号が贈られたことであった。それが正確にはいつのことであったか探る手がかりは、ハージー・モハンマドタギー・ジューラブチーというタブリーズの一商人が書き残した日記のなかにある。それによると経緯はこうである。一九〇八年八月三十一日、イマーム・ホセインの生誕祭に、タブリーズ・アンジョマンに集まった住民を前に説教をおこなったミールザー・ホセイン・ヴァーエズが、「サッタール・ハーンとバーゲル・ハーンは多大な貢献をおこなってきたが、彼らに対して、感謝の意を表すべきである」と提案したことを受けて、タブリーズ・アンジョマンは、サッタール・ハーンに対しては「国民将軍」、バーゲル・ハーンに対しては「国民司令官」の尊称を贈呈した。タブリーズ包囲軍を向こうに回して善戦した彼らに与えられた国民将軍とか国民司令官という呼称は、だれがいうともなく、大衆のなかから自然発生的に生まれて、定着していったというわけではなく、立憲体制を担う然るべき権威筋、つまりタブリーズ・アンジョマンによって、正式に授与された点は注目しておいてよいだろう。

ここでもう一点注目されるのは、顕彰の意を表す称号に、国民(メッラト、メッリーはその形容詞形)という名辞が用いられていることである。国民という言葉は、その本来の意味合いは別として、タブリーズの住民のあいだでは、立憲制(マシュルーテ)という用語と並んで、人口に膾炙《かいしゃ》していたのである。サッタール・ハーン自身も事あるごとに国民という言葉を引き合いに出し、自らを「国民の僕」とも称している。彼がいう「国民」とは、反圧政、反専制の闘いを担うべき主体の総称であり、自らの運動や闘いを方向付け、意味付けるいわばシンボルなのである。

すでに述べたように、タブリーズを離れてからのサッタール・ハーンとバーゲル・ハーンの行動は、その後のイランの政局の本流とはほとんどかかわりをもつことはなかった。その理由として、彼らが根を張る地域社会との紐帯が断ち切られたことも重要な背景として考えられようが、イランの近現代史を考える場合には、彼らのような存在(ルーティー)を根底から揺るがすような根本的な社会変容が始まっていたことを忘れてはならない。それは、まさに立憲革命を通じて、さまざまなレベルでの「統合」、

「一体化」という方向性が大きな流れとして現実のものとなりつつあったことである。換言すれば、大状況としてはイランにおける国民統合という大きな流れがまさに始まろうとしていたのである。小状況としては、タブリーズにおいても蜂起を通じて、それまでは対立と反目を繰り返してきた街区相互の垣根が取り払われ、同じタブリーズの住民としての意識に目覚め、包囲軍を向こうに回して、一丸となって戦うといった状況とそれを支える心性の出現は、まさにそのことを示していよう。

疎外されるルーティー

皮肉なことに、そうした新しい状況こそが、彼らルーティーの存在基盤そのものを切り崩す奔流となっていくのである。彼らルーティーの存在理由は、相互に分断されたモザイク社会、分節的な社会にこそ見出されるのであり、彼らなりの生き方を実現できる社会であったからだ。未完の革命であったとはいえ、立憲革命をへることで、揺らぎ始めたイラン社会が本格的な変動期を迎えるのは、レザー・シャー期であった。強力な国軍の創設と近代的な官僚機構の整備を梃子に中央集権化を推し進めたパフラヴィー朝の成立は、それまでのイラン社会のあり方に、根本的な変化を迫った。立憲革命期にはいまだ住民蜂起の基盤としての余力を十分に残していた都市住民の自治的生活共同体でもある都市街区は、強権をもって上から解体されていった。かつては街区の入り口にある門扉を閉じるだけで、外界と隔絶した共同体的空間をつくり出していた街区の構造自体が、それまでの都市形態とはまったく関係なしに、建設されていった直線的に伸びるヒヤーバーン（大通り）やメイダーン（ロータリー）によって、物理的にズタズタに寸断され、破壊されていった。こうしてもはや、従来の街区は街区としての機能とまとまりを喪失し、したがって、街区的人間関係も否応なく変質を迫られることとなったのである。

一九七八年の一月にゴム市で発生した暴動を皮切りに、翌年の二月十一日の反体制派による権力奪取にいたるまでの約一年間、イラン全土で吹き荒れた反パフラヴィー体制デモの嵐のなか、たびたび目撃されたつぎのような光景があった。

激しい口調で「マルグ・バル・シャー（シャーに死を）」を連呼しながら、メインストリートいっぱいに広がって行進する市民のデモ隊に向かって、突如おそいかかる男たちの一団。なかでもリーダーと思しき人物はひときわ逞しく、屈強そのもの。その鍛え上げられた体軀はそれだけで周囲を威圧するに十分である。彼らは手に手に棍棒（チョマーグ）や匕首《あいくち》（チャーグー）を振りかざし、容赦なくデモ隊めがけておそいかかる。デモ隊は隊伍を乱し、ひたすら逃げ惑い、あたりはたちまちのうちに阿鼻叫喚の巷《ちまた》と化す。

こうした「襲撃者たち」は、多くの場合、治安当局によって、時にはシャー自身によって金品で雇われ動員された者たちであった。必要とあらば、彼らは、多額の工作資金に釣られて、スラム街などからにわかにかき集められた群衆・暴徒の先頭に立つこともあった。そうした彼らの姿を目にする機会は、なにも一九七八／七九年のイスラーム革命に限られたことではなかった。石油という資源がナショナリズムの有効かつ強力な武器になることを世界に向かってはじめて政治の舞台で示したモサッデグ政権を葬り去った一九五三年八月十九日のクーデタの際に、低所得者層が居住するテヘランの南部地区から「モサッデグ打倒」を叫びながら、街の中心部へと向かって行進を始めた仕組まれたデモ行進の先頭にいたのは彼らであった。もちろん、モサッデグ支持派のデモにも彼らの勇姿は確認できたという。その一〇年後に、農地解放や婦人参政権の導入を目玉として華々しく開始されたシャー主導の白色革命を不満として引き起こされた一九六三年六月の暴動の際にも、暴徒の先頭に立つ彼らの姿があった。

誇らしげにルーティーをもって自らを任じるシャアバーン・ジャアファリーは、パフラヴィー朝末期におけるイランの伝統的な古式レスリングの名だたる力士(パフラヴァーン)であり、テヘランでもっとも有名な道場(ズールハーネ)の一つ「ジャアファリー」の創始者であり代表であった。率直にいって、その逞しい体軀、みるからに粗暴そのものといった顔つきは、彼に与えられたあまりありがたくない渾名《あだな》「ビーモフ(脳無し)」にそれほどの違和感を感じさせない。そうした彼の名前が世間に知られるようになるのは、石油国有化運動の最中であった。トゥーデ党がモサッデグ支持へと傾き、これに危機感を募らせたアーヤトッラー・カーシャーニーとモサッデグ首相との亀裂が表面化し始めた一九五三年二月二十七日、「自然発生的な」暴徒集団がモサッデグの私邸をおそい、モサッデグ自身もパジャマ姿で辛くも難を逃れるという事件が発生した。いまや古典的名著ともいわれる『イランのナショナリズム』の著者R・コッタムによれば、この襲撃者集団はカーシャーニーに雇われた者たちであり、そのリーダー格はほかならぬシャアバーン・ジャアファリーであったという。

地域住民との紐帯を断ち切られたルーティーたちは、いわばその社会的存在理由そのものをも希薄化されることになったのである。こうして、地域社会から切り離されて、浮き草化した彼らには、もはや、権力者たちの気まぐれのままに、政治闘争のたんなる使い捨ての凶器として弄ばれる以外の途は残されてはいなかったのである。イラン近現代史の展開過程を眺めてみれば、そうした事例は随所で容易に確認されることであろう。

二章　「ロシア・ムスリム」の出現

長縄宣博

1　一九〇五年革命とロシアのムスリム

怒れるムフティー

帝都サンクトペテルブルク、一九〇五年一月九日日曜日の午後。極東での戦争の敗色、そして戦争を支える人々の窮乏が重苦しく社会を支配するなか、変革を求める請願書を皇帝ニコライ二世に提出するために、聖職者ガポンに率いられた労働者が冬宮広場に集まった。しかしツァーリはあらわれず、そのかわり兵士の無差別発砲がこれに応えた。この「血の日曜日」の知らせは瞬く間に帝国全土を駆け巡り、各地で激しい抗議運動が噴出した。とくに帝国の辺境では、官僚、地主、工場主に対する労働者と農民の実力行使に地元の複雑な民族関係が絡み合い、暴力を増幅させた。ポーランドでは社会党に率いられた労働運動が帝国を見渡してももっとも戦闘的で、学生たちはロシア化政策に激しく抗議し、ユダヤ人のあいだでは諸党派がポーランド社会党と影響力を競った。ドニエプル川右岸地域ではウクライナ人農民がポーランド人地主とその土地を経営するユダヤ人を攻撃した。沿バルト地方ではもっとも都市民の割合が高かったラトヴィア人が労働運動の中核を占め、農村ではラトヴィア人とエストニア人の小作人からドイツ人地主を護るために、政府は大規模な軍隊を派遣しなければならなかった。コーカサスの南西部ではグルジア人労働者がロシア人労働者を攻撃し、国家権力が一時消失した黒海沿岸のグリヤ地方では農民共和国が出現した。南東部では労使関係の緊張がアゼルバイジャン人とアルメニア人の全面的な衝突に転化した。

抗議運動の波はヨーロッパ部ロシアのムスリム社会も覆った。怒れる臣民を鎮めるべくニコライ二世は二月十八日に、個人や各種団体から「国家制度改善と人民福祉の改良」についての提言を求める勅令を発し、同時に議会を開設する意思を表明した。二カ月前の十二月十二日に出た法律は非ロシア正教徒の権利を見直し、その信仰生活に対する制限をなくすことを謳っていたから、この勅令はムスリム社会が国家との従来の関係を点検し、必要な修正を要求する千載一遇の機会を与えた。首都には各地からおびただしい数の請願書が送られ、ムスリムの代表団も続々と到来してセルゲイ・ヴィッテ大臣委員会議長と面会した。ヴィッテは面会を一つも拒むことはなかったという。

三月には、ヨーロッパ部ロシアとシベリアのムスリム社会を管轄する宗務協議会の議長《ムフティー》ムハンマディヤール・スルタノフ(一八三七〜一九一五)もウファから上京した。首都に集ったムスリムの代表者のなかには、ムフティーが数人をともなって皇帝に謁見することを期待する者がいた。モスクワの商人で、メッカ巡礼に赴いた者として「ハーッジー」の尊称をもつザヒドゥッラー・シャフィウッラーは、スルタノフのもとを訪れて懇願した。「猊下《げいか》、ムスリムのなかの数名が合意して、われらをあなたのもとに遣わしました。皇帝陛下にわれらの状況を奏上するために、ご高配のうえ一、二名を連れて一緒に行ってください。ムスリムの心も安らかになるでしょう。猊下、どうかイスラームの尊厳にかけて、ムスリムの請願者を受け入れてください!」と。ところがムフティーは腹を立て「皇帝陛下はだれとも面

ムハンマディヤール・スルタノフ

会はされん。ヴィッテのところに行ってみよ！」と突っぱねる。ザヒドゥッラーも引かない。「猊下、ヴィッテのところにはたくさん行きましたが、無駄でした。ですから今、あなた様のご高配によって皇帝陛下のもとに赴き、われらの状況を奏上できればと希望しているのです。先日皇帝陛下は労働者の代表とも面会しました」。ムフティーは激昂して「私は労働者ではない！　出ていけ百姓が！　出ていけ馬鹿者！」と怒鳴りつけた。侮蔑に耐え切れずザヒドゥッラー・ハーッジーは帽子を手に取り、玄関に向かった。すると全身をふるわせたムフティーは立ち上がり、再度怒鳴りつけて拳で白鬚の商人を全力で殴った。結局、スルタノフは一人でヴィッテと面会し、ヴィッテから宗教指導者《イマーム》を集めてムスリムの要望を取りまとめるよう要請され、ペテルブルクを去った（ビギ『改革の基礎』七〜

九頁)。

このエピソードは、革命がムスリム社会内部にもたらした変化を考えるうえで、じつに象徴的である。宗務協議会とは、エカチェリーナ二世治世(在位一七六二~九六)の一七八九年に南ウラル地方のウファに設置されたロシア帝国におけるイスラーム行政の要であって、スルタノフは一八八六年からその第五代目のムフティーだった。ムスリム社会も、モスクの宗教指導者と彼らを統括する宗務協議会を介して、共同体の問題について政府にとりなしを求めることができた。しかし、革命情勢は、国家と社会を繋ぐ従来の経路の外側にいた人々をも共同体の代弁者として政治の表舞台に押し出すことになった。スルタノフはこれまでもムスリム社会と国家を取り持つ役割を演じてきたとはいえ、貴族でもあった彼が自分より身分の低い代表者と歩調を合わせること、ましてや指示を受けることはなかったはずである。彼の尊大さは、ロシア社会における身分の格差の大きさを示している。にもかかわらず、政府は混乱を収拾するために、ムフティーという従来からのムスリム社会との連絡経路に頼った。はたしてスルタノフは、四月半ばに管轄下の有力なイマームを招集して、宗務協議会を核とするイスラーム行政の改革案を取りまとめる。

「ロシア・ムスリム」という公共圏

たしかに、首都に請願書や代表団を送ったり、宗教指導者が集会を開いたりというのは、帝国の辺境で当時渦巻いていた暴力的な混乱と比べると穏健な対応である。ロシア内地のムスリム社会を研究する者は、この相対的な穏健さをどのように解釈すべきか悩んできた。もちろんこれまでも、革命を契機とした三回の全ロシア・ムスリム大会とその結果結成された全ロシア・ムスリム連盟、そして一九〇六年以降国会に参加したムスリム議員団については、微に入り細をうがつ研究が蓄積されてきた。しかしその分析視角は、帝国のほかの民族運動に関する研究との類比で出てきたものであり、社会階層と民族の違いが重なり、さらには国境をはさんだ同胞の運動に国際関係も結合しえたポーランド、ウクライナ、沿バルト、南コーカサスの民族運動に比べて穏健だったことがやはり強調される。もっとも、穏健さの理由をイスラームという宗教に起因する戦略として説明しようとする立場もある。それによれば、ムスリムはツァーリへの忠誠心と引き換えに国家から妥協を引き出そうとし、全ロシア・ムスリム連盟に体現される統合の志向をもっていたことになる。そしてそもそも、ムスリムの生活は何よりも宗教に規定されていたから、革命の影響は限定的だったと結論付けられる。しかしこうした説明では、帝国各地のムスリム社会の多様性が捨象されてしまい、ロシア内地のムスリム社会の特徴を理解することはできない。

そこで近年有力になっているのが、ロシア帝国を多宗派公認体制とみて、その構造にムスリム社会を位置付ける視座だ。ロシア帝国では、ロシア正教会以外の宗派公認体制とみて、その構造にムスリム社会を位置付ける視座だ。ロシア帝国では、ロシア正教会以外の宗教共同体（イスラーム、カトリック、プロテスタント、ユダヤ教、アルメニア使徒教会、仏教）が「外国信仰」と呼ばれ、国家がそれぞれに正統派を見出して庇護し、臣民もまた宗派ごとの行政機構を介して国家権力にとりなしを求めることができた。ヨーロッパ部ロシアとシベリアのムスリムにとってそうした機関だったのが、ウファの宗務協議会にほかならない。日露戦争で危機に瀕したロシア政府が一九〇四年末から、エカチェリーナ二世以来の寛容の原則を確認しながら統治に安定を取り戻そうとしたことは注目に値する。それは多宗教の臣民とのあいだに豊かな交渉可能性を開いたからである。宗務協議会管轄下のムスリム社会から首都に送られた多数

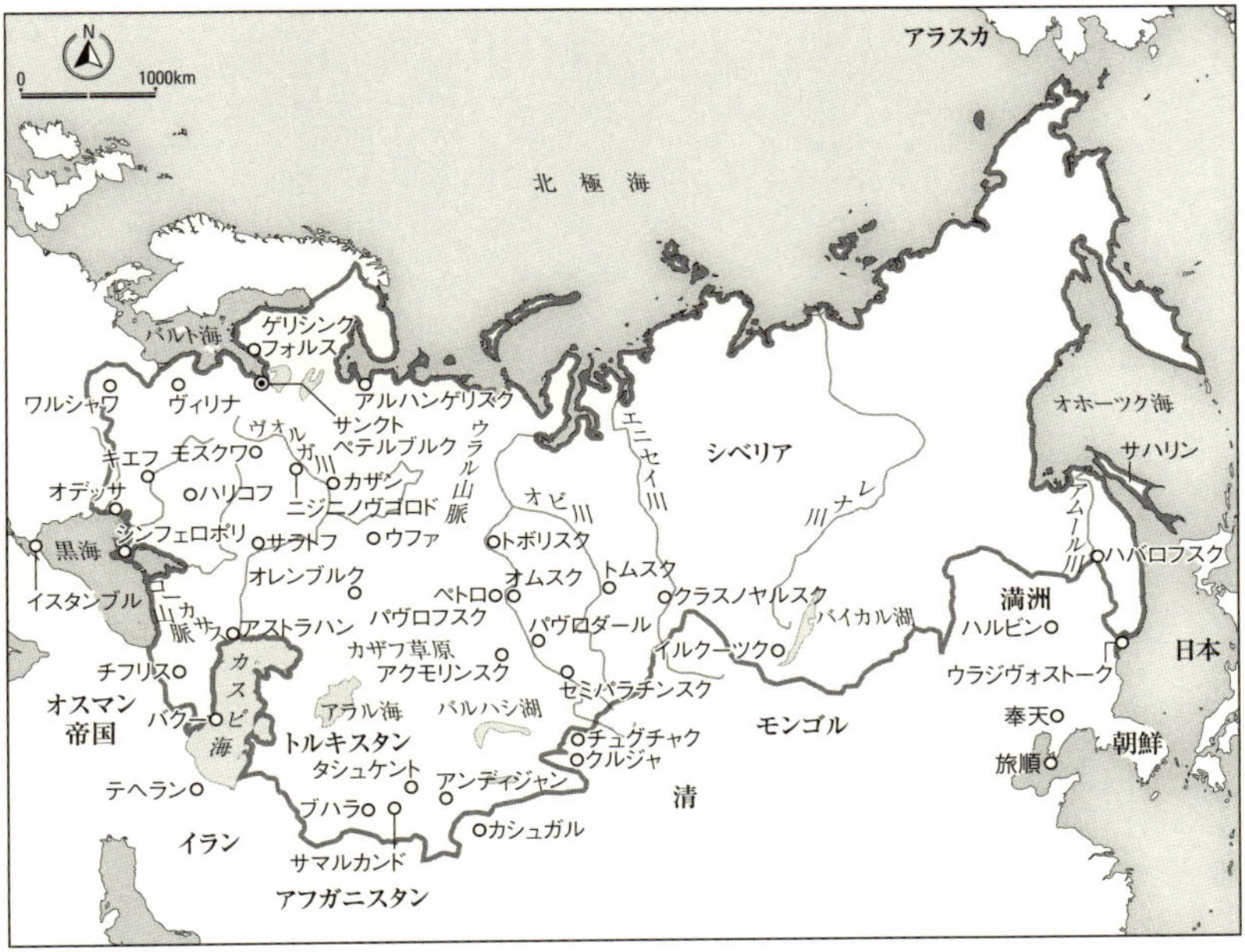

20世紀初頭のロシア帝国

の請願書が当初、「お婆大王《エビ・パドシャー》」エカチェリーナ二世が与えてくれたと彼らの信じる権利の回復要求というかたちをとったのは偶然ではない。ではだれがどのような手段で、新旧の法律の文言を具体的に参照しながら、政府との交渉の方向性をめぐる議論を主導し、請願運動を組織していたのだろうか。ムフティーやイマームといった伝統的なエリートはそのなかでどのような位置を占めていたのだろうか。

本章では、日露戦争を背景に革命が起こった一九〇五年から、国会の選挙法の変更で革命に終止符が打たれた一九〇七年六月三日までの時期を中心に、多宗派公認体制の内部にムスリムの公共的な議論の空間が生まれ、その出現がムスリム社会における権威のあり方を大きく変えていったさまをたどってみたい。その際まず、ヨーロッパ部ロシアのムスリム社会がそれに先立つ過去四〇年間に経験した変化を整理し、ムスリム社会が革命を受容するにあたり日露戦争がどのように作用したのかを論じる。そしてつぎに、具体的な町と村の人物に着目して、彼らがどのようにムスリム共同体の利益を語り始めたのかを描出する。もちろん、官許のイスラーム権威としてのムフティー、そしてその下で金曜モスクを核とする地区共同体《マハッラ》を率いたイマームは、革命の情勢に巧みに適応した。しかし、一九〇五年以降は、アレクサンドル二世の大改革とそれに続くロシア化政策のなかで育った人々も、ムスリム共同体の問題について宗教権威に比肩あるいはそれを凌駕する発言力を獲得する。中央・地方の国家機関で勤務してきたムスリム官僚は、その職能を活かして社会運動を助けた。また、ロシア化政策の結果、ロシア語文献を読みこなし社会主義に傾倒するにいたった青年知識人は、階級や民族といった真新しい語彙を駆使しながらムスリム社会内部の政治に参入した。しかも、宗教指導者から社会主義者にいたるまで、彼らの活動はイマームの俸給を含めマハッラの財政を担うザヒドゥッラー・ハーッジーのような商人がどのような政治方針に資金を出すのかにも左右された。本章が明らかにするのは、ムスリム公共圏の出現ともいえる事態であり、それ自体が、従来の権威を揺さぶる文字通り革命的なムスリム社会の変容なのである。

こうした公共圏の出現を象徴するのが、「ロシア・ムスリム」なる集合概念の登場である。本章は、ヨーロッパ部ロシア、とくにヴォルガ中流域から南ウラル地方に散在するムスリム社会に焦点を絞るが、その指導者が用いたロシア・ムスリムという概念に依拠して論を進めると、帝国各地の多様なムスリム社会の姿を歪めてしまうのではないかと訝る向きもあろう。しかし、この概念自体がどのような過程で生まれ、ヴォルガ・ウラル地域を含めさまざまな地域の活動家がそれとどのような距離を取ったのかという視角を持ち込めば、ロシア・ムスリムは共通の信仰に支えられて一体のものであったという見立てを克服できる。

ロシア・ムスリムの連帯という構想はまず帝都を訪れた各地のムスリム代表が顔を合わせることから生まれた。一九〇五年後半からそれまで許可が下りなかったタタール語の新聞・雑誌の発行が活気づくと、さまざまな地域のさまざまな社会集団の声が交わるようになる。そして人々は国政選挙を通じて、ムスリム議員が帝国のムスリム共同体の利益を代弁することに期待した。ところがロシア・ムスリムには、宗務協議会のような制度のない地域の出身者も含まれ、ムスリムが地域によって異なる法的地位にあることがしばしば浮き彫りになった。また、シーア派に属する南東コーカサス(アゼルバイジャン)の代表は、ロシア内地のスンナ派の人々が主導権を握ることを快く思わなかった。さらに、ヴォルガ中流域の中心都市カザンの社会主義者は、階級闘争の観点から「ブルジョワ」率いる全ロシア・ムスリム連盟を批判した。さまざまな地域と社会階層の代表が、ロシア・ムスリムの連帯について期待と不審をもって語り始めたのであり、この概念はむしろヴォルガ・ウラル地域の特殊性を映し出すのである。この特殊性を理解するにはまず、ロシア帝国と当該地域のムスリム社会が経験した一九〇五年にいたる変化を振り返っておかなければならない。

2 多宗教帝国の軋み

大改革とムスリム社会

ロシア帝国は、皇帝への忠誠を要石として多様な人間集団を宗教と身分に分類して権利と義務を分配する国家だった。ヴォルガ・ウラル地域のおもなムスリムはタタール人とバシキール人だが、彼らはロシアが大陸規模に膨張し始めた十六世紀半ばに併合されて以降、国家編成の変容に絶えず晒された。エカチェリーナ二世期以降、ムスリムにはイスラーム法（シャリーア）の適用が認められたが、タタール人は貴族、商人、町人、農民といったロシア人と同様の身分集団に属していた。ただし、農奴になることはなかった。バシキール人は、ロシアへの臣従時に貢納と軍役奉仕を引き換えに、土地の相続的所有権を保証されたが、それがたびたび反故にされたので、頻繁に蜂起を繰り返した。政府はそれを防ぐべく、一七九八年に彼らをカントンという行政単位に分割して軍事身分（コサック）に編入した。十九世紀半ば頃まで、ロシア帝国は非ロシア人地域に貴族に相当する集団や法秩序を担う学者集団（イスラームであればウラマー）を見出し、地域の統治においては彼ら一握りのエリートに依存する体制だったのである。

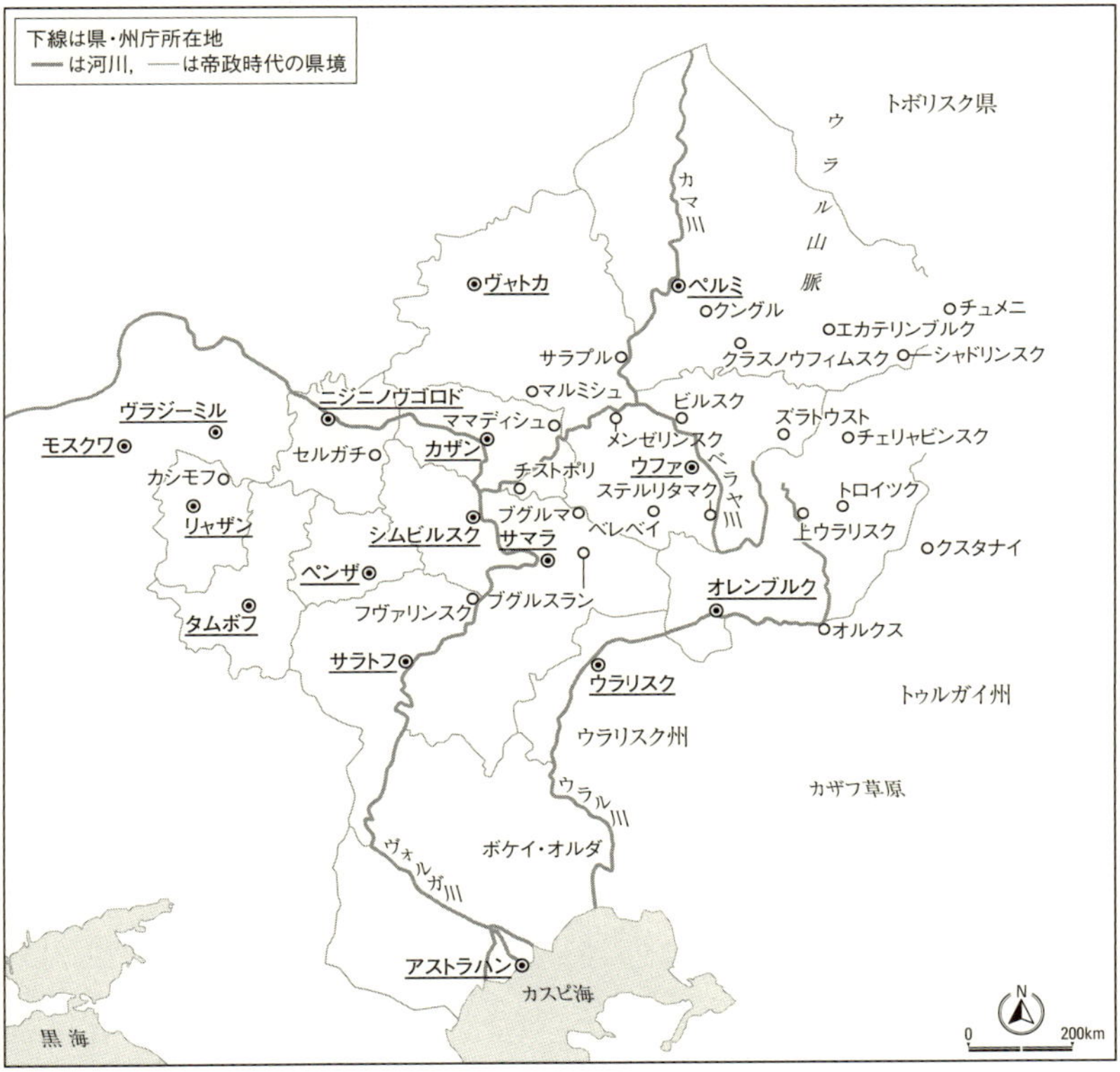
下線は県・州庁所在地
―は河川，―は帝政時代の県境
トボリスク県
ウラル山脈
カマ川
ペルミ
ヴャトカ
クングル
チュメニ
エカテリンブルク
クラスノウフィムスク
シャドリンスク
サラプル
マルミシュ
ニジニノヴゴロド
ヴラジーミル
モスクワ
ママディシュ
ビルスク
ズラトウスト
チェリャビンスク
メンゼリンスク
カザン
セルガチ
カシモフ
チストポリ
ウファ
ベラヤ川
ステルリタマク
トロイツク
リャザン
ブグルマ
シムビルスク
サマラ
ベレベイ
上ウラリスク
クスタナイ
ペンザ
ブグルスラン
フヴァリンスク
オレンブルク
タムボフ
オルクス
サラトフ
ウラリスク
トゥルガイ州
ウラリスク州
カザフ草原
ウラル川
ボケイ・オルダ
ヴォルガ川
アストラハン
カスピ海
黒海
N
0
200km

ヴォルガ・ウラル地域

ところが十九世紀後半には、戦争と侵略を効率的に遂行するために合理的に整えられた行政と均質な国民を創出することが世界的にも国力の指標となっていく。同時期のオスマン帝国や明治日本と同様、ロシア帝国も中央集権化と富国強兵をめざす大改革を遂行した。これは、多種多様な人間集団を包容する間接統治の仕組みが、国家行政の合理化、そしてより直接的に住民を把握しようとする権力の働きと矛盾をきたす時代の幕開けだった。

帝国中核部に含まれるヴォルガ・ウラル地域は、ロシアのムスリム地域のなかで大改革の影響がもっとも顕著だった。まず、トルキスタンの征服で南ウラル地方が国境防衛の意義を失うと、バシキール人は一八六三年に農民身分に移され、カントン制も二年後に廃止された。また、それまでクリミア半島を除く帝国全域のムスリム社会を管轄下においてきたウファの宗務協議会は、新たに併合されたカザフ草原とトルキスタンには介入することができなかった。しかも、最初三代のムフティーはウラマーだったが、続く二代には、ロシア権力に近いムスリム貴族の出身で、宗教知識には乏しい軍人や行政官が就いた。国家が率先してウラマーを「ムスリム聖職者」として組織化し統治に役立てるやり方は、ムスリム住民の「狂信」とロシア社会からの隔絶を助長していると考えられるようになったのである。南ウラル地方の政府は宗務協議会の廃止まで提言した。しかし、協議会を監督する内務省は現状維持の立場をとる。中央政府は、限られた財源と人材で広大な空間を治めなければならなかったからである。こうした現実は、オスマン帝国の非ムスリムがロシアをはじめ列強の干渉のもとで享受した特権のようなかたちで法制化されることはなかったとはいえ、ロシアのムスリムも自らの利益のために既存の制度を利用する術に習熟することになった。

宗務協議会の管轄下で育まれた自治がヴォルガ・ウラル地域のムスリム社会にいかに深く定着していたのかを如実に示すのは、それを掘り崩すようにみえた諸政策に対するウラマーと商人が中心となった激しい抵抗運動だ。それはしばしば、「ロシア人の宗教」に強制改宗させられるという噂をともない、それが政府の目にはムスリムの「狂信」を裏書きするように映った。おもな騒擾の原因はつぎのとおりである。一八七八~七九年、県・郡レベルの地方自治体ゼムストヴォによる火災保険の導入。八八年、ムスリム聖職者にロシア語試験を義務付ける法律。九二年、ムスリムの学校で写本と国外で出版された文献を使用すること、加えて外国で教育を受けた者を雇用することを禁じる教育省の通達(九四年に撤回)。そして九七年の国勢調査。ヴォルガ・ウラル地域のムスリム社会が、一九〇五年に先立つ二、三〇年間にすでに、広範な裾野をもつ抗議活動を展開する経験を蓄えていたことは強調されなければならない。

他方で、大改革はムスリム社会に新しいエリートを生み出した。とりわけ南ウラル地方のバシキール貴族のなかには、カントンの官吏から大改革で生まれた役職に移る者がいた。第五代ムフティーになるスルタノフもその就任前、ウファ県メンゼリンスク郡とベレベイ郡で、一八六一年の農奴解放を皮切りにした一連の農地改革の過程で設けられた調停吏という、農村を監督し紛争を解決する職にあった。また彼は、郡レベルでの軽犯罪、小額の民事訴訟を扱う調停判事も務めたが、これも司法改革の一環として導入されたものだ。県レベルに設置された地方裁判所、そしてゼムストヴォと並んで都市の自治を担った市会は、宗派と身分の垣根を取り払い、隣人のロシア人や政府機関との交渉に習熟する機会をムスリムに提供した。地方自治体にはムスリム議員が選出され、地方裁判所や控訴院にはムスリムの法律家が勤務し、ムスリムの弁護士もあらわれた。さらに、一八七〇年の「異族人教育規則」以降、ロシア語学習が人々の抵抗をともないつつゆっくりと広まった。異族人《イノロッツィ》とは非ロシア人をひとくくりにする当時の用語であり、この法律は、ムスリムの集落にロシア語教育の施設をおくことを義務付けた。この施設の教員を養成すべく一八七六年にタタール師範学校がカザンに開校した。従来のウラマーとは異なり、社会主義に傾倒して政府に異議を申し立てる新しい知識人が輩出したのは、まさにこの学校にほかならなかった。こうして一九〇五年革命時の公共圏の役者はそろった。

日露戦争と革命

革命がなぜ一九〇五年に起きたのかを理解するには、帝国の構造的な変化をたどるだけでは不十分だろう。それを理解するには、革命が日露戦争の最中に起こったという事実に注目しなければならない。ヴォルガ・ウラル地域のムスリム社会が自分たちの運命に直接かかわるものとして革命を迎えられたのも、日露戦争によるところが大きい。なぜならこの地域のムスリム男性は、中央アジアやコーカサスの同信者と違い、大改革の一環として一八七四年に施行された国民皆兵制の対象となり、極東の戦争にも動員されたからである。また戦時には、ウファの宗務協議会の指令で、モスクで兵士のための募金活動もおこなわれた。地域のムスリム社会には、戦争体験と革命を結びつける条件が整っていたのである。

さらにムスリム兵士は、ロシアの帝国主義の破綻、そしてロシア軍の威信の失墜を故郷に伝えた。たとえば、オレンブルク県オルスク郡出身の兵士アブドゥルハーリク・アフメロフは、二〇三高地などの激戦に参戦、その後大阪の捕虜収容所に送られた経験を二〇頁の冊子で出版している。彼は日露戦争の原因を説明するために、一八七七～七八年の露土戦争と日清戦争を比較する視点を持ち込み、それを一連の帝国主義の戦争として位置付けている。

この重大な戦争が起きた第一の理由は、一八九五《ママ》年に日清戦争が起こった時にヨーロッパ諸国が介入したことにある。清国を破壊し、北京にまで行って皇帝の宮殿を襲撃・掠奪したのだ。その結果、日清戦争終結後、われらがロシア政府は極東に手をおき、旅順をも自らの行政に取り込み、全極東を従属させた。日清戦争はこの点で一八七七年のロシアとトルコ《ママ》との戦争に似ていた。その時もロシアが戦った。イギリスはキプロスを取り、オーストリアはボスニア・ヘルツェゴヴィナを取り、他国も利益を得た。同様に、一八九五《ママ》年に日本が清国に対して開戦すると、イギリス人はチベットを取り、ロシア人はさまざまな口実をつけて旅順と満洲を取った。

（アフメロフ『日本戦争』）

アフメロフは激戦の模様を克明に記述する。緒戦におけるマカロフ太平洋艦隊司令官の戦死ですでに兵士の士気は低下し、死を恐れるムスリム兵士は「アッラーのほかに神はなし《ラーイラーハイッラッラー》」を繰り返す。手榴弾や榴散弾の炸裂は世界に終末が訪れたかのようだ。それでも兵士は奮闘し多大な犠牲者を出すが将校は優柔不断。弾薬も食糧も枯渇し、兵士は衰弱する。病人は日々増えるが病院は収容しきれない。死亡者を埋葬する人もなく葬儀《ジナザ》もない。その結果、ロシア兵は野獣のようになった。アフメロフの憤慨が極まるのは、一九〇四年十一月十四日に始まる二〇三高地の激戦で将校が負傷兵や病院を山上に移動する判断を下し、多数の無駄な犠牲と負傷兵の投降を強いた時だ。「われわれの将軍たちはこの戦闘でこれほどの不義を働いた。これを良心が受け入れることはまったくできなかった」（一四～一五頁）。前線の兵士の目にロシアの帝国主義の破綻は何よりも、道義も含めたロシア軍の崩壊にあらわれていたのである。

戦争とそれに続く革命でロシアの帝国主義が一時的に退潮すると、ガージャール朝イランとオスマン帝国でも立憲革命が起こった。これら三国の革命家や政治家は、それぞれの革命を相互に参照した。例えば、一九〇八年に青年トルコ人革命の中核となる統一進歩団は、ロシアで革命が起こった時、オスマン帝国にもっとも似た政体の革命としてそれを注視した。その際、ガポンのような聖職者が抗議運動を率いていること、非武装の代表団が首都の宮廷や政府を訪れていること、そしてたんなる反乱にとどまらず社会運動組織と知識人が目標を設定し大衆を動員していることを学んだ。統一進歩団がロシアのテュルク語の印刷物から情報を集めていたとすれば、彼らの念頭にはロシア・ムスリムの政治活動があった可能性が高い。ムスリムの一見穏健な運動形態が、当時の統一進歩団には魅力的に映ったのである。本章が扱う一九〇七年六月までの時期で、ヴォルガ・ウラル地域のムスリムに衝撃を与えたのはイランの革命だ。ロシア革命の奔流はこうして還流する。

イラン立憲革命は、一九〇六年四月二十七日に開会したロシアの第一国会が二カ月あまりで解散し、全ロシア・ムスリム連盟の綱領を確定した第三回全ロシア・ムスリム大会がニジニノヴゴロドで八月半ばに開催されるなかで進行した。この大会では、国王《シャー》に送られるはずの祝電も採択されている。偉大な文明のおかげで名高い詩人や指導者の揺籃の地であったイランが、シャーの英断によって代議制を導入することで進歩を獲得し、まっすぐ幸福の道をたどることを心から期待する、と(ビギ『議事録』一五七、一六七頁)。またタタール語の新聞は、革命におけるウラマーの役割に注目した。例えば、オレンブルクの『ワクト(時)』紙は、イランで改革を要求しているのは法学者《ムジュタヒド》であるとして、つぎのように問いかける。「(前略)イスラームにおいて専制は禁じられているので、自由を求め正義に献身することはそもそもウラマーの任務である。改革と正義を獲得するために魂を捧げるまで努力することがイスラームの学者の宗教的な義務であるにもかかわらず、われらがウラマーはどうしたことだろう、今日まで旧い官僚機構の車に腰かけたままだというのは、驚くべき謎である」(『ワクト』23.09.1906: 1)。後述のように、ヴォルガ・ウラル地域でウラマーは決して手をこまねいていたわけではなく、既存の宗教行政を見直し、政府への請願書を作成する重要な役割をはたした。『ワクト』の記事はむしろ、多宗派公認体制としてのロシアでもウラマーが社会変革の中核になれるはずだという叱咤激励として読むべきだろう。

イランの革命におけるウラマーの役割は、社会主義者の青年たちも無視できなかった。カザンの社会主義者の新聞『暁の星《タン・ヨルドゥズ》』は、日露戦争でロシアの帝国主義がイランから退潮して革命が起こったととらえて、つぎのように事態を解説した。

日露戦争が始まった。シャーがこれまで借金にしてきた収入が途切れた。ロシアは一銭も出さなくなった。ロシアの金《きん》で正常にあった国家財政が限界に達した。国庫に資金が枯渇したので、役人に俸給を出せなくなった。彼らは〔これまでも〕全力で奪い尽くされた人民の最後の髄まで求めるようになった。人々はこれ以上耐え切れずに立ち上がった。各地で反乱、掠奪、殺人が始まった。ウラマーは、ロシアがあたかも施し《サダカ》のように〔与えながらその実〕貸し付けてきた資金、そしてシャーが改革に反対する姿勢を長く批判的にみてきたから、国家がどのような状況にいたったのかを理解した。彼らは二つの道のうち一つを進まなければならなくなった。シャーを支持するか、民衆の側につくか。結局、第二の道に進み、民衆の先頭に立って、シャーに抗して民衆とともに事を始めた。

（『暁の星』15.08.1906: 3）

さらにこの記事では、国会やストライキの語に、それぞれガスダールストヴェンナヤ・ドゥーマやザバストーフカというロシア語がアラビア文字の転写で用いられている。「〔改革を先延ばしにするシャーに対して人々は〕専制の廃止、そして、血をすする者の手で虐げられてきた国を救い、輝ける道に導くために、完全な権力をもつ国会の開設を求めた。ウラマーも『シャーが何も与えないならば、再度ストをおこなおう』と民衆の要求を支持した」。ここには、イランの革命をロシアの革命との対比で説明し、革命の成果が専制に奪われようとしているロシアの現状に対して再度、ウラマーと民衆の行動を促す意図もあったことだろう。

では、前年に始まる革命のただなかで、大改革がもたらした変化に適応してきたヴォルガ・ウラル地域のムスリム社会のウラマー、商人、役人、社会主義者の青年たちはどのような行動をとったのか。日露戦争でロシアの帝国主義の破綻が露わになると、戦争の重荷を背負ってきた臣民の視線はいまやまっすぐに、専制権力のつぎの一手に向けられた。

3　ニコラエフスキー駅へ

ロシア・ムスリムの連帯

帝国の東から首都にいたる者はニコラエフスキー駅（現モスコフスキー駅）に着く。そこから冬宮まで

ニコラエフスキー駅

延びる目抜き通りがネフスキー大通りだ。そこに一歩踏み込むごとに首都の生活の喧噪、躍動、光輝が開けてくる。この大通りを満たし双方向に列をなして絶え間なく流れる駅馬車、乗合馬車、自動車、辻馬車の御者たち。通りの両側の広い歩道にはさまざまな色彩の歩行者が、パンを投げても地面に落ちないほどぎっしり詰まって、大河のように波立ちながらさまざまな方向に足早に、他人には目もくれず流れている。これらの光景は、退屈な地方都市から出てきた者の目を釘付けにしてしまう(スレイマノフ『ペテルブルク紀行』八〜九頁)。

これは、一九〇六年三月末に西シベリアはカザフ草原北辺のペトロパヴロフスクから帝都に着いたニヤズムハンマド・スレイマノフという人物が描く風景である。一年前に請願書を携えて首都に到来した多くのムスリムの代表団も同じ驚きを共有したに違いない。鉄道、河川の汽船、そして電信技術は二十世紀初頭までに広大な帝国の版図を繋ぎ合わせた。スレイマノフの感覚では、三二〇〇キロあまりも離れた首都に往復することが隣村を往復するかのようになった(三頁)。これら新しい交通・伝達手段は、中央政府が統治をより深く浸透させる基盤だったが、それは同時に「血の日曜日」のような首都の事件をたちまち全国に知れ渡らせる媒体ともなった。そしてムスリムの代表団もまた、鉄道と汽船を乗り継いで首都を往来した。実は、ロシア・ムスリムを政治運動の主体としてまとめあげる運動も旅から始まった。在野で健筆を振るってきた宗務協議会の元委員《カーディー》アブデュルレシト・イブラヒムは、宗教的寛容の強化と地方自治の拡大に理解のあったスヴャトポルク=ミルスキー内相のお墨付きを得て、ウファ、トロイツク、ペトロパヴロフスク、カザンなどを訪れ、各地の有力者から協力を取りつけたのだ(ビギ『改革の基礎』三〜五頁)。ちなみに、スレイマノフがペテルブルクに到着した時ニコラエフスキー駅で出迎えたのもイブラヒムだった。

　イブラヒムのような首都の活動家は、ロシア人自由主義者の政治戦略から学びながら、各地のムスリムの代表が顔を合わせる機会を用意した。例えば、治安を取り締まる内務省も私的会合であれば介入しなかったから、イブラヒムのアパートは格好の集会所となった。そこには一九〇五年四月八日に、ロシア内地の代表者数名に加え、南東コーカサスからアフメド・アアオールとアリーマルダン・トプチバシが、その数日後にはクリミアからイスマイル・ガスプリンスキーが訪れ、全ロシア・ムスリムの政治組織を立ち上げるべく、十七世紀に遡り、東方の商品が取引されるニジニノヴゴロドの定期市で八月に大会を開くことを決めた。これは後年、活動家のあいだでは全ロシア・ムスリム連盟設立に向けた最初の会合とみなされることになる。また、自由主義者はバンケット(宴会)の口実で政治集会を催したが、ムスリムはこれも取り入れた。連盟の第二回準備会合と位置付けられるのは、カザン県チストポリ市の高名な導師《イシャーン》ムハンマド・ザーキル・ワッハーボフの娘が、気鋭のウラマーだったムーサー・ジャールッラー・ビギ(一八七五〜一九四九)と五月二十日に挙げた結婚式である。これは、ワッハーボフの息子イブラヒムが上京の際、各地の代表者に参加を呼びかけたのであった(ビギ『改革の基礎』一〇〜一一、一六三〜一六五頁)。ザーキル・イシャーンは、この地方で有力なスーフィズム(神秘主義)のナクシュバンディー教団の支脈ハーリディーヤに連なり、茶の商売で成功した商人でもあった。この結婚式からは、教団や商業のネットワークという伝統的な人の繋がりが革命時の政治戦略と結びついて動員力を発揮するさまを読み取ることもできよう。

しかし、ロシア・ムスリムの核となるべき政治組織をつくる道程は平坦ではなかった。この道程について詳細な記録を残したムーサー・ビギの記述からは、とりわけ南東コーカサスのシーア派の代表者との信頼構築が難しかったことがうかがえる。前述の四月八日の会合の前に、内地ロシア各地の代表はバクーの代表を訪問したり会食を設けたりしたが、彼らが返礼をおこなうことはなかった。ちなみに両者のとりなしをはかったのは、十九世紀前半に北コーカサスでロシアとの戦争を率いたシャーミルの孫ザーヒドだった。会合当日も、ロシア内地の代表がウファの宗務協議会の改革を念頭に全ロシア・ムスリムを統合するような機関を提案すると、アアオールはイスラームに聖職者はいないのだからそのような機関は不要と突っぱねた。八月十五日にニジニノヴゴロドで第一回ムスリム大会が開かれると、シーア派とスンナ派は和解したかのようにみえた。この時は互いにご馳走に招き合い、定期市のシーア派の商人もタタール人の客が増えてご満悦だった。しかし、翌年一月末に犠牲祭に合わせて首都でおこなわれた第二回大会で、すでにバクーの一代表は、先の大会以来、連盟についてなんら情報を得ていないと不信感を表明する(ビギ『改革の基礎』一七一、一七四〜一七五、二一五頁)。それでも、八月半ばに再びニジニノヴゴロドで招集された第三回大会で、トプチバシはタタール人が大多数を占めるムスリム連盟執行部(一五名)のなかに選ばれた(一六八〜一六九頁)。

首都で始まり全ロシア・ムスリム連盟結成に結実した運動は、一九〇五年革命期に出現したムスリム公共圏の最たるものである。この運動は、一九〇五年の絶頂たる十月十七日詔書が約束した良心、言論、集会、結社の自由をロシア人と平等に享受することと同時に、ムスリム共同体に特別な権利を保障することを要求していた点で、当時のムスリム社会の一般的な傾向も反映していた。しかしそれは、ムスリム社会が均質だったということを意味するわけではない。ヴォルガ・ウラル地域だけをみても、連盟を支持するか否かにとどまらず、地域に特有の問題に関してだれがどのような解決策を提起できるかをめぐって、ムスリム社会内部で議論が巻き起こっていた。以下では、ヨーロッパ部ロシアの東端から首都に向かう順番で、都市と農村における革命への応答を観察してみたい。

南ウラル地方の都市と農村

ヨーロッパ部ロシア東端の町トロイツクは、十八世紀半ばに築かれて以来、カザフ草原と中央アジアとの交易拠点として栄え、商機を狙ってタタール商人が移住してきた。当地のウラマーも十九世紀前半まではブハラ方面で研鑽《けんさん》を積んだ者が多かったが、大改革でロシア社会が大きく変わるなか、ムスリム社会の近代化のモデルとしてイスタンブルに目を向ける者があらわれた。こうした変化の中核にいたのが、祖父の代にカザン郡から移ってきた豪商アブドゥルワリー・ヤウシェフ、町の第一モスクのアフンド(宗務協議会管轄下の高位聖職者)アフマド・ラフマーンクリ、第五モスクのイマームで、ナクシュバンディー教団の支脈ハーリディーヤの導師ザイヌッラー・ラスーレフであった。

ヤウシェフとラフマーンクリは一九〇五年に先立つ一〇年以上前から、専制権力との駆け引きを経験していた。彼らは一八九二年の教育省の通達に端を発する抗議運動に加わり、ヤウシェフの提案でラフマーンクリが町の代表の一人として帝都に赴いた。そしてその時、ほかの都市の代表とも出会った。しかし三年後、二人はニコライ二世の即位を祝うために帝都に赴き、ムフティーのスルタノフと共に冬宮で皇帝に謁見し、皇后に高価な毛皮を進呈している（バッタル『アブドゥルワリー・ヤウシェフ』一四、一六頁）。一九〇四年末にアブデュルレシト・イブラヒムがトロイツクを訪れた時、ヤウシェフとラフマーンクリはロシアにおける時局の変化を理解した。ラフマーンクリは町の代表として首都に赴き、スヴャトポルク＝ミルスキー内相に請願書を提出した。また彼は、スルタノフがヴィッテの要請で四月に開いたイマームの会合にも招待されている。ザイヌッラー・ラスーレフは、宗務協議会が嫉妬するほど絶大な名声を誇った宗教指導者で、その多数の信奉者のなかには、カザンの傑出した学者で、第三回全ロシア・ムスリム大会の宗教行政改革の議論を主導したガリムジャン・バルーディーも含まれていた。ラスーレフは第一回と第三回の大会に祝電を送っている（ビギ『改革の基礎』一七四頁、同『議事録』一二三頁）。

トロイツクはカザフ草原の北辺に位置するので、ラフマーンクリが内相に提出した請願書はカザフ人の要望を多く反映していた。カザフ草原は一八六八年の統治規程でウファの宗務協議会の管轄から外され、家族にかかわる紛争は遊牧民の慣習法に基づいて処理されることになっていた。また草原ではイスラームの影響を削ぐために、広大な郷にあっても合法的には一つのモスクと一人のイマームしかおけない仕組みになっていた。これに対してラフマーンクリは、宗教行政を現状の州行政から宗務協議会に移管し、婚姻・遺産相続については慣習法をシャリーアに取りかえること、モスク建設の制限を撤廃し、マクタブやムスリムのための官立学校をモスクに付設する権利を与えることが必要だと説明した(РГИА/821/8/631/3-4)。

つぎにウファ県の二つの村をみてみよう。ウファ郡旧キーシキ村のイマーム、ムタッハル・イブン・ムッラーミールハイダルは、カザン郡クシュカル村の由緒あるマドラサを修めた人物である。十八世紀半ばにまで遡るとされるこのマドラサは、中央アジアとの交易に携わる豪商に支えられ、その教授たちは代々ブハラさらにはカーブルに留学した。じつは、アブデュルレシト・イブラヒムも一八七〇年代後半にここで学んでいる。ムタッハルは伝統的な学歴を積んできたが、弁舌に定評があったので一九〇五年ののち、国会議員の選挙人や郡ゼムストヴォ参議会員も務めた。彼は自著の村史のなかで、自分が宗教的な要求を議論する集会を村で開いたり、新聞・雑誌を講読して情報収集したりすることで、「人々への奉仕を先導している」と自負している。

ムタッハルは、村が長年引きずってきた、地元のバシキール人とウファ在住のロシア人貴族を巻き込んだ三つ巴の土地紛争の解決にも取り組んだ。そもそも旧キーシキ村は、一七六五年にムスリムの移住者がバシキール人から土地を購入して形成した村であった。しかし、その湖での漁をめぐってバシキール人と対立、怒ったバシキール人は同じ土地をウファのロシア人貴族に売却してしまう。この問題は首都の元老院にまで持ち込まれたが、貴族に有利な判断が出るのみだった。一八八四年には、直訴すべく首都に村の代表が送られたが無駄だった。一九〇五年の革命後、この頃には別の所有者に移っていた土地を取り返すべく、ムタッハルが所有者の住むペテルブルクに乗り込み、国会議員にも助言を求めた。結局、新しい所有者との交渉の末、もともとは自分たちのものだった土地を再び買い取るかたちで決着をつけた(ムタッハル『旧キーシキ村史』三〜七頁)。

ウファ県ビルスク郡タウ村は、郵便網から遠く出版物も届かないような片田舎だったが、この村のイマーム、スフマーン・イスハキーは、一九〇四年十二月十二日の法令が「宗教の自由」を表明したものと理解して各地のウラマーと協議し、二百名近い署名を集めて皇帝に請願書を送ることにした。そして翌年、二月十八日の勅令が出ると、自宅にウラマーを集め、もっとも重要なものを六項目にまとめてヴィッテに送った。そのうち第一と第三項目が、日露戦争で露わになった課題にかかわっている点は注目してておいてよい。

(1)ムフティーはウラマー出身で、選出の権利はムスリム自身に委ねられること。〔ムフティーの補佐〕カーディーもしかり。ムスリム聖職者の任免・昇進、マクタブ・マドラサ〔ともに教育施設〕とモスクの管理、これらの建物の認可などはすべて宗務協議会の管轄とする。ムスリム聖職者にかかわる事案にほかの裁判所は介入しないこと。ムスリム聖職者にロシア語を義務付けないこと。ムスリム聖職者は徴兵免除。

(2)結婚、離婚、遺産相続のような家族にかかわる問題はシャリーアで処理されること。

(3)ムスリム兵士がシャリーアで忌避されている食事や酒から護られるように。ムスリムに宗教を指導し宗教上の義務をはたさせるために、各連隊にイマームが任じられるように。ラマダーン月に断食が許され、飲食も断食の時間を考慮し、兵士の任務も断食の日を考慮して軽減されるように。

(4)宗教にさまざまな点で自由が与えられ、出版にも自由が与えられるように。

(5)ロシア人に与えられたすべての市民的権利がムスリムにも与えられるように。例えば、判事、教員、役人への就職について。

(6)宗務協議会の裁量でムスリム聖職者に国内用・国外用の旅券が与えられること。

ムーサー・ビギは、この決議が革命時にとどまらず、その後一〇年のムスリム共同体の議論を先取りしたものだとして特記している(ビギ『改革の基礎』八六～九一頁)。

以上三つの事例に共通するのは、国内情勢の大きな変化を知覚するなかで地元に特有な問題を対象化し、それらを中央政府に説明しようとしたウラマーの行動力である。こうして、地元の個別具体的な問題が首都で解決されることへの期待が一九〇五年に一気に高まった。

ムフティーの御膝元ウファ

首都と並んで地域のムスリム住民が注目したのは、ウファの宗務協議会の出方であった。タウ村のイマーム宅に集まったウラマーたちも、ヴィッテの要請でムフティーが招集する会合に貢献すべく自分たちの決議を四月六日付でウファに送った。その宛先は、宗務協議会のカーディー、リザエッディン・ファフレッディン(一八五九～一九三六)だった。彼は、サマラ県ブグルマ郡の農村で研鑽を積んだウラマーだが、これは十九世紀半ばまでに、トルキスタンのマドラサから将来された教育課程と書物が留学せずとも十分に習得できるほど地域に定着していたことを示す。彼は一八九一年からムフティーの補佐を務め、ヨーロッパ部ロシアとシベリアの広大な空間に散在するムスリム社会から聖職の試験にウファに

リザエッディン・ファフレッディン

訪れる人々と知り合い、各地からあがってくる多種多様なもめ事を処理した。さらに彼は、ウラマーや名望家の列伝『事績《アーサール》』の執筆過程で各地の人々と書簡を交わしたから、各地の有力な人脈を知悉《ちしつ》していた。ファフレッディンが、管轄下から寄せられる宗務協議会の改革案を取りまとめる中心となったのは偶然ではない。

ムフティーが管轄下の著名なイマームを集めた会合は一九〇五年四月十～十五日に開かれ、宗務協議会の組織再編、宗務協議会と金曜モスクを核とする地区共同体《マハッラ》とを繋ぐ中継機関の設置、各層の聖職者の権利と職務、寄進財《ワクフ》・学校・モスクの管理・運営について規程案が作成された。その際、会合の議論を法律の条文として整理しロシア語に翻訳するために一一名からなる委員会が設けられたが、そのうち二名はウラマー（一人はファフレッディン）、三名は実業家、そして四名が大改革の司法改革で設置された地方裁判所と控訴院の法律家だった（ビギ『改革の基礎』一〇八～一〇九頁)。この会合は、ムスリム共同体に関する議論に招待された者とそうでない者、規程案の作成に参加できた者とそうでない者とに分断したため、会議ののち、共同体《ミッレト》の代表としての出席者の正統性を質《ただ》す百通以上の抗議の手紙がファフレッディンに寄せられたという。一九〇五年前半は、タタール語の地元紙がなかったので、彼はそれに対する回答を、クリミアのガスプリンスキーの『テルジュマン(翻訳者)』紙に掲載した(一四四～一五一頁)。

ファフレッディンは、印刷物とりわけ新聞・雑誌の普及が宗務協議会の既存の権威を揺さぶり、それと並行する新しい権威を生み出すことにいち早く気づいていた。オレンブルク近郊のカルガルのイマームで、第二国会議員にもなったハイルッラー・ウスマーニー(一八六六～一九一五)は、カルガルとオレンブルクのウラマーが「宗教と共同体の永続」のために提起した要望を取りまとめ、カーディーのファフレッディンに意見を求めた。ファフレッディンは自身の見解を『ロシア・ムスリムの要望とそれに関する批判』という冊子にまとめ、甥のファーティフ・ケリミー(一八七〇～一九三七)がオレンブルクで営む出版所から出した。この冊子で彼は、エカチェリーナ二世が与えたかのような、ありもしない権利にしがみつくのではなく、ムスリムがほかのロシア臣民と同様、十月詔書で表明された自由を享受し、かつ自分たちに特別な権利のために行動すべきだと主張した。甥はすでに一九〇六年二月末からタタール語紙『ワクト』を出していたが、その彼の誘いでファフレッディンは同年カーディー職を辞し、一九〇八年一月から一〇年にわたって文芸誌『シューラー(評議会)』の編集を手がけることになる。

印刷物や各地の請願運動がムスリムの世論を形成し、ウラマーからムフティーを選びたいという声が日増しに高まると、ムハンマディヤール・スルタノフも高慢な態度を改めざるをえなくなった。しかも、ウファでは「血の日曜日」直後から鉄道労働者、学生、知識人のデモが発生し、十月詔書後は愛国、反専制、復古の勢力が入り乱れる数千人規模のデモが繰り広げられ、県知事もムフティーもツァーリへの忠誠を叫ぶ多民族の群衆に迎合した。たしかに、スルタノフに対する同時代人の評価は割れている。ムーサー・ビギは、首都で皇帝との謁見を求めるムスリムの代表を罵倒する傲慢さに加え、四月半ばの会合にも自身は出席せず、議論の取りまとめをファフレッディンに丸投げするという無責任さを強調する(ビギ『改革の基礎』七〜九、五〇、五二頁)。他方で当のファフレッディンは、スルタノフには彼以前の四人のムフティーよりも既存の法の枠組みで宗務協議会を改革する能力と強い意志があったものの、周囲の支持を得られなかったのだと振り返る(『シューラー』15/1915/450)。事実、十月詔書以降のスルタノフの行動をみるならば、大衆政治に適応しようとするスルタノフの姿が浮かび上がる。

スルタノフは一九一五年に死去するまで私的諮問会議を開き、地域のムスリム社会が直面する問題を議論する場を積極的に設けた。一九〇六年二月十五日に開かれた最初の会議は、ロシア軍のムスリム兵士の待遇改善を扱うものであり、日露戦争が地域のムスリム社会にいかに深いトラウマを与えたかを示している。この会議には、三名のカーディーのほか、ムスリムの現役・退役将校や日露戦争時に配属された従軍イマームも参加した(従軍イマームについては一四三頁のコラムを参照)。

開会に際して、スルタノフが日露戦争に先立ってニコライ二世に手渡していた具申書も読み上げられた。「平時に四万人を数えるムスリム兵士は、ロシア帝国各地の部隊に勤務し、自分たちの宗教指導者に導かれてロシアが遂行するすべての戦争に参加し、自らの祖国ロシアのためにロシア人と共に血を流し、そのことを通じて崇敬する帝王に忠臣としての義務を弛みなく常に証明してきた」。革命はその見返りを求める絶好の機会となったのだ。会議ではおもにつぎの三点が提言された。(1)一八九六年に廃止された従軍イマーム職を復活し、俸給・年金・褒章においてロシア正教会の従軍司祭と同等にすること、(2)三千〜四千人からなるムスリム部隊を編制し、各部隊に一名のイマームを配置すること、(3)イマームの病院への慰問やイマームと兵士との対話を義務化すること(РГИА/821/8/1064/162-167об.)。なお、この議事録は内務省と参謀本部に提出され、両機関が従軍イマーム職を再度、法制化する過程でも真剣に考慮された。また、一九〇八年に宗務協議会の機関誌が出始めると、この諮問会議の決議が掲載され管轄下のイマームにも広く伝えられた(『マールーマート〈報知〉』16/1908/354-355)。

ところで日露戦争では、露土戦争から二五年以上をへて予備役の大規模な動員がおこなわれた。そのため、イマームとしてすでに勤務していた者が徴兵され、宗教行政の末端が機能しないという事態も生じた。したがって、タウ村の決議にあるように、ムスリム聖職者の徴兵免除が切実な要求となった。政府もこの問題に気付いたので、宗教的寛容の強化に関する一九〇五年四月十七日法のなかで解決を約束した。スルタノフも別途、ヴィッテに上申書を提出して、イマームが今日は信仰と道徳を説き、明日は銃を取るというのでは矛盾するし、現行法上も兵役を済ませた年齢の者が聖職に就いているので徴兵忌避には利用されないと説いた。スルタノフはこの文面を、九月に出始めた首都のタタール語の新聞『ヌル』にも掲載した(『ヌル』25.09.1905: 1-2)。

スルタノフがムスリム社会の声に耳をすまし行動したもう一つの重要な契機は、一九〇六年三月三十一日に教育省の出した「ロシア東部・東南部に居住する異族人のための初等学校に関する規則」が引き起こした広範な抗議運動であった。この法律が国会招集前に出たというだけでも人々の不満を駆り立てるに十分だったが、焦点となったのはその第一三条である。それは非ロシア人の言語による教科書を「ロシア文字」と非ロシア人の文字の両方で表記することを要求していた。これをヴォルガ・ウラル地域のムスリムはアラビア文字を排除する試みとして解釈し、反対を表明するおびただしい数のマハッラの決議文と電報が首都の教育省と内務省、ウファの宗務協議会に送られた。オレンブルクとカルガルのムスリムは五千人規模の抗議集会を催し、この法律は前年に政府が宣言した自由に反しているという声明を第三回ムスリム大会にも提出した(ビギ『議事録』一一一頁)。こうした状況をみたスルタノフは教育相に対して、ロシア文字ではアラビア語と母語の音を正確に写せず教育効果もないと進言した(リザエッディン・ファフレッディン『ムスリムに関する政策』四一～四二頁)。また彼は内相に対しても、一八七四年に教育省の管轄に移ったマクタブ・マドラサを宗務協議会の管轄下に戻すのが望ましいと提言した(四六～四八頁)。後者に関してファフレッディンは、宗務協議会の業務が現状でも過重なので否定的だったが、ムスリムの請願書の大多数はスルタノフのいう立場を採っていた(リザエッディン・ファフレッディン『ロシア・ムスリムの要望とそれに関する批判』一四～一五頁、ビギ『改革の基礎』五六～五七頁)。いまやスルタノフは政府の後ろ盾ではなく、人々の声で自らの権威を根拠付け始めたのである。

帝都のエリートの選択

大衆の側に立つことが権威の源泉になることが明らかになってくると、それまで中央政府と密な関係を保ってきた帝都のムスリム社会の指導者も身の振り方を見直さざるをえなくなった。帝都のムスリム社会の歴史は帝都と同じくらい長い。十八世紀初頭のその建設にはヴォルガ中流域出身のタタール人が労働力として動員され、その後、首都の守備隊に勤務する兵士もあらわれた。十九世紀前半には、征服戦争たけなわの北コーカサスからいわば人質として送られた在地エリートの子弟も集まった。一八五一年にモスクワとのあいだに鉄道が開通すると商人や農民が移住し、農民は屋敷番、馬車の御者、レストランの給仕、衣料や小間物の行商人になった。世紀の変わる頃には五四〇〇人あまりのムスリムが居住し、最大勢力はリャザン県カシモフ郡出身のタタール人だった。首都の第二マハッラを率いたアフンド、ガタウッラー・バヤズィトフ(一八四七〜一九一一)もその一人である。この人物もまたカザン郡クシュカル村の由緒あるマドラサで学び、一八七一年に首都のカシモフ郡出身者に請われてイマームに就いた。その後、首都守備隊の従軍アフンドとなり、外務省アジア局でテュルク語とイスラーム法を講じた。

これらの職務を通じて政府に顔が利いたのだろう、バヤズィトフはクリミアを除くヨーロッパ部ロシアで最初のタタール語紙『ヌル(光)』を一九〇五年九月二日に創刊することができた。彼は十月詔書の三日後、そのロシア語原文とタタール語訳を第一面に掲載し、十一月六日の号で詔書の意義を解説した。彼が強調するのはつぎの二点である。第一に、諸民族が自身の言葉でロシア語と同等に事前検閲なく出版活動ができるようになったこと。ロシアのムスリムはそれによって、正教会の宣教師からの攻撃に反論する手段を得たからである。第二に、法治とくに人身の不可侵の展望が開けたこと。今後は、高官が行政措置で恣意的に個人を流刑に処すことはできなくなり、個人の罪は裁判所を通じてのみ審理されるはずだった。これらにツァーリの公正《アダーラト》を見出したバヤズィトフは、それが「一時の公正な判断は一年の勤行の恩寵にまさる」というシャリーアの理解にも合致するとして、ツァーリに感謝の祈りを繰

ВЫСОЧАЙШІЙ МАНИФЕСТЪ.

БОЖІЕЮ МИЛОСТІЮ,

МЫ, НИКОЛАЙ ВТОРЫЙ,

ИМПЕРАТОРЪ И САМОДЕРЖЕЦЪ

ВСЕРОССІЙСКІЙ,

ЦАРЬ ПОЛЬСКІЙ, ВЕЛИКІЙ КНЯЗЬ ФИНЛЯНДСКІЙ,

и прочая, и прочая, и прочая.

Смуты и волненія въ столицахъ и во многихъ мѣстностяхъ Имперіи Нашей великою и тяжкою скорбью преисполняютъ сердце Наше. Благо Россійскаго Государя неразрывно съ благомъ народнымъ, и печаль народная — Его печаль. Отъ волненій, нынѣ возникшихъ, можетъ явиться глубокое нестроеніе народное и угроза цѣлости и единству Державы Нашей.

Великій обѣтъ Царскаго служенія повелѣваетъ Намъ всѣми силами разума и власти Нашей стремиться къ скорѣйшему прекращенію столь опасной для Государства смуты. Повелѣвъ подлежащимъ властямъ принять мѣры къ устраненію прямыхъ проявленій безпорядка, безчинствъ и насилій, въ охрану людей мирныхъ, стремящихся къ спокойному выполненію лежащаго на каждомъ долга, Мы, для успѣшнѣйшаго выполненія общихъ предначертаемыхъ Нами къ умиротворенію государственной жизни мѣръ, признали необходимымъ объединить дѣятельность высшаго Правительства.

На обязанность Правительства возлагаемъ Мы выполненіе непреклонной Нашей воли:

1. Даровать населенію незыблемыя основы гражданской свободы на началахъ дѣйствительной неприкосновенности личности, свободы совѣсти, слова, собраній и союзовъ.

2. Не останавливая предназначенныхъ выборовъ въ Государственную Думу, привлечь теперь же къ участію въ Думѣ, въ мѣрѣ возможности, соотвѣтствующей краткости остающагося до созыва Думы срока, тѣ классы населенія, которые нынѣ совсѣмъ лишены избирательныхъ правъ, предоставивъ, засимъ, дальнѣйшее развитіе начала общаго избирательнаго права вновь установленному законодательному порядку.

и 3. Установить, какъ незыблемое правило, чтобы никакой законъ не могъ воспріять силу безъ одобренія Государственной Думы и чтобы выборнымъ отъ народа обезпечена была возможность дѣйствительнаго участія въ надзорѣ за закономѣрностью дѣйствій поставленныхъ отъ Насъ властей.

Призываемъ всѣхъ вѣрныхъ сыновъ Россіи вспомнить долгъ свой передъ Родиною, помочь прекращенію сей неслыханной смуты и вмѣстѣ съ Нами напрячь всѣ силы къ возстановленію тишины и мира на родной землѣ.

Данъ въ Петергофѣ, въ 17-й день октября, въ лѣто отъ Рождества Христова тысяча девятьсотъ пятое, Царствованія же Нашего одиннадцатое.

На подлинномъ Собственною Его Императорскаго Величества рукою подписано:

„НИКОЛАЙ".

サンクトペテルブルクのタタール語紙『ヌル』に
掲載された10月17日詔書

り返し捧げなければならないと説いている。

またバヤズィトフは、翌一九〇六年二月から三月に控える国会の選挙に向けて、心構えと行動指針を示す。ところで彼は、フランスの宗教史家エルンスト・ルナンの講演「イスラームと科学」に反駁する著作を一八八七年にロシア語で発表し、その二年後には、同じくルナンを批判した汎イスラーム主義者ジャマールッディーン・アフガーニー（一八三八〜九七）にも会っていた。バヤズィトフはこの批評を踏まえて、理想的な国会議員像を描く。「ヨーロッパ人と同列に並び、彼らと対等になり、イスラーム教に確固として敬虔にとどまりつつ、進歩と文明化の道を恐れずまっすぐに歩み、イスラームの精神をよく知ると同時に、ヨーロッパの道徳、科学、歴史、宗教にも精通しなければならない」（『ヌル』21.12.1905: 1）。そして彼はさらに踏み込んで、自身の政治路線も表明する。それによれば、良心の自由という点ではどの政党も変わらないから、ムスリムの実生活で判断するなら、中道の党で、自由主義的で進歩的な商人の党を検討しなければならない。社会民主党の集団は地上の楽園をただちに与えようと約束しているが、「空の鶴を取ろうとして手のなかの雀を離すな」という諺《ことわざ》を忘れてはならない、と説く（『ヌル』18.01.1906: 1）。

しかしバヤズィトフには、帝都のイスラーム権威である自分を迂回して、よそから来たアブデュルレシト・イブラヒムのような政治屋が「全ロシア・ムスリム」の名の下で活動することが面白くなかったに違いない。ムーサー・ビギは、バヤズィトフが一九〇六年一月末の第二回全ロシア・ムスリム大会の開催に際して、ペテルブルク市長から許可を得ることを妨げたとの見方を示す（ビギ『改革の基礎』二〇九頁）。また政府としても、バヤズィトフを介したムスリム社会との縦の連絡経路の外に「全ロシア・

ムスリム」という水平方向の紐帯《ちゅうたい》が生まれては、それを制御しきれない恐れがあった。ニコライ二世は七月半ばに、帝都の中心部にモスクを建設すること、そしてその目的のために全国で募金活動をおこなうことを許可している。折しも、第一国会の解散後に議員が発した政府批判、いわゆる「ヴィボルグの檄」に署名したムスリム議員の人気が高まったからである。じつはそれまで首都にはモスクがなく、イマームの自宅が礼拝所となっていた。バヤズィトフは一八八〇年代からモスク建設の許可を得るべく奔走してきたから、政府は彼の努力に報いることで彼の権威の強化を狙ったと考えられる。

モスク建設と募金活動を進めるにあたり特別な委員会が設けられたが、その委員長を務めたのはウファ県出身のアブドゥルアズィーズ・ダウレトシン中佐(一八六一～一九二〇)であった。彼は首都の士官

帝都サンクトペテルブルクのモスク
1913年2月にロマノフ朝300周年に合わせて開基。

学校を卒業後、現在のトルクメニスタンのイラン国境で勤務し、急増するメッカ巡礼の現状を探るべくヒジャーズ地方へ視察に赴いた経験もあった。その彼は、国会選挙に際して既存の政党と歩調を合わせる必要があると考え、イブラヒムと協議にはいった。一九〇五年十二月十日には首都のムスリム慈善協会の事務所で、立憲民主党《カデット》の大物ミリューコフ、ロヂチェフ、ストルーヴェを招いて会合が開かれる。この三名はモスクワでゼムストヴォ大会が閉会すると、この会合に直行したという。これは、政治勢力としてのロシア・ムスリムに対する期待のあらわれだった（ビギ『改革の基礎』二〇二〜二〇三頁）。帝国主義の最前線で勤務してきたダウレトシンがいまや、中央政府の信頼を利用して、いわばムスリム市民社会の組織者として活躍する道を選んだのである。

同じ陸軍将校でも対照的なのが、カザフ草原西端のボケイ・オルダ出身のグバイドゥッラー・チンギスハン（一八四〇年生）である。この人物は姓が示すように、チンギス・ハンの末裔であることを誇るオルダ最後のハンの息子であり、オレンブルク地方で対カザフ政策を担い、一八七七年の露土戦争ではロシア軍のすべての電信を統括し、内務大臣の推挙でトルキスタン統治規程の作成に加わり、クリミア半島では寄進財《ワクフ》の管理にも携わった。一九〇五年革命でムスリム社会における権威の所在が変わろうとしても、彼は動じなかった。オレンブルク県とその南隣のトゥルガイ州からカザフ人のウラマーと名望家二〇名が首都に来た時、彼らはまずイブラヒムの元を訪ねた。「ノガイ〔タタール人〕の同志から離れないようにしよう、何があろうともムスリムと一緒にいようとわれわれは来たのです」。彼らはカザフ草原をウファの宗務協議会の管轄下におくことを求めていた。数日後彼らがチンギスハンを訪れると、彼は「皇帝陛下の元にお連れしましょう。ただしノガイのレシト〔イブラヒム〕とは一緒にならないよう

グバイドゥッラー・チンギスハン

に」と助言する。はたして、カザフの代表は郊外のペテルゴフで皇帝に謁見を許された(ビギ『改革の基礎』一六五、二〇六頁)。また、第二回全ロシア・ムスリム大会開催の許可を得るべく代表団が一九〇六年一月十八日にドゥルノヴォ内相を訪れ応接間で待たされているあいだ、チンギスハンは割り込んで内相と面会、その結果、代表団は内相と面会できなくなった。その後チンギスハンは、千ルーブル払うなら大会開催に許可を得てみせようと持ちかける。大会関係者の心はおおいに揺れたが、金の代わりにガスプリンスキーとアリーマルダン・トプチバシを送って交渉しようとすると、チンギスハンは面会を避けた(二一〇〜二一一頁)。彼はあくまでも、帝国の統治エリートとしての威厳を保つことを選んだのである。

帝都のムスリム・エリートは、出版や結社など新しい機会をとらえたり、旧来の権威と人脈を駆使したりしながら、ロシア・ムスリムという新しいかたちの政治運動に対抗、あるいは合流することを選んだ。帝都と並んで、ヴォルガ・ウラル地域のムスリム社会がその動向を注視したウファの宗務協議会は、ロシア・ムスリムの運動とは別に、管轄下のムスリム共同体の要望を取りまとめる公共圏の一角をなした。ムフティーのスルタノフも率先して社会の声を拾い集め始める。たしかに、帝国のイスラーム行政の要たる協議会が人を招いて議論の場を設定すること自体、だれが共同体《ミッレト》の代表者としてふさわしいのかをめぐる論争を巻き起こした。しかしそれは、地域の都市と農村のウラマーや商人たちがすでに、地元に特殊な問題をより大きな共同体の問題として語り行動していたからこそであり、一九〇五年革命がムスリム社会に与えた影響の裾野の広がりを示している。彼らの多くは十九世紀末のロシア化政策への抵抗で経験を積んでいたのである。それではロシア化政策を享受して育った青年たちは、革命をどのように受け止めたのだろうか。

4　社会主義に傾斜する青年たち

暁の星

十九世紀末から二十世紀初頭には、イマームを志す青少年を取り巻く状況が大きく変わった。ヴォルガ・ウラル地域では、カザン郡クシュカル村のように、多くの由緒あるマドラサが農村にあった。しかし一八七〇年代からカザン、ウファ、オレンブルク、トロイツクといった都市のマドラサが名声を博すようになり多くの学生を集めた。これらのマドラサでは、学年や科目別の教室の導入で学生の収容能力が著しく増大した一方で、従来の教育の根幹にあった濃密な師弟関係は希薄化し、むしろ学生間の友情が深化した。とりわけ、一八〇四年からの大学町であるカザンには中等教育機関も多く、マドラサの学生が同じ年頃のロシア人学生と交流することもめずらしくなかった。こうしてイマームを志す青少年が、マルクスの『資本論』、社会民主党の機関誌『イスクラ(火花)』、チェルヌィシェフスキーの『何をなすべきか』などにふれるようになった。

また、マドラサの大規模化は「聖職」への就職難を深刻化させた。しかも従来のマドラサの知識だけでは潰しが効かない。こうしてマドラサ学生自身が、マドラサへの普通教育科目の導入を要求し始める。したがって当時のマドラサ学生にとって、カザン・タタール師範学校は、官費で学んで科学への渇望を満たし、イマーム以外の就職先を切り開いてくれる極めて魅力的な進学先となった。この学校からは多くの民族知識人が輩出したが、一九〇六年五月から半年のみ刊行できた新聞『暁の星』で一躍有名人になったのは、ガヤズ・イスハキー(一八七八〜一九五四)とフアド・トゥクターロフ(一八八〇〜一九三八)である。二人とも、カザン県チストポリ郡のイマームの息子で、チストポリ市のザーキル・イシャーンのマドラサなどで学び、その後、タタール師範学校に入学している。彼らは在学時からムフティーやイシャーンなど既存の権威を風刺する作品を書き、それらは蒟蒻《こんにゃく》版で複製されてマドラサ学生のあいだでも回覧された。

一九〇五年には、社会主義に傾倒するタタール人青年も通りに躍り出た。同年十月のカザンでは無秩序が頂点に達した。大学の建物を中心にデモが繰り広げられ、建物のなかにはバリケードが築かれた。十月詔書が出た日には、大学の立つ通りでコサックによる虐殺も発生した。それでも警察が事態を収拾できなくなると無政府状態が生じ、革命派が一時、自警団を組織する事態に陥った。この自警団のなかには、労働者や大学生に混じってムハンマディエ・マドラサの学生の姿もあった。これに対して、このマドラサの校長ガリムジャン・バルーディーや商人アフマド・サイダシェフは、革命派に対抗する愛国のデモに合流して対峙した。ここにいたり知事は軍隊を投入し、革命派が立てこもる市議会を砲撃すると警告する。その結果、革命派は投降したものの、今度は愛国デモが過激化し、ユダヤ人への襲撃《ポグロム》も起こった。また、ムハンマディエ・マドラサの学生たちは、マドラサの変革を求めてストライキのかたちで革命運動を続行したが、バルーディーは学生の放校でこれに応えた(イブラギモフ『一九〇五年革命のタタール人』七一~七四、一八〇~一九三頁)。

『暁の星』には、かつてのマドラサ教育と決別しロシア社会の革命を目の当たりにした青年たちの世界観が生き生きと表現されている。この新聞は週二、三回発行され、同時期の定期刊行物に関する研究に基づけば、部数は一九〇〇部ほどだったと推定される。彼らが地下からではなく公共の場で発言できたのは、まとまった資金と出版社の協力があったからにほかならない。出版費用を賄ったのは、オレンブルクの豪商アフマド・フサイノフの息子とサマラ県ブグルマの商人だった。『暁の星』はまず、カザンのタタール語出版の最大手カリモフ兄弟商会で印刷された。この出版社からは一九〇一年から一七年までに、伝統的な神秘主義文献、祈禱書、クルアーンも含め一七〇〇タイトル、一九六四万七〇七六部のタタール語書籍が世に送り出された。じつは、全ロシア・ムスリム連盟を支持する『カザン通報《ムフビリ》』紙もここから出ていた。その後『暁の星』は、革命支持のロシア語紙を印刷していたロシア人の会社、エルモラエヴァ出版社に移った。しかし、『暁の星』の出版が一因となって、この出版社は一九〇六年十

『暁の星』創刊号の第一面

一月に県知事によって裁判なく閉鎖され、経営者のエルモラエフ夫妻はカザンから追放された。『暁の星』の攻撃対象は専制体制を支える官僚制と資本家だった。創刊号第一面の記事を要約してみよう。

政府は資本家と手を結んで人民と戦い始めた。知識人を生きたまま墓にぶち込み、数千もの農民と労働者を刑務所に収容し、シベリアに送って処刑している。困惑する人々は、旧体制と一緒になって〔ユダヤ人に〕ポグロムを働く〔ロシア人右翼〕と、労働者の望みを綱領に盛り込み甘言を弄する立憲民主党にはさまれてさらに混乱している。われわれは、労働者と農民にとって闇夜や暗い森に輝く暁の星になろうとするものである。また、われわれの新聞は、われらタタール人の民族的・宗教的な事柄全般を完全に自分たちの手中に収めることにも努める。

（『暁の星』18.05.1906: 1）

とはいえ編集部は、各地のムスリム社会が首都とウファに送った請願書でもっとも重要な項目だった宗務協議会の改革には、官僚制批判という観点から否定的だった。第三回全ロシア・ムスリム大会では帝国各地のムフティーを統括・監査するライース職の創設などイスラーム行政の集権化が提起されたが、そこに出席したイスハキーは、そうした考え方自体が専制体制にのっとっており、民主主義に反すると抗議した（ビギ『議事録』一〇二～一〇四頁）。

もちろんイスハキーとトゥクタ－ロフは、タタール人の宗教と民族性の擁護を謳った。しかし同時に彼らは、他民族の労働者や農民との同盟が不可欠であると説く。これは社会主義の影響もさることながら、自分たちが生きていた都市の青少年の実生活も反映しているだろう。タタール人は三百年来の専制の抑圧で委縮し、ロシア人に不信の目を向けている。しかし、ロシア人もまた同様に抑圧されてきたのであり、いまやロシア人、ポーランド人、ユダヤ人、アルメニア人、フィンランド人と共に革命に参加しなければならない(『暁の星』30.06.1906: 2)。こうした観点からすれば、宗教だけを拠り所にする全ロシア・ムスリム連盟が階級的矛盾をかかえていることは明らかだった。彼らによれば、イマームたちも資本家の利益を援護しているにすぎない。第三回ムスリム大会の場でも、彼らは政治・経済問題を連盟の綱領から削除し、今は政党よりも、タタール語で政治・経済について説明する書籍を普及させる協会をつくることが先決だと執拗に要求した。連盟の使命が宗教の擁護と教育の普及にあるならば、一方に資本家と地主、他方に労働者と農民のように分かれることなく団結できるはずだった(『暁の星』22.08.1906: 2; 31.08.1906: 2)。

さらに『暁の星』は、民族性の過度の強調が民族対立を生み、政府は反革命のためにそれを利用していると警告する。編集部が注視したのは、前年来続く南コーカサスのアルメニア人とアゼルバイジャン人との衝突だ。彼らによればこの「民族戦争」では、両民族の資本家が利益を得るために労働者と農民の目を民族・宗教の染料で染め、階級の利益を忘れさせることによって両民族の貧民の血が流れているのだった。つまり、官僚と資本家はコーカサスの革命を無力化しようとしており、「官僚は〔犠牲者の〕頭蓋骨によって専制権力の礎を強固にしている」。じつはこの警告は、第一国会の無党派のタタール人議員が立憲民主党《カデット》より左の勤労者グループ(トルドヴィキ)ではなく、自治主義者同盟に合流したことにも向けられていた(『暁の星』29.05.1906: 1-2; 16.09.1906: 1)。では、社会主義に傾倒する青年たちは、諸民族と階級の利害を調整することが期待された国会とそのムスリム議員をどのようにみていたのだろうか。

ムスリム国会議員論

ロシア帝国各地のムスリム社会もそれぞれの思いを込めて、議員を帝都に送った。ムスリム議員数は、第一国会(一九〇六年四月二十七日~七月八日)で二五名、第二国会(〇七年二月二十日~六月二日)で三七名、第三国会(〇七年十一月一日~一二年六月九日)で一〇名、第四国会(一二年十一月十五日~一七年十月六日)で六名だった。一九〇七年六月三日法に基づく第三、第四国会では、議員のほとんどがヴォルガ・ウラル地域の選出となったが、それ以前の会期ではまだ地域的な多様性がみられた。例えば、ムスリム議員が最多だった第二国会では、ヴォルガ・ウラル地域から一六名、コーカサスから九名、カザフ草原から六名、トルキスタンから五名、クリミア半島から一名を数えた。

一九〇五年革命は、ウラマー、商人、ムスリム官僚に加え、国会議員と社会主義者の若者にムスリム社会の将来について語る機会を開いた。とりわけ、若者は出版の機会をつかむことで、公共の言論空間に躍り出て新旧の権威と互角に渡り合えるようになった。国会議員にはウラマー、商人、ムスリム官僚が選ばれたから、若者の声には新しい時代における権威の競合の一側面が映し出されている。そこで以下では、『暁の星』の編集部の一人フアド・トゥクターロフが一九〇九年に「悪人《ウサル》」の筆名で著した『第一、第二、第三国会のムスリム議員とその実績』に描かれるムスリム国会議員の姿をみてみたい。

トゥクターロフは、イスラーム世界の文明化の成熟度を測る指標としてロシアのムスリム議員の存在を位置付ける。林檎の上枝で熟した林檎の味からその木に生る林檎の味が判断できるように、ロシア・ムスリムの政治的・文化的素養はこんにちの全イスラーム世界がもつ政治的・文化的な準備態勢を指し示すものだという。イスラームとヨーロッパ文明の両立可能性について思考する点で、彼の論は首都の

第二国会のムスリム議員

アフンド、ガタウッラー・バヤズィトフとも相通じる。しかしトゥクターロフは、イスラーム世界の議会政治の将来を極めて悲観的にみていた。彼は、三〇年前に数カ月続いたオスマン帝国の議会を除けば、ロシア・ムスリムが議会政治にもっとも精通していると位置付けつつも、ムスリム議員を描く彼の筆致は極めて否定的だからである(四～七頁)。

たしかにトゥクターロフは、第三回全ロシア・ムスリム大会の幹部の半数以上が選ばれたのだから、国会議員には最良の役者がそろったのだとみなす(八～一〇頁)。しかし彼は、自分の眼に不適任と映った人物を酷評する。とりわけロシア語もできないのに議員になったイマームに対しては手厳しい。例えば、オレンブルク近郊のカルガルのイマームで、一九〇五年には地元のウラマーの意見の取りまとめに奔走したハイルッラー・ウスマーニーは、ロシア語は片言で、署名ができる程度だったという。トゥクターロフは、オレンブルクの人々がこのような人物を議員に選んだことを国会への侮辱だとさえ述べる(一六一〜一六二頁)。また、中央アジア出身者に対する侮蔑は甚だしい。現代世界で生存権を得るには政治と文化に通暁していることが第一の条件だが、それが欠けているトルキスタンの人々には国会はなんの価値もないのだった(二〇八〜二〇九、二一四頁)。

その一方でトゥクターロフは、中等・高等教育機関修了者には敬意を表する。モスクワ大学の卒業生でウファ県選出のサリムギレイ・ジャンチュリンは、調停判事やゼムストヴォ議員を歴任し高い官職に就く将来もあったが、職位を投げ打ち私財を投じて人民に尽くしている(一一四〜一一六頁)。アブデュルレシト・メフディエフは、クリミア半島のシンフェロポリにあったタタール師範学校の卒業生で、「タタール人議員のなかで最良の一人」だった(一九三〜一九四頁)。カザフ人のなかでもっとも知的な人物と評されるのは、カザン大学の卒業生でトゥルガイ州選出のアフマド・ビルムジャノフだ(二〇〇頁)。トゥクターロフは南東コーカサス出身者にも称賛を惜しまない。サンクトペテルブルク大学法学部卒のアリーマルダン・トプチバシは、「ロシア・ムスリムのなかでもっとも高潔で、知的で有能な人物の一人」であり、モスクワ大学法学部卒でエカチェリノダール(現クラスノダール)地方裁判所の検事補も務めたハリール・ハスムハンマドフは、「国会のムスリム会派でもっとも有能な構成員の一人」だった(一六五〜一六七、一八九〜一九〇頁)。

では、実際のムスリム議員の活動はどうだったか。初めて国会が開かれるとタタール人は国会議員を格別な尊敬の眼差しで眺めた。なぜなら彼らは、自分たちの上に立つ官僚はロシア人だけであることに慣れてきたからだ。タタール人のあいだには、国会議員は知事よりも大物で、皇帝と一緒に座っているから皇帝と同等なのだろうという考えが広まったという。トゥクターロフは、まさにそのせいで議員たちが慢心に陥ったのだと難じる(三五〜三六頁)。彼にしてみれば、議員たちの自己過信にはまったく根拠がないのだった。ウファ県選出のイマーム、ジャマルッディン・フラムシンらは、国会の演説を聞いているうちに自分も弁舌を振るいたくなり、トゥクターロフに演説の原稿執筆を依頼する。テーマは何にするのかと彼がしぶしぶ尋ねると、それが分かっていればお前には頼まない、お前が決めてくれという始末。原稿が完成すると、椅子の上に立って懸命にリハーサルしたものの、原稿を暗記するまでに国会は解散してしまうのだった(六〇、一二〇〜一二二頁)。

ムスリムで会派をつくるという発想も弱かった。カザン控訴院の法律家で前年四月に宗務協議会の改革案の取りまとめにも参画したサイドギレイ・アルキンがまず試みるが、ウファ県の貴族シャーハイダル・スィルトラノフは自分と反りが合わない者に敵対的で、会派結成を妨げた。続いてトプチバシが結束をはかるが、会派の集まりに多くの議員は来ない(三九〜四四、一一七〜一一九頁)。国会の解散後、ヴィボルグの檄に署名したのは、カザン県選出のアルキン、ウファ県選出のジャンチュリンと弁護士のアブースウード・アフチャモフ、バクー県選出のトプチバシ、エリサヴェトポリ県(バクー県の西隣)選出でチフリス(現トビリシ)地方裁判所の検事補イスマイルハン・ズィヤトハノフ、そしてセミパラチンスク州選出で国会解散の日に首都に着いたアリハン・ボケイハンの計六名にとどまった。彼らは後日、刑務所に三カ月服役し、なかには公職から二年間追放された者もいる。

第二国会ではムスリム議員の活動がもっとも活発だった。議員数でも存在感があったため、立憲民主党《カデット》の支持で、カザン県選出のサドリ・マクスーディー(一八七九〜一九五七)が国会の五名の書記補佐の一人に選ばれた(四五～四六頁)。彼は、カザンのマドラサとタタール師範学校をへて、パリのソルボンヌ大学法学部に四年間留学した経歴をもっていた。もっともトゥクターロフは、ほぼ同期のマクスーディーの時に尊大な態度に鼻持ちならなかったようだが(一〇三～一〇六頁)。たしかに、会期中は各地から代表者が訪れ、請願書も多数寄せられ、ロシア・ムスリムの新しい権威が出現したかのようであった(六二～六三頁)。しかし、ムスリム議員には取り組むべき課題や政治戦術について依然として共通の理解が欠如し、ロシア語とテュルク語半々でいがみ合っていた(四七～五〇頁)。

はたしてムスリム議員は二つに分裂する。一つはトプチバシ主導のムスリム会派、もう一つはほかならぬトゥクターロフが焚き付けてトルドヴィキの綱領を採用したグループだ。しかし、ムスリム会派が金曜日を休日にするための法案と広範な抗議を惹起した三月三十一日法の改正法案を作成できたのに対して、ムスリム・トルドヴィキ六名のうち四名には、国会の演説を理解するロシア語力も、法案をつくる作文力もなかった。彼らはかろうじてタタール語の新聞『ドゥーマ(国会)』を六号発行できたにすぎない。これについてトゥクターロフは、ロシアのムスリム共同体《ミッレト》が独自の政治を展開できる歴史的発展段階に達していないのだと責任を逃れようとする。そして、『暁の星』の立場を繰り返して開き直る。ロシア・ムスリムの啓蒙には数カ月どころか何年もかかるから、国会で各ムスリムは、自身の階級の利益を踏まえて思想と信条に合致する会派と組織に登録して、祖国を同じくするロシア人とその他の諸民族と一緒に行動しなければならないのだと(五〇～五九頁)。

したがって、一九〇七年六月三日法はトゥクターロフにとって悲劇というよりも、一九〇五年革命がムスリム社会で引き起こした権威をめぐる政治の清算にほかならない。

ロシア・ムスリムの状況とムスリム議員をよく知らないヨーロッパ人がムスリムの新聞を読み、ムスリムの政治家と面談するならば、この法律が哀れなムスリムに破滅的であり、ムスリムは今よりもっと虐げられることになるだろうと疑いなく考えるだろう。しかし、嘆き悲しんでいるのは、ハンやアミールの圧政から逃れてロシアの官僚の庇護を受けただけでなく、首都に一等車両で赴き、三頭立ての馬車に乗り、先祖がみたこともない尊敬と進物を得た者である。また、尊師《ダームッラー》や富豪《バイ》と呼ばれ尊敬されている人々を自分の笛で踊らせることのできた政治屋も嘆いている。全国家と民族の利益の面からのみ判断するなら、これらの諸氏を国会から追放することは絶対に必要なのだ(六九〜七二頁を要約)。

国会は、ロシア・ムスリムという政治単位を可視化した。しかし同時にそれが明るみに出したのは、帝国のムスリム地域の多様性であり、その各地域で展開していた新旧の権威の変転と競合なのであった。

5 ムスリム公共圏のその後

一九一四年に二人の人物が一九〇五年革命を振り返っている。一人は、全ロシア・ムスリム連盟結成に深くかかわったウラマー、ムーサー・ビギだ。この年には、四月末から五月初旬に中央政府でもイスラーム行政を総合的に検討する省庁間の特別審議会が設けられ、六月半ばにはそれに対抗すべく、国会のムスリム議員が各地の代表を集めて改革法案を作成する会議を開いた。したがってタタール語の新聞・雑誌では、ムスリム共同体と国家との関係をめぐる議論が活況を呈した。ビギは国会議員の会合に合わせて、九年前に提起され、その後実現しなかったムスリム政党の構想と宗務協議会の改革論を三百頁近い資料集に整理している。ただ、それが出版されたのは大戦のまっただなかだったので、ビギは「終戦後ムスリムの手元に備えがあるように」と期待するにとどまった。

一九〇五年を振り返ったもう一人は、かつて社会主義に魅せられていた青年で、オレンブルクのフサイニィエ・マドラサでタタール文学を教えていたジャマルッディン・ヴァリドフ(一八八七～一九三二)だ。彼は『民族と民族性』と名づけた小冊子のなかで、一九〇五年は民族の歴史の始まりだったと強調する。「この年にわれわれのもとでどれほど新しい概念が理解され、新しい考え方が生まれ、どれほどの運動や献身が実現したことだろうか」。しかし、革命のなかで民族意識は混濁していた。

> この時われわれのなかで、ロシア民族を全体としてみている者は少なかった。むしろわれらが青年たちは、勤労者党《トルドヴィキ》、立憲民主党《カデット》、十月党員《オクチャブリスト》、〔右翼の〕「真のロシア人」という政党の状態でロシア人を眺めていた。そのためタタール人も同様なかたちで分けたがった。経済的な必要を民族的な必要から切り離して前者を優先させる者、ありもしないタタール人資本主義に対して戦闘を始めた者もいた。つまりわれわれはその時、ロシア人にあったあらゆる運動に追従していたのだ。

ヴァリドフによれば、タタール人は革命後、民族として結集する道を歩んでいる。そして、被支配民族が多民族のなかで分解しないためには宗教のもつ社会的活力が不可欠であるから、宗務協議会の抜本的な改革が求められるのだった(三八～四〇頁)。

ヴァリドフの言葉は、ムスリム公共圏のなかに民族の発想が生起していたことを示している。それと並んで興味深いのは、ウラマーとかつての社会主義者の青年が宗務協議会の改革の必要性で一致していることである。それは革命後、すなわち帝政最後の一〇年間に、政府がロシア正教会やロシア人の利益にますます肩入れするようになり、多くのロシア人知識人も、多宗教・多民族に寛容な帝国を維持することが割に合わないと考えるようになったことと無関係ではない。ムスリム知識人はこれに抗して、一九〇五年革命時に政府が出した信仰の自由に関する法令に依拠しながら、既存の法の枠内でムスリム共同体の利益を最大化する交渉に臨むことになった。また、ヴァリドフ自身が『民族と民族性』のなかで言及するように、バルカン戦争の衝撃も無視できない。それは何よりも、多宗教・多民族を統合してきたオスマン主義の破綻にほかならず、諸民族が教育、文化、経済、保健衛生を総動員して生存競争を繰り広げているかのように映ったからだ。かくして、ロシア内地のムスリム知識人のあいだにも民族というまとまりに対する感覚が尖鋭化することになった。

とはいえ、ロシア・ムスリムという運動単位がただちに民族に取って代わられたわけではない。第一次世界大戦でロシア内地のムスリム社会も総力戦体制に組み込まれると、ロシア・ムスリムの結合の重要性はむしろ高まった。一九一五年二月には、首都ペトログラードのムスリム慈善協会や国会議員の主導で、帝国各地の慈善協会と連携して銃後の福祉を効率的に組織すべく、「兵士とその家族を援助する臨時ムスリム委員会」が結成された。もちろんこの結成には内務省の承認があった。一九〇五年革命時にロシア・ムスリムという水平方向の紐帯を警戒し、その後そこに汎イスラーム主義の脅威を見出した内務省でさえ、総力戦体制のなかではムスリムの自発的な組織力に依存しなければならなかったのである。ちなみにこの臨時ムスリム委員会を率いたのは、一九〇五年革命時に市民社会の組織者となることを選んだアブドゥルアズィーズ・ダウレトシンである。

一九一七年二月末に首都で革命が起こり、臨時政府が成立すると、多くのムスリム知識人が一九〇五年革命の経験を羅針盤にしようとした。ムーサー・ビギは前述の資料集を再版し、その扉につぎのように記した。「こんにち自由の太陽が正義の地平の上に姿をみせた。進歩の道に困難や障害はなくなった。ロシア・ムスリムの生活に全面的な革命の時が到来した。マクタブ・マドラサの革命、宗務協議会の革命、家庭の大きな革命、イスラーム法学の大きな革命」。また、元そして現職ムスリム国会議員も、五月初旬にモスクワで全ロシア・ムスリム大会を招集すべく、各地の指導者と連携をはかった。しかし、ロシア・ムスリムを統合する政治運動が実現することはなかった。帝政の崩壊はムスリムという宗派に基づく政治単位の正統性も失わせたのであり、その枠組みを前提としてきたムスリム公共圏も減退した。新しい政治空間で躍動し始めたのは、ムスリム公共圏の内部で生育してきた民族の言論の担い手たちである。

COLUMN

ロシア軍の従軍イマーム

軍隊は帝国の縮図だ。ロシア軍のなかにもさまざまな宗教の兵士が勤務した。基本的に彼らは民族別の部隊をもつことはなく混成だったものの、信仰ごとに特別な聖職者が配置されていた。ムスリム兵士も例外ではない。従軍イマームが最初に設置されたのは、一七九八年にカントンを行政単位とする軍政がバシキール人に対して布《し》かれた時だ。そして十九世紀半ばまでは、ムスリム兵士が駐屯する都市に配置された。しかし一八九六年に、イスラームの儀礼は各人でおこなうことが可能という理由で、従軍イマーム職はいったん廃止された。日露戦争はその必要性をムスリム社会と軍に痛感させる契機となった。

日露戦争時には、三軍からなる満洲軍の司令部に各一名のイマーム、沿海州軍管区に一名のイマームが急遽任命され、彼らは軍に召集されたイマームをみつけると、自らの管轄内の病院につぎつぎと派遣した。ウファの宗務協議会は、内務省を介して公認の従軍イマームを推挙した。そして彼らが任務に就くと、その業務内容を記載する帳簿を送り、軍内で保障されるべきイスラームの祭日の日付を電報で伝え、要望に応じて聖職者にふさわしい衣服や被り物、クルアーンを始めとする宗教書も供給した。

従軍イマームが宗務協議会に送った報告書からはムスリム兵士の状況をうかがい知ることができる。第三満洲軍の従軍イマームに任命されたガイサ・ラスーレフは、オレンブルク県トロイツク郡の高位聖職者《アフンド》として、周辺地域で募金活動を展開するなどすでに戦時協力に積極的だった。彼は一九〇四年末にハバロフスクを発ち、ハルビンを経由して翌年一月十日に任地の奉天に到着した。二月二日には宗務協議会からの電報に基づいて、巡礼月の犠牲祭を宣言した。この町には漢語を話すムスリム(回民)のモスクが三つあり、そのうちジャマルッディンという若いアホン(導師)のいるモスクで、百名ほどのムスリム兵士も祭日の礼拝に参加した。ラスーレフは、回民の礼拝の仕方、モスクの建築様式、葬儀、被り物をしない女性、回民の商魂の逞しさなども記録する。しかし、一〇日後には日本軍との激しい戦闘に巻き込まれ、彼は捕虜になってしまう。二週間後、ロシア軍の戦闘員は日本へ送られ、ラスーレフら非戦闘員は釈放され、日本軍の監視下、ロシア軍の最前線まで無事に護送された(『ヌル』03.11.1905: 2-3; 06.11.1905: 2-3; 06.12.1905: 4)。ラスーレフは、戦時の活動に対して一九〇六年四月に首都で聖スタニスラフ三位勲章を授与されている。

　ウファ郡出身で沿海州軍管区の従軍イマームとなったギルファン・ラフマンクロフは一九〇五年十一月十六日の報告書のなかで、ウラジヴォストークでのラマダーン月の模様を伝える。それによれば、彼が軍管区内のすべての司令部と要塞に連絡したので、ムスリム兵士はこの月の特別な礼拝(タラーウィーフ)と断食を自由におこなうことができた。ムスリムの多い連隊では、兵士自身が家畜を屠《ほふ》って別個の鍋で食事をつくる光景もみられた。十月末から十一月初頭にかけてウラジヴォストークでは兵士の反乱が起こったが、ムスリムは加担せず鎮圧する側に立った。ラフマンクロフは、自分たちイマームの訓戒が兵士のあいだに浸透し、ムスリム兵士の優秀さを際立たせたと自負する。十一月十五日に断食明けが宣言されると、兵士には三日間自由が与えられた。ウラジヴォストークでは千五百人以上のムスリム兵士が祝祭に集ったという(ЦИА РБ/И-295/11/715/131-132)。その後ラフマンクロフは日本を観光に訪れ、シンガポール、インド洋、紅海をへて、カイロに赴く(『ワクト』14.10.1906: 1-2)。

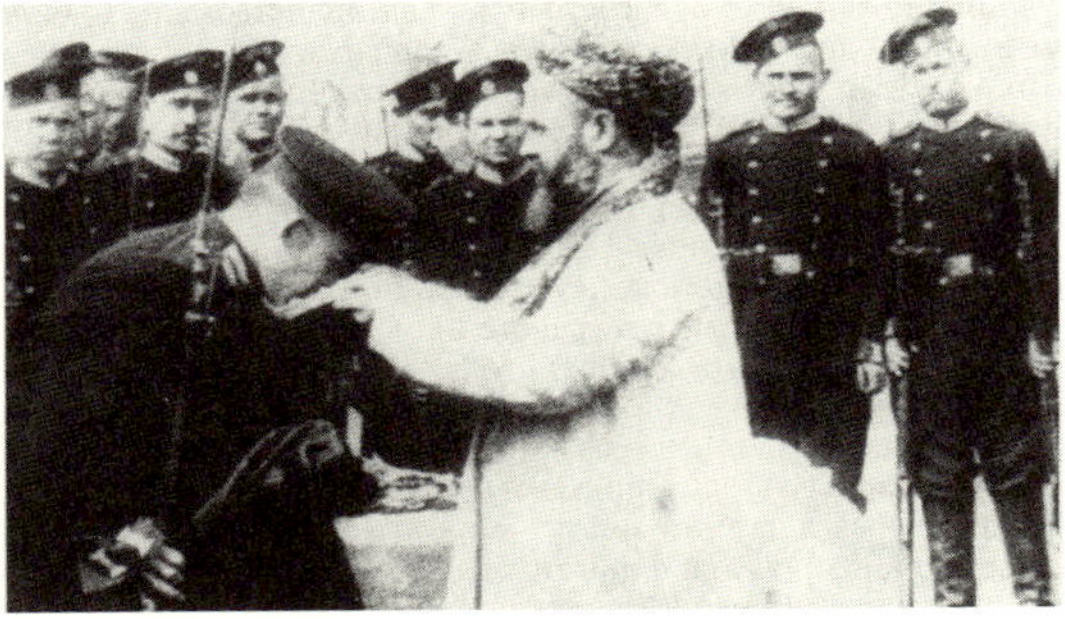

モスクワ軍管区の従軍イマーム

従軍イマーム職は戦後、陸軍省、内務省、宗務協議会のあいだで正式な復活が検討され、一九〇八年六月十九日にツァーリの裁可で定員規定が確定した。それによれば、九千人のムスリム兵士がいるワルシャワ軍管区に二名、八千人のムスリム兵がいる北西部のヴィリナ(ヴィルニュス)軍管区に二名、三千人をかかえるキエフ軍管区に二名、モスクワ軍管区に一名、沿アムール軍管区に二名が設置された。

三章　イクバールのロンドン

山根　聡

1　インド・ムスリムの覚醒

ベンガル分割令とムスリム

一九〇五年九月、二十八歳のムハンマド・イクバール(一八七七～一九三八)は、イギリス植民地下の北西インド、パンジャーブの都市ラーホールから、留学のためイギリスへ向かった。ウルドゥー語による詩作で祖国愛を謳ってすでに名声を得ていたインドのムスリム青年イクバールにとって、ヨーロッパ留学は彼の政治的志向を変えるものであった。彼は留学からの帰国後、ムスリムとしての団結や自立を訴え、南アジアにおけるムスリム国家像を提示した「大学者(アッラーマ)」としてパキスタンで尊敬を集めることとなる。そしてイクバールが思想的転換の契機を迎えたまさにこの年は、インドのムスリムの政治運動にとっても大きな転換点であった。

一八九九年にインド総督兼副王となったカーゾン総督(一八五九～一九二五)は、一九〇三年、イギリスの植民地支配に対する抵抗が激しいベンガル州の勢力を宗教別に分断させる目的でベンガル分割を計画、〇五年にこれを施行した。これによりベンガル州は東ベンガル・アッサム州と西のベンガル州に分割された。ベンガル分割により地域ごとの宗教人口比に差が生まれたことから、とくにヒンドゥーの激しい反発が起こり、インドにおける唯一の政党であったインド国民会議派のなかから急進派が分かれていった。他方、ムスリムは翌〇六年に全インド・ムスリム連盟を結成、ベンガル分割を利用してムスリムの権益擁護を掲げた。このようなムスリム政党の結成は、ヒンドゥーとムスリムの政治的分離を招いた。

分割令による政治的混乱の結果、一九一一年にイギリスの新国王ジョージ五世がデリー接見式典においてベンガル分割令の取り消しを宣言、二州はベンガル州、ビハール＝チョーター＝ナーグプル＝オリッサ州、アッサムの三州に再編されたが、ヒンドゥーとムスリムの政治的対立の火種が消え去ることはなかった。ヒンドゥーとムスリムの政治運動は、一六年のラクナウー協定によってインド国民会議派と

ムハンマド・イクバール
ペルシア語詩集『自我の秘義』(1915年)，『忘我の秘密』(1918年)，『東洋へのメッセージ』(1923年)，『ペルシア詩篇』(1927年)，『ジャーヴェードの書』(1932年)，ウルドゥー語詩集『旅立ちの鈴の音』(1924年)，『ガブリエルの翼』(1935年)，『モーセの一撃』(1936年)，『ヒジャーズの贈り物』(1938年）を発表した。

ムスリム連盟のあいだでインドの完全自治をめざし、分離選挙制を承認することで合意が成立したり、一九年に始まった「ヒラーファト運動」において反英路線で協調したこともあったが、ヒラーファト運動挫折後に両者間の対立は深まった。ヒンドゥーとムスリムの政治運動は、イギリスとの政治的交渉のなかで、四七年のインド・パキスタン分離独立にいたったのである。

一九〇五年は植民地インドにおいて、とくにムスリムの政治運動における大きな分岐点であった。なぜなら、この時点までムスリムはヒンドゥーとともに「インド人」として自治獲得運動に参画し、ムスリム社会の近代化運動を進めてきていたが、ベンガル分割令を機会にムスリムの政党を結成したことで、「インドのムスリム」として、イスラームを紐帯《ちゅうたい》とした政治運動を展開したからである。政治運動のこの大きな渦のなかに、イクバールは身をおいていた。

イクバールとムスリムの自治構想

イクバールは一八七七年、カシュミール山麓の町スィヤールコートの宗教心のあついスンナ派ムスリムの家庭に五人兄弟の長男として生まれた。幼少期をこの町で過ごしたのちラーホールのガヴァメント・カレッジに進学、九九年、哲学の修士号を得た。その後一九〇五年から〇八年までの約四年間、イギリスとドイツに学んだ。留学中、ケンブリッジ大学で哲学を学び、〇七年にはドイツのミュンヘン大学で哲学の博士号を取得、さらに帰国直前の〇八年にはイギリスのリンカーンズ・インで弁護士資格を取得した。帰国直前にロンドンで結成された全インド・ムスリム連盟イギリス支部に加わり、帰国後もパンジャーブ・ムスリム連盟の共同幹事に就任した。二三年にはイギリス国王からナイトの称号を受け

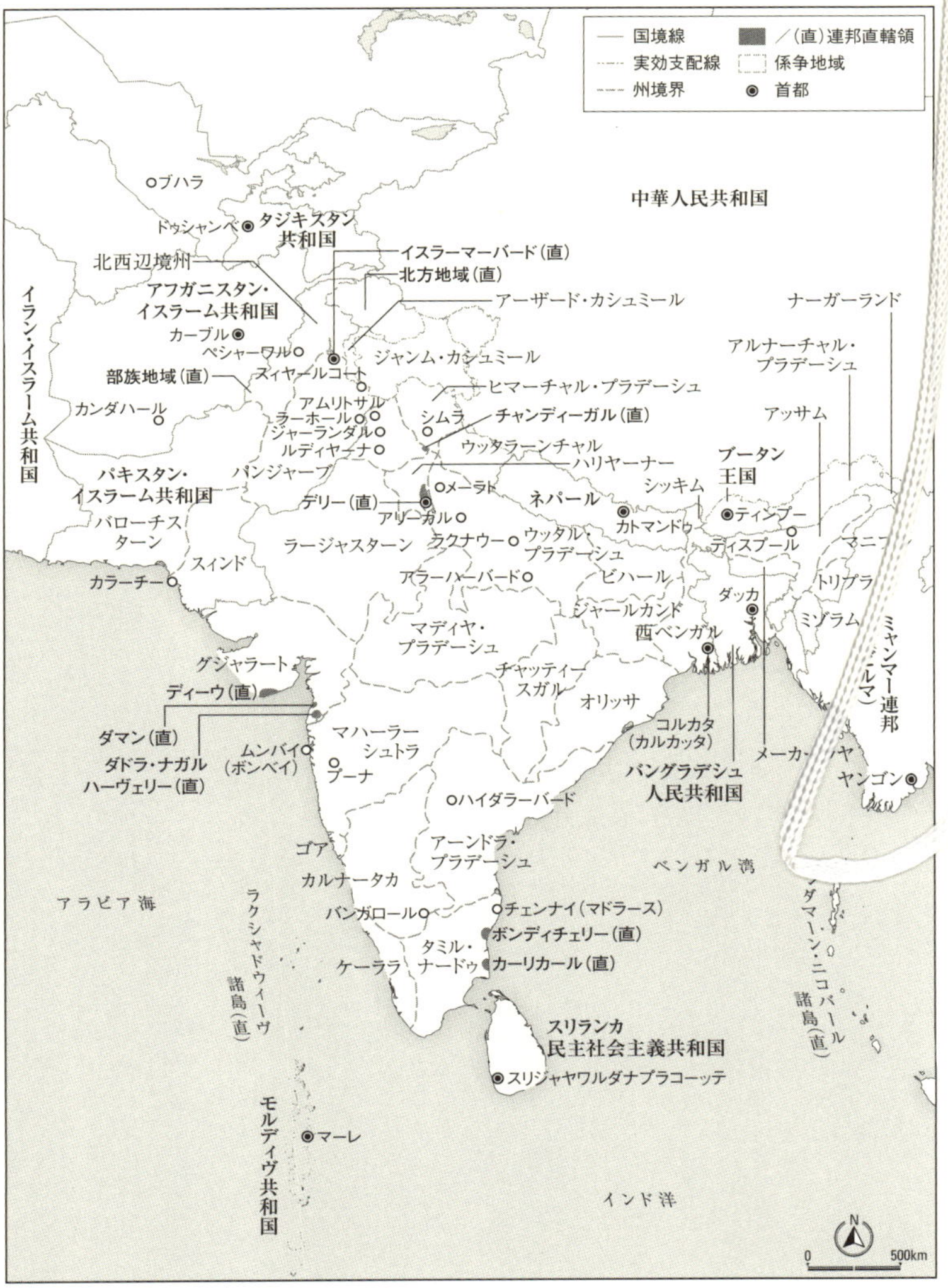

現在のインドとその周辺

ている。二六年にはパンジャーブ立法議会議員選挙に出馬して当選、分裂の状態にあったムスリム連盟内の保守派に属しながら、ムスリムとしての自我確立と自立を訴える詩を発表した。

一九三〇年十二月二十九日と三十日の二日間、インド北中部の町アラーハーバードで全インド・ムスリム連盟の年次大会が開催された際、イクバールは大会議長として参加、演説において、「私は、パンジャーブ、北西辺境州、スィンド、バローチスターンが合併して、単一の国家になるように望んでいる。イギリス帝国内の自治であれ、帝国からの離脱であれ、北西インド＝ムスリム統合国家を形成することが、少なくとも北西インドのムスリムの最終的に行き着く運命であるように思われる」と発言した。この発言はパキスタン独立後、「パキスタン構想」の基盤となったと評価されることになるが、この演説でイクバールが提唱したのは北西インドのムスリムを対象に絞った国家構想であり、しかもイギリスからの独立を明言したものではなく、連邦制、あるいは「国家連合としてのインド」のなかのムスリム国家像であり、パキスタン構想に直接結びつくものではなかった。しかし本大会から一〇年後の一九四〇年三月二十三日、ムスリム連盟議長ムハンマド・アリー・ジンナー（一八七六〜一九四八）がラーホールでの大会議長演説において、インドはヒンドゥーとムスリムという二つの異なる民族で構成されているという「二民族論」を掲げた。このなかでジンナーはインドの北西部と東部に自治権と主権をもつ独立の諸国家をつくるという「パキスタン決議」を主張、これが四七年八月のインド・パキスタン分離独立に繋った。パキスタンではイクバールとジンナーの別々の発言をパキスタン独立への一連の流れとしてとらえるため、イクバールはパキスタン独立運動の思想的基盤を確立した詩聖として崇敬を集め、テレビや新聞では連日のようにイクバールの詩句が紹介されている。

一九〇五年という年は、インド・ムスリムの政治活動の「きっかけ」となったが、ベンガル分割令以前に、両者の分化は萌芽期にあった。その流れは一九〇五年から約半世紀前の一八五八年のイギリスによるインドの直接統治開始に遡ることができる。そして、一九〇五年から半世紀後の五六年には、インドとともに独立したパキスタンで憲法が制定された。すなわち、一九〇五年をはさむ約一世紀は、インド・ムスリムの政治運動が開花し、結実した時期であった。

パキスタン独立後に続く二十世紀後半、南アジアのムスリムは世界各地に移民として進出、各地にコミュニティを確立して広範な社会経済ネットワークを確立しただけでなく、パキスタンの思想家がジハード論やイスラーム金融論などを発表、現代イスラーム世界に多大な影響を与えてきた。一九〇五年のベンガル分割令にともなうインド・ムスリムの一連の政治運動は、ムスリムの政治運動が本格化する一つの分岐点であった。

ベンガル分割に関してはインド独立運動の流れのなかに位置付けた数多くの先行研究がある。本章では、一九〇五年を軸とする時代に生きたムスリム知識層の形成過程と、その代表的存在の一人であるイクバールの軌跡をとおして、植民地インドにおけるインド・ムスリムの政治運動が本格化する経緯を明らかにする。

2 植民地インドにおける近代化とムスリム

近代化と新興知識層

一八五七年五月にデリー近郊の町メーラトでのインド人傭兵による反乱をきっかけに発生したインド大反乱は、その後イギリス軍によって鎮圧され、翌五八年にムガル朝は終焉を告げた。反乱軍への関与の疑いから最後の皇帝バハードゥル・シャー二世はヤンゴンに流刑され、イギリスによる直接支配が開始された。新しい支配者を迎えたインドではイギリスによる近代化が進められ、近代教育を受けた知識層が誕生した。かつて一時的ながらムガル朝の都となり、十八世紀半ば以降スィクによる支配が続いていたラーホールは、一八四九年にパンジャーブ州都に制定された。これを機にラーホールでは急速に近代化が進んだ。それは出版技術や、印刷物を遠隔地に運ぶ交通手段の発展の時期とかさなると同時に、インド・ムスリムの政治・社会的へゲモニーが、没落したデリーからパンジャーブに移りつつあった時でもあった。イクバールが大学生活を送ったラーホールは、近代化のなかで勃興しつつあった活気ある都市であった。

州都制定後、ラーホールにはデリーやカルカッタから書記官や出版人が招かれた。一八五〇年にウルドゥー語新聞『光の山』が発刊されたが、この出版社はムンシー・ハルスク・ラーエというヒンドゥーが運営した。出版社に勤務していたヒンドゥーのムンシー・ナワル・キショールは五一年にインド北中部の古都ラクナウーに移って出版社「ナワル・キショール出版社」を設立、ペルシア語やウルドゥー語の書籍計四〇〇〇点を刊行してイスラーム文学の振興に貢献した。十九世紀後半、パンジャーブでの出版量が激増し、ラーホールのみならず、アムリトサル、スィヤールコート、ルディヤーナ、ジャーランダルなど各都市が出版の拠点となった。出版業界の発展にはイギリス人によるキリスト教布教活動もかかわっており、ジャーランダルでは聖書のウルドゥー語訳などキリスト教関連の書籍が大量に刊行された。宗教書のウルドゥー語訳は、言文一致体の普及において重要な役割をはたした。十九世紀末、デリーで発刊されていた新聞は六〇紙だったが、ラーホールではその約三倍の一九七紙が発刊されていたほどに、ラーホールを中心としたパンジャーブ地方は出版活動の一大中心地へと成長していた。

さらに当時はロシアとイギリスのあいだで「グレート・ゲーム」と呼ばれる中央アジアを舞台とした覇権争いが続いていた。イギリスはパンジャーブをその最前線と位置付け、この地域の人々の啓蒙運動によって親英知識層を形成しようとした。ラーホールでは一八六〇年創立のキング・エドワード医科大学を皮切りに、六四年にはガヴァメント・カレッジとフォアマン・クリスチャン・カレッジ、六六年にはミッション・カレッジ、七〇年にオリエンタル・カレッジ、七五年にメイヨー芸術学校、七六年にラーホール高等学校、八二年にパンジャーブ大学、八六年にエイチソン・カレッジなど高等教育機関がつぎつぎと開設されたうえに、博物館、図書館などが設置された。これら教育機関にはイギリス人が校長や教員として着任し、現地の学生との交流がはかられた。イクバールが学んだガヴァメント・カレッジでは、一八六五年にイギリス人教師の指導のもと文人団体「パンジャーブ協会」が開設され、伝統的な恋愛詩の形式でありながら社会改革をうたう近代詩の試みがおこなわれるなど、ラーホールにおける知識層の成立が促進された。

この当時、デリーの南東一〇〇キロにある町アリーガルを拠点にしてインド・ムスリムの近代化を牽引したサイイド・アフマド・ハーン(一八一七〜九八)が四度もパンジャーブを訪問したことは、パンジャーブのムスリム知識層の急速な台頭を示唆している。アフマド・ハーンはデリーに生まれ、青年期の一八三八年にイギリス側の官職に就いたが、インド大反乱をへて、大反乱の主因はムスリムにあると批判するイギリスとの和解を試みるために『インド大反乱の諸要因』を記した。アフマド・ハーンは親英ムスリム知識層の形成に心血をそそぎ、一八六四年には英語文献のウルドゥー語への翻訳をおこなう「科学協会」を、六七年には「現地語大学」を創設し、ウルドゥー語による近代的科学、自然科学の紹介に努めた。さらに、七〇年にウルドゥー語啓蒙雑誌『倫理の醇化《じゅんか》』を発刊、近代化に関する数多くの随筆を発表した。七五年にはアリーガルの地に「ムハンマダン・アングロ・オリエンタル・カレッジ」を設立して近代教育の振興に努めた。このカレッジはイギリス人を校長に迎え、ヒンドゥー、ムスリムの別を問わず近代的教育を与えた。それまでのインドでは宗教的知識を頂点とする知の体系が宗教ごとに確立されており、進化論など科学教育の導入は少なからず反発を招いた。こうした反動にもかかわらず、同校は一九二〇年にはアリーガル・ムスリム大学へと昇格し、独立後に活躍したインド・パキスタンのエリート層を輩出した。アフマド・ハーンの一連の啓蒙運動は「アリーガル運動」と呼ばれた。

アリーガル運動と同時期、もう一つの重要な潮流が起こった。それは一八六七年にインド北中部の町デーオバンドに創設されたスンナ派ハナフィー学派の学院「知識の家」である。学院は「デーオバンド学院」と通称され、ここに学んだ人々は「デーオバンド学派」と呼ばれる。デーオバンド学院ではウルドゥー語によるイスラーム諸学の教育がおこなわれたが、学院内に近代的な教育機関の組織体制を導

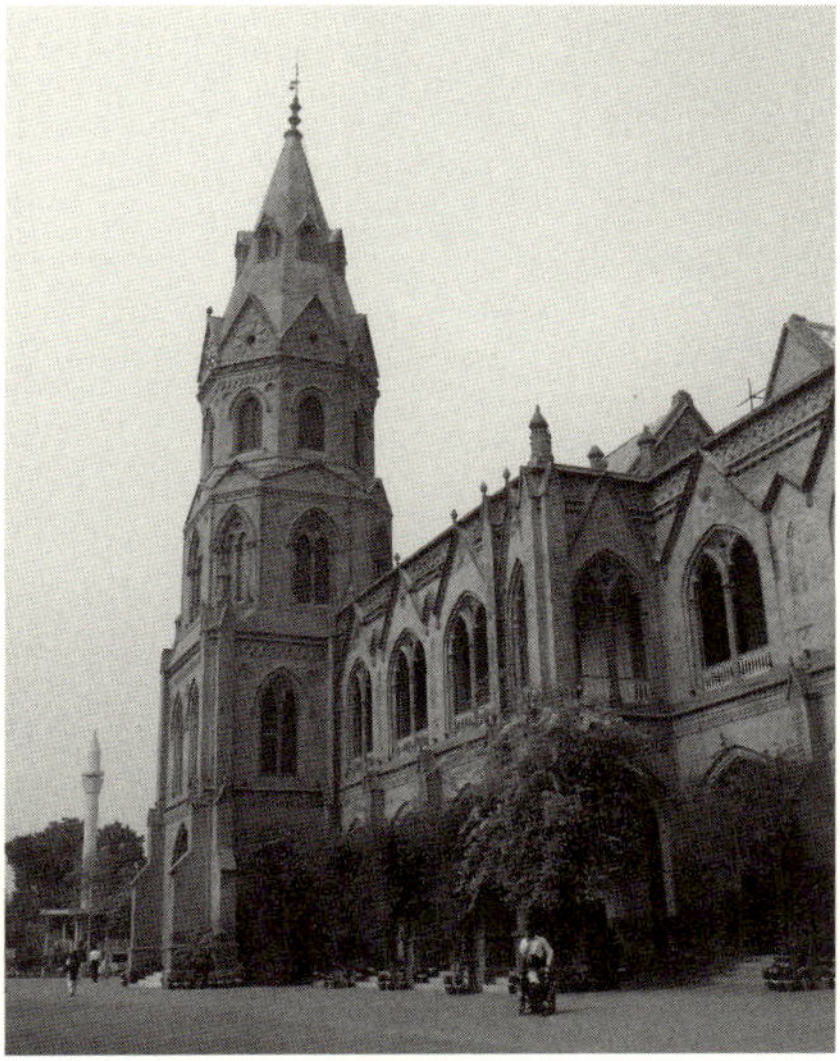

ガヴァメント・カレッジ
パキスタンの首相や官僚，文人らを数多く輩出している。敷地内の寮にはイクバールの部屋が今も残っている。

パンジャーブ大学オリエンタル・カレッジ
1882年にパンジャーブ大学が設立されると，オリエンタル・カレッジは大学の一部となった。

入、ファトワー（ムスリムが守るべき教令）を多数発行してイスラーム復興に大きく貢献した。ここで重要なのは同学院で用いられた教育言語が、口語のウルドゥー語であったという点である。十九世紀半ばの南アジア、とくに北インドでは、文語や教育言語は、宮廷で用いられていたペルシア語からウルドゥー語にかわっており、ウルドゥー語での簡明な表現は、思想や運動の伝搬において大衆への浸透をより促進させた。すなわち、イスラームの知と、近代的教育という西洋の学知の両者の大衆化がウルドゥー語をとおして進められたのである。とくに、二十世紀初頭のファトワーによる反英運動の活性化におけるデーオバンド学院出身の学者の活躍は、インド・ムスリムの政治運動の興隆の象徴的な動きであった。

ウルドゥー語による知の大衆化は、一八九三年、インド北中部の都市ラクナウーに設立されたイスラーム学研究機関「ナドワトゥル・ウラマー」によっても進められた。同機関はイスラーム学研究に関する月刊誌『アル＝ナドワ』を発刊した。ここでは、ウルドゥー詩人で、アフマド・ハーンの熱烈な支持者でもあったシブリー・ノーマーニー（一八五七〜一九一四）が『預言者伝』『ウマル伝』『ガザーリー伝』『ルーミー伝』『ペルシアの詩』など、イスラーム文化における過去の優れた著作を再版するうえで中心的な役割をはたした。シブリーは一八九二年から翌年にかけて中東地域を訪問した際、イスタンブルでオスマン朝カリフ、アブデュルハミト二世より勲章を受け、カイロではムハンマド・アブドゥフ（一八四九〜一九〇五）と面会して汎イスラーム主義の影響を受けていた。シブリーはその後一九一四年にアーザムガルの地に「著述家の家」を開き、ここでも月刊誌『知識』を発行、イスラーム関連の著作を百点以上刊行した。

この時代、交通網の発達によってマッカへの巡礼者の数も増えていた。巡礼者はインドからのみならず、ロシアや中国などからも訪れていた。またアラビア半島への留学者も増え、異なる地域のムスリム間の人的交流や知識の伝達が促進された。同時代の詩人アルターフ・フサイン・ハーリー（一八三七～一九一四）は露土戦争直後の一八七九年、イスラーム世界の凋落を瀕死の病人にたとえて六行詩（通称「ハーリーの六行詩」）に詠んだ。十九世紀末の時点で、インドのムスリムはイスラーム世界全体の危機に共鳴しはじめていたのである。

まさにこの〔生を諦めた病人〕状態が世界のこの民〔ムスリム〕なのだ
その船は渦にはいり巻き込まれ　岸は遠く嵐が立ち塞がり
今にも沈みそうな恐れにある
それでも船上の人々は身動きもせず　船上の人々は気付かず眠りこけている

（『ハーリーの六行詩』）

二十世紀を迎えた時点で北インドのムスリム社会改革運動は多岐にわたったが、すべての運動に共通する二つの点があった。その一つはムスリムという自覚が強調され、国外のムスリムの動態にも反応し始めた点であり、もう一つは、運動の言語としてウルドゥー語が選択されたことである。十九世紀後半、イギリス植民地下のインドではヒンドゥーとムスリムの対立が顕在化し、両者は自らの権益擁護の目的で、それぞれの宗教文化の象徴としての使用言語を選択するにあたって、ムスリムがウルドゥー語を、ヒンドゥーがヒンディー語を選んでいた。ムスリム社会の改革運動においてウルドゥー語が用いられたことは、インド・ムスリムとウルドゥー語の親和性が高まった点で大きな意味をもつ。

北インドのムスリム社会における諸言語の階層

十九世紀後半、インドのムスリムは教育やメディアをとおしてインド各地のムスリム・コミュニティとの連携をとるようになった。だが、インドという広大な地域には、さまざまな言語が用いられており、相互理解のための共通言語が必要であった。北インドのムスリム社会の言語環境は、アラビア語がまずクルアーンの言語として神聖な地位を確保していることに疑う余地はない。教義の解釈など高度な知識を学ぶにあたっては、北インドの場合、アラビア語に加え、ムガル宮廷での公用語であるペルシア語が用いられてきた。したがって十八世紀半ばごろまでは、イスラームに関する文献もアラビア語やペルシア語で書かれたものが多く、なかにはイスラーム世界全体で知られる十一世紀のスーフィー、フジュウィーリーの、ペルシア語による神秘主義に関する著作『隠されたるものの開示』などがあった。アラビア語やペルシア語による著作は、南アジア地域を超えてアラブ世界や中央アジア、ペルシア語文化圏などで現在も読み継がれているものもある。これらの著作を残した学者やスーフィーらの多くがバグダードやガズナなどの出身で、布教のために北インドにきていた。あるいは、南アジアの出身ながら中央アジアのブハラの学院などに学んだスーフィーや学者など、アラビア語やペルシア語文化圏との強い結びつきをもちつつ当代の「知識人」を構成していた。

一方、アラビア語やペルシア語を駆使して活躍した知識人たちの著作が当時の北インドのムスリム大衆に直接伝わることは難しかった。そこでこうした著作に記された思想は、神への絶対的な帰依を親愛なる恋人や夫への愛として表現するヒンドゥー教のバクティなど、土着の宗教思想と混交しながら、ウルドゥー語、パンジャービー語やスィンディー語、ベンガル語などインドの地域諸語の簡明な文体の詩に取り込まれたり、インド音楽の旋律に乗せて歌うカウワーリーのような宗教歌謡に描かれながら社会全体に浸透していた。

十八世紀半ばの北インドにおける諸言語間の関係性を考えると、北インドのムスリム社会ではアラビア語が頂点にあって、その下に宮廷言語としてのペルシア語やテュルク語(チャガタイ語)があった。テュルク語はムガル朝を興したザヒールッディーン・ムハンマド・バーブル(一四八三～一五三〇)が用いた言語であり、宮廷内では王族にこの言語が教授されていた。ムガル期の北インドでは、こうした少数の政治的支配層が用いていた西アジアや中央アジアの諸言語とともに、大衆が用いる現地諸語が共存していた。ウルドゥー語とは北インドで用いられていた口語がアラビア語やペルシア語の音声や文字、語彙や独特の慣用表現、文学スタイルなどを取り込んで発達したものであり、ムガル朝の都デリー界隈で話されていたことから、テュルク語で「軍営」を意味する「ウルドゥー」を冠した「ウルドゥー語」と呼ばれるようになった。「ウルドゥー(軍営)の言葉」という呼称が広まったのは十七世紀半ばのことで、それまでは「インドの言語」という意味の「ヒンダヴィー」などの言語名が用いられていた。一八〇〇年にカルカッタにイギリス人向けの現地語教育機関「フォート・ウィリアム・カレッジ」が設立された当初、おもに教育されていた言語は「ヒンドゥスターニー」と呼ばれたが、実際にはペルシア＝アラビア文字を用いたウルドゥー語であった。イギリス人としては、デリーの「ウルドゥー(軍営)」だけで通用する言語、という言語名よりも「北インド」もしくは「インド」を指す「ヒンドゥスターン」という広大な地域で理解される言語、という呼称を選んだのであった。

これに対し、「ヒンディー」という言語名は、サンスクリット起源の語彙を多用し、デーヴァナーガ

ライターズ・ビルディング
カルカッタの中心地にイギリス人向けの現地語教育機関「フォート・ウィリアム・カレッジ」がおかれ，南アジア諸言語の教科書や読本が100冊以上刊行された。

リー文字（梵字）を用いる言語に用いられた。「ヒンドゥスターニー」という呼称は二十世紀はじめまで用いられたが、ウルドゥー語がインド・イスラーム文化と深くかかわった一方で、「ヒンディー」はヒンドゥー文化との連関性を強めていくことになり、「二つの言語」の差異化が進んだ。二つの言語が宗教的象徴性をもつようになった背景には、ムガル朝では宗教の別を問わずペルシア語が用いられていた体制が崩れ、イギリス植民地下の行政機関で現地語が採用される段階で、使用言語の選択が社会的、経済的な環境や政治的既得権益と直結した経緯があった。

北インドのムスリム社会ではアラビア語を頂点とした言語のヒエラルキーが存在していたが、十九世紀にはいってウルドゥー語や英語の社会的有用性が強まると、アラビア語はマドラサや大学等教育機関での教育に限定されていった。その結果、アラビア語やペルシア語を用いてイスラームを論じる「伝統的知識人」は旧来のモスクやマドラサに固定化され、地域内での尊敬は集めつつも、英語やウルドゥー語などを用いて近代的教育を受けた「新興知識層」が急速に台頭した。彼らの主張は新聞や雑誌をとおしてインド各地に広まり、政治・社会運動を牽引した。イクバールはまさにこの世代の人物であり、知識人のなかで共有されていたペルシア語と、教育やメディアの言語として大衆に急速に広まったウルドゥー語で詩作をおこなったことで、彼の詩想は広く受け入れられた。

宗教コミュニティにおける使用言語の変化は、ヒンドゥー社会においても起こった。神聖な言語であるサンスクリット語を理解し、暗唱するバラモンはヒンドゥー社会における知の頂点にあり、サンスクリット語を読解できない大衆は、地域諸語による神話や歌謡、劇などをとおして教義や神話を理解していたが、植民地下では、デーヴァナーガリー文字で書くヒンディー語や英語の使用に関心が高まった。

宗教復興の流れと言語の政治化

一八七〇年代、北インドの社会ではヒンドゥー、ムスリム、スィクなどの宗教コミュニティのあいだで対立が起こり始めた。宗教コミュニティ間対立と宗教コミュニティにおける社会改革運動がほぼ同時期に起こっていたことは偶然ではない。ヒンドゥーの社会改革運動であるアーリヤ・サマージ運動、ムスリムのアリーガル運動、スィク社会におけるニランカーリー派、ラーダ・ソアーミー派、ナームダーリー派の運動など、他宗教との差異化を強める運動が同時に起こっていた。宗教的な「他者」の明確化とともに宗教的純化運動や復興運動が活性化すると排他性が高まり、差異化がさまざまな現象となって表出した。さらに、イギリス支配下で展開されたキリスト教の布教活動により、各宗教コミュニティ内で危機感が生じ、宗教コミュニティ内の改革運動の活発化を招いた。パンジャーブのムスリムにとっては、アーリヤ・サマージの高まりと、キリスト教布教団体の影響が危機感をもたらした。

キリスト教布教に関しては、十八世紀末まで、イギリスはインドの統治において、ヒンドゥー教とイスラームの法や慣習を維持する方針で、キリスト教の布教は奨励していなかった。しかし、東インド会社のイギリス人が現地のインド人女性と婚姻したことなどによって現地の配偶者の家庭に利益をもたらして会社に不利益が生じたことで、会社はインド人や、イギリス人とインド人のあいだに生まれた子どもの不採用を決定、イギリス人をインド人と隔絶した地区に居住させて、インド人との交流を制限した。先述のフォート・ウィリアム・カレッジ設立時には「われわれ〔イギリス人〕はもはや商人ではなく、行政者である」と述べて、現地語理解とともに、キリスト教的倫理観と良き慣習を持った若者を育てるべきとして、キリスト教的倫理観の教育が強調された。この方針をイギリスの福音主義者が支持したことで、東インド会社には福音主義者の資本が投入され、インド各地でのキリスト教布教が活発化した。

一八四一年、カシュミールのシムラにキリスト教系の学校ができたころ、キリスト教への改宗者が出るようになり、八三年にはラーホールのムスリム女性が自分の子ども三人とともにキリスト教に改宗した。キリスト教への改宗に危機感を感じた結果、八四年にマウラーナー・カーズィー・ハミードゥッディーンの呼びかけでラーホールに「イスラーム擁護協会」が設立され、ムスリム男女の教育に加えてキリスト教布教団体およびヒンドゥー改革運動アーリヤ・サマージからのイスラーム的価値の保護、そしてイスラームへの批判に対し出版や演説で対応するという目標を掲げた。イスラーム擁護協会はパンジャーブの農村各地に人員を派遣してキリスト教やヒンドゥー教への改宗を回避させようとした。さらに孤児院を設立してムスリムの保護もおこなうなど、社会慈善活動を展開した。

十九世紀後半の宗教ごとの社会運動の活発化は、特定の宗教と言語との結びつきを強めるようになった。多言語社会インドにおける宗教コミュニティによる社会運動の活性化は、どの言語で運動を展開するかという点で言語と宗教の関連性を強めた。一八六八年の記録では、中央州で発行された新聞二三紙のうち一七紙がウルドゥー語、四紙がヒンディー語となっており、出版活動におけるウルドゥー語のヒンディー語に対する優位は保たれていたが、同時期に北西州でヒンディー語公用化運動が起こった。これはバーブ・シヴァ・プラサードという学校教師の指導で起こった運動で、運動は地域内に急速に広まった。その結果、アフマド・ハーンの科学協会に勤務していたヒンドゥーが、ペルシア＝アラビア文字、つまりウルドゥーの文字の使用を拒否し、デーヴァナーガリー文字での新聞刊行を要請した。一八七一年、ベンガルでは県司法官がムスリムの言語としてウルドゥー語の採用を示唆したものの、中央州においては公用語をウルドゥー語からヒンディー語に変更するという動きが起こった。

ヒンディー語使用推進の動きにアフマド・ハーンは強く反発し、一八七三年には「ウルドゥー擁護中央委員会」を設立した。彼は演説のなかで、デーヴァナーガリー文字の使用は「インド・ムスリムの教育の進展を阻害する」と発言した。この発言で注意すべきは、彼がウルドゥー語の危機を「インド・ムスリム」の教育の危機と同定した点である。それまで、ペルシア＝アラビア文字、すなわちウルドゥー文字は宗教的差異に関係なく用いられていたが、彼の発言は使用文字（言語）と宗教コミュニティの連結を認めることとなったのである。ウルドゥー語かヒンディー語のいずれを選択するかという議論は、使用文字の問題から、ムスリムかヒンドゥーかという宗教の差異へと変わっていった。言語選択の問題が生まれる背景には、広大なインドを一つの共通語で統一することが不可能であった点があげられる。イギリスが、軍や税制、法、教育での言語の制定を各州に任せたことは、各州内での言語選択が地域の政治的、社会経済的要因の影響を受けて変化する可能性を生み、各地での言語使用にばらつきが生まれることとなった。このことが、言語使用をめぐる宗教間対立に拍車をかける一因となった。

一八八一年四月にはビハール地方の裁判所や公共機関での使用文字がペルシア＝アラビア文字からデーヴァナーガリー文字に変更された。ヒンディー語、すなわちデーヴァナーガリー文字を使用し、サンスクリット系の語彙を多用する動きは、ウルドゥー語擁護の運動とほぼ並行的に加速した。ヒンディー語作家のプラタープ・ナーラーヤン・ミシュラは、ヒンディー語のみならず、ペルシア語、ウルドゥー語にも通じた文人であったが、「諺歌《げんか》百首」のように、アラビア語やペルシア語の語彙を一切排除したヒンディー語作品を発表し、サンスクリット系の語彙による文学の可能性を切り拓いた。九八年には、北西州のアワドにおける公共機関の文字をペルシア＝アラビア文字からデーヴァナーガリー文字に変更する要請が、のちにヒンドゥーへの改宗運動を主導したマダン・モーハン・マーラヴィーヤ（一八六一〜一九四六）によって展開されると、同年、アラーハーバードで「ウルドゥー防衛協会」が設立された。一九〇〇年四月には同州公用語にヒンディー語も加えられた。一九〇〇年、北西州知事アントニー・マクドネルが公共機関でのデーヴァナーガリー文字の使用を認める決議を出すと、北インド各地のムスリムがこの決定に反対する会合を開いた。アフマド・ハーンは〇三年に「ウルドゥー発展協会」を設立、ウルドゥー語の改革や辞書編纂、古典の発刊を始めた。ムスリムの社会運動の高まりにともなってウル

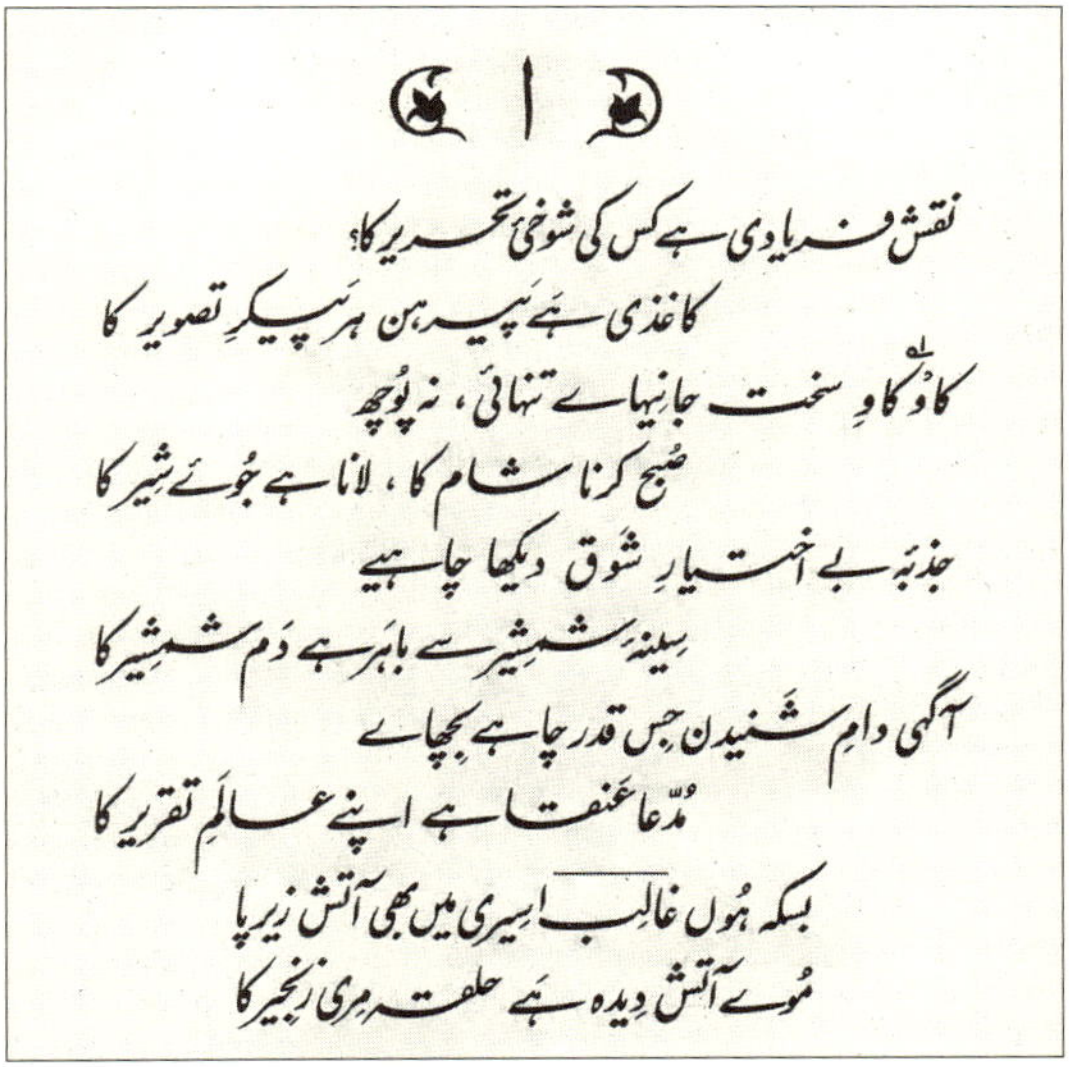
۱

نقش فریادی ہے کس کی شوخئ تحریر کا
کاغذی ہے پیرہن ہر پیکرِ تصویر کا

کاوِ کاوِ سخت جانیہاے تنہائی، نہ پوچھ
صبح کرنا شام کا، لانا ہے جوئے شیر کا

جذبۂ بے اختیارِ شوق دیکھا چاہیے
سینۂ شمشیر سے باہر ہے دمِ شمشیر کا

آگہی دامِ شنیدن جس قدر چاہے بچھائے
مدّعا عنقا ہے اپنے عالمِ تقریر کا

بسکہ ہوں غالب اسیری میں بھی آتش زیرِپا
موئے آتش دیدہ ہے حلقہ مری زنجیر کا

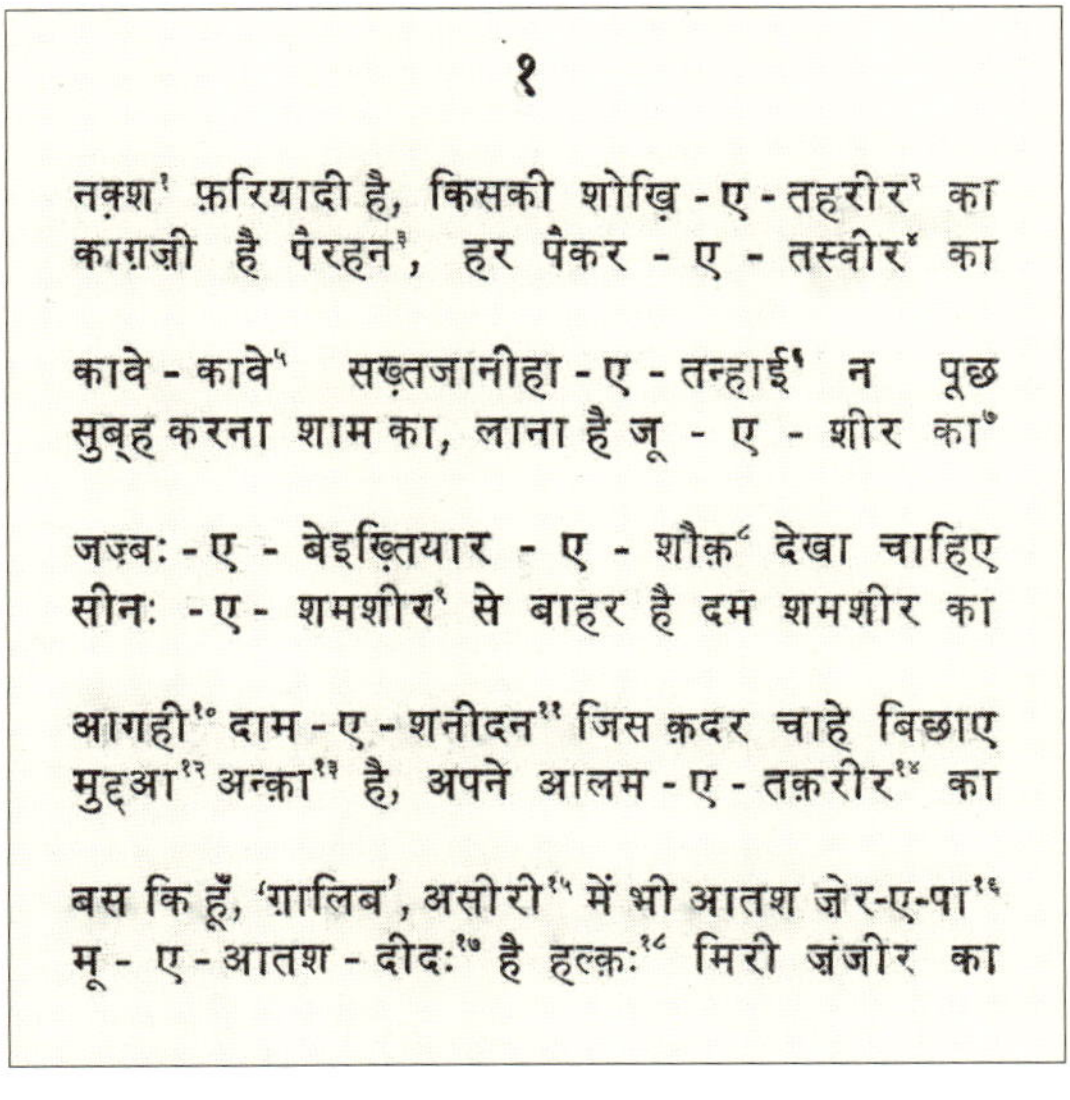
१

नक़्श[1] फ़रियादी है, किसकी शोख़ि-ए-तहरीर[2] का
काग़ज़ी है पैरहन[3], हर पैकर-ए-तस्वीर[4] का

कावे-कावे[5] सख़्तजानीहा-ए-तन्हाई[6] न पूछ
सुब्ह करना शाम का, लाना है जू-ए-शीर का[7]

जज़्ब:-ए-बेइख़्तियार-ए-शौक़[8] देखा चाहिए
सीन:-ए-शमशीर[9] से बाहर है दम शमशीर का

आगही[10] दाम-ए-शनीदन[11] जिस क़दर चाहे बिछाए
मुद्दआ[12] अन्क़ा[13] है, अपने आलम-ए-तक़रीर[14] का

बस कि हूँ, 'ग़ालिब', असीरी[15] में भी आतश ज़ेर-ए-पा[16]
मू-ए-आतश-दीद:[17] है हल्क़:[18] मिरी ज़ंजीर का

ペルシア=アラビア文字(上)とデーヴァナーガリー文字(下)
ウルドゥー古典詩人ガーリブ(1869年没)の詩集の最初の「ガザル」(伝統的な恋愛抒情詩)。
それぞれの文字使用者にとって，まったく異なる文字を学ぶのは労力を要した。

ドゥー語によるイスラーム関係の書籍の刊行も増え、イスラームとウルドゥー語は切っても切れない関係になっていった。

先に述べたイスラーム擁護協会創設はムスリム・コミュニティの危機感の発露であるが、使用言語の擁護は、使用言語に繋がる宗教コミュニティの擁護に直結した。アフマド・ハーンによる「ムスリム教育会議」では、ムスリムの連帯が強調された。一八八九年のパンフレットに収載された演説には、「われわれは自分たちの無能によってサルタナト制のような恩恵や自らを失いつつあり、カウム(一七五頁参照)としての高度な倫理や同朋意識があるにもかかわらず、スンナ派とシーア派などと対立し合って、自分たちのカウムという概念をないがしろにしている」と、ムスリムのコミュニティ内の不和を批判し、内部改革と団結を主張している。宗教コミュニティの自覚が顕在化するなか、ムスリムは自らのコミュニティ保護と維持を強く意識していった。その一つの到達点が、一九〇五年のベンガル分割を契機とした全インド・ムスリム連盟の結成となったのである。

3 ムスリムの自覚とイクバール

カレッジから社会へ

一八七七年にスィヤールコートの仕立屋の家庭に生まれたムハンマド・イクバールは、市内のスコッチ・ミッション・カレッジでアラビア語を教えていたミール・ハサン(一八四四〜一九二九)を家庭教師としてアラビア語などを学んだ。ミール・ハサンはアリーガル運動に感化された人物で、アフマド・ハーンと書簡での交流を持ち続け、アフマド・ハーンのパンジャーブ訪問を出迎えた人物であった。カシュミールの小さな町にありながら、イクバールはアフマド・ハーンやアリーガル運動の息吹をほぼ直接的に感じる少年時代を送っていた。

イクバールはミール・ハサンが勤務していたカレッジに進み、高等教育を受けるために一八九五年にラーホールのガヴァメント・カレッジに入学、哲学を専攻した。ここでは急速に流入する新たな知への関心をもつ若者たちが集い、互いに刺激を与えていた。当時のカレッジの回顧録では、学生数は二五〇人に満たないほどで、同級生や教員が親しくなるのに十分であった。学内で同人団体や雑誌発行、集会などの文化はまだなく、教員と学生が個人的に知り合う環境であった。寮内の食堂はヒンドゥーなどの菜食用とムスリムらの肉食用に分かれていた。イクバールは同郷の友人をとおして同級生たちと親しくなったが、この時友人は、「詩人イクバール」と紹介していた。同級生の回顧録によると、学生寮での食後、同級生はみなイクバールの部屋に集まっていたという。イクバールは一九〇二年の友人宛の書簡で、イギリスの詩人ミルトンの『失楽園』への返答を詩で書きたいと長年望んでいたことを述べている。学生時代のイクバールは、ペルシア語やウルドゥー語の文学の素養とともに英文学を学ぶことで、東洋と西洋の詩想と思想を体得したのだった。

当時カレッジに近いラーホールの旧市街にあるバーティー門のなかの「医師たちのバーザール」は医師や文人が住む地区として知られていた。イクバールは学生寮にはいる前の一時期、この地区にある知人宅に身を寄せたが、地区内の著名な医師の邸宅で詩会が催されていた。イクバールは人前で自作の詩を詠むことを躊躇していたが、入学早々の一八九五年、友人たちの勧めにより、この詩会で詩を披露することとなった。詩会にはラーホールを初めパンジャーブ各地の文人が集まっていて、みなこの若き詩人の作品を褒めた。一八九六年、詩会の噂を聞いて立ち寄ったのが、スィヤールコート出身のアフマド・ディーン・フォウクであった。彼は同郷のイクバールと親しくなり、スィヤールコートがカシュミールの山麓にあったことから「カシュミール・ムスリム協会」を結成、『カシュミール新聞』や『カシュミール・マガジン』を発刊し、協会の集会にイクバールを招いて詩を披露させ、その詩を雑誌に掲載した。こうして青年イクバールはウルドゥー詩の輝かしい新星としてラーホールの文芸サークルで知られるようになった。詩会はラーホールの名士ナワーブ・グラーム・マフブーブ・スブハーニーの庇護のもと、マダン・ゴーパールやハーン・アフマド・フサイン・ハーンなど、文芸愛好者が宗教の別なく集まっていた。

一八九七年、イクバールはオリエンタル・カレッジで英文学とアラビア語の学士号を得た。アラビア語については成績優秀賞を得た。九九年にガヴァメント・カレッジで哲学の修士号を得たが、ここでイクバールは、カレッジで哲学を教授していた東洋学者トーマス・ウォーカー・アーノルド(一八六四〜一九三〇)との知己を得た。アーノルド教授との出会いがイクバールをヨーロッパへの留学へと導いた。アーノルドはサイイド・アフマド・ハーンと親しく、ラーホールにくる前はアリーガル大学で教鞭を執っていた。一八九六年にはアフマド・ハーンの強い要請に基づき、『イスラームの教え』と題する著作をイギリスで発表、当時「片手にクルアーン、片手に剣」と揶揄《やゆ》されていたイスラームについて、その布教が剣によるものでなく、説教によって平和裏におこなわれたことを述べた。イクバールは家庭教師ミール・ハサンとアーノルドをとおしてアフマド・ハーンの近代化運動にふれていた。

アーノルドは一九〇四年にイギリスに帰国、在英インド人学生の教育顧問やインド帝国の顧問をへて、二一年から三〇年までロンドン大学東洋学部でアラビア語とイスラーム学を教えた。アーノルドは『イスラーム百科事典』初版の英語編集者としても知られる。

アーノルドのイギリス帰国に際し、イクバールは次の詩を送別として贈った。そこにはパンジャーブをでてアーノルドのもとイギリス留学をする決意が明らかにされている。

恵みの雲はわが花園から引きあげた
願望の蕾の上にわずかな雨を降らせて去った
そなたよいずこ、知識のシナイの山頂にいた話し手よ

トーマス・ウォーカー・アーノルド
アーノルドは1898年からガヴァメント・カレッジで哲学を教えたのち，パンジャーブ大学東洋学部長を務めた。

そなたの息の波は　知識を撒《ま》く風であった
今いずこ　知識の砂漠を進む熱意は
そなたの息で　わが頭にも知識への意欲があった
狂おしく　手が運命の結び目を解くであろう
パンジャーブの鎖を断ち切り　わたしはそなたのもとに行こう

（「別れの嘆き——アーノルドを追慕して」）

当初イクバールは、一八九九年からパンジャーブ大学の学籍担当事務官でオリエンタル・カレッジ校長を務めたカナダ人比較言語学者アルフレッド・ウィリアム・ストレイトンの影響を受けてアメリカへの留学を希望していた。イクバールを含む当時のインド人学生らはストレイトンがカナダ人と知っていたが、彼らはアメリカ人という印象を抱き、多くの学生が渡米を希望していた。だがストレイトンが一九〇二年に急逝したことや、アーノルドの勧めもあり、イクバールはイギリス留学を決心した。ヨーロッパはイクバールが学んだ近代的知識を育んだ場所であり、インド人にとっては宗主国イギリスのある地域である。〇五年から約三年間のヨーロッパでの生活は、イクバールの思想を転換させるに十分な体験となった。

祖国愛と自立への夢

一八九八年のラーホールでの詩会で、イクバールは初期の代表作「ヒマラヤ」を発表した。

ああヒマラヤよ、ああ、インドの国の防壁よ

空は屈《かが》み　そなたの額に口づける（中略）
ああヒマラヤよ　あの時の話をきかせたまえ
お前の裾野がわが祖先の住処《すみか》であったころのこと
少し話してくれ給え　あの長閑《のどか》な生活のさまを
見せかけの頬紅の染みのなかった時のこと

（「ヒマラヤ」）

この詩は形式的には伝統的な恋愛抒情詩「ガザル」の形式であったが、内容は恋愛ではなく郷土愛であった。壮大なヒマラヤは祖国インドの大地を守護する存在として描かれている。こうした伝統的な形式で内容が新しい詩は「ナズム」と呼ばれた。ラーホールの文人で、インド・ムスリム初の英語誌『オブザーバー』の編集者でもあり、「イスラーム擁護協会」の会長も歴任したアブドゥル・カーディル（一八七四～一九五〇）は「ヒマラヤ」について、この詩を含めた第一詩集『旅立ちの鈴の音』の序文において「この詩にはイギリス的な思想とペルシア詩の詩形があり、そこに祖国愛の趣きが描かれていた。時代の趣向、時宜の要請に合致したために大変な人気を得た」と称賛した。イクバールの詩は東洋的伝統と西洋の詩想の融合の到達として、インドの人々に迎えられた。カーディルはイクバールの三歳年上で、イクバールの才能を見出して彼の創作を支援した。

二十世紀にはいるころ、イクバールはカシュミール・ムスリム協会やイスラーム擁護協会などさまざまな社会団体の幹部になった。イクバールは一八九九年十一月にイスラーム擁護協会幹事会の一員となり、留学からの帰国後の一九〇九年一月には再び幹事となっている。イクバールは一九〇〇年二月二十四日にラーホールで開催された第一五回イスラーム擁護協会年次大会で孤児の苦悩と無力さを描いたウルドゥー詩「孤児の嘆き」を発表して聴衆の涙を誘い、擁護協会が運営する孤児院には多くの寄付が集まった。またこの詩が印刷されたパンフレットが飛ぶように売れ、寄付はさらに集まった。その印税からイクバールも五ルピーを寄付した。擁護協会の詩会にはイクバールの詩を聞こうと人々が集まるようになり、擁護協会とイクバールはともに広く認知されていった。

一九〇一年、ラーホールから文芸誌『宝庫』が刊行された。発行者はアブドゥル・カーディルで、創刊号にはイクバールの「ヒマラヤ」が掲載された。ラーホールでの啓蒙活動は〇九年の児童向け週刊誌『花』や女性向け週刊誌『女性文化』発刊など、児童や女性への啓蒙活動にまで広がった。さらに、「ウルドゥーの会」「ウルドゥー促進の会」、「ラーホール心酔の会」などの文人サークルも設立され、イクバールはその代表的な詩人として注目をあびた。半世紀前、ウルドゥー語の出版が端緒についたラーホールは、五〇年でウルドゥー語とそのメディアの拠点に成長した。

アブドゥル・カーディルはイクバールの詩にみられる「祖国愛」を評価したが、以下の詩は一九〇五年のベンガル分割令によってヒンドゥーとムスリムの対立が顕著となる前の作品であり、イクバールは宗教の別を超えた祖国愛を描いていた。

チシュティー〔スーフィー〕が神の伝言をもたらしたこの大地
ナーナク〔スィク教開祖〕が神の唯一性の歌を歌った花園
タータール人が自らの祖国としたところ
ヒジャーズの人々にアラブの荒野を捨てさせたところ

それぞわが祖国、それぞわが祖国
　ギリシア人を驚かせ　世界中に知識や学芸を与えたところ
神が土塊を金にしたところ　トルコ人がその服の裾をダイヤで満たしたところ
　それぞわが祖国、それぞわが祖国

（「インドの子どもに向けた民族の歌」）

世界のなかでインドが一番　われらはこの花園に集う夜鶯鳥《ブルブル》〔サヨナキドリ〕
　世界に聳《そび》えるその山は天にも届く　そはわれらを守る　われらの守護者
宗教は溝をつくるを教えるにあらず
　われらはインド人、インドはわれらが祖国
ギリシア、エジプト、ローマの名はみな世界から消えたが今もわれらが〔インドの〕名は残る

（「インド人の歌」）

花摘む者よ　花びら一枚残さず奪うがよい
　お前は運がいい　庭番たちは互いに争っている
祖国のことを考えよ、艱難が訪れつつある
　空ではそなたの破滅の話が持ち上がっている
今起きていること、起きそうなことをみよ
　古い時代の話が　いったい何の役に立とうか
分からねば消えてしまおうぞ、インドの民よ

そなたの物語は語り継がれることもなくなろう

（「痛みの絵」）

本当のことをいおう、バラモンよ、もし気を悪くしないなら
そなたの寺院の偶像は古く成りはてた
そなたは人々と敵対することを偶像より学んだ
戦いと紛争を神が聖者にも教えた
さあ、よそよそしさの幕はもう一度取り去ろう
離れ離れの者たちを再び一緒にして　分離主義はやめにしよう

（「新しい寺」）

長編詩「痛みの絵」の「花摘む者」はイギリス政府で、ヒンドゥーとムスリムが反目するあいだにイギリスがインドの富を搾取している状況を嘆き、インドの危機と、インド人としての団結の必要性を説いている。「新しい寺」はヒンディー語の語彙を意図的に用いたもので、宗教を超えたインド人としての団結は当時のインド人に広く受け入れられた。「痛みの絵」にいたっては、聴衆のヒンドゥーが感激のあまり、そのなかの一詩句を一〇ルピーで買い上げるできごともあった。イクバールの祖国愛への関心は、一九〇四年十月と〇五年三月の二度にわたって『宝庫』に連載された論文「ムスリムの（カウミー）生活（ズィンダギー）」にもみられる。この論文は、先述の詩「新しい寺」とともに掲載された。論文でイクバールは、ムスリムの発展の必要条件として文化の改革と教育の普及をあげ、日本をその最良の手本として評価している。当時日本は日露戦争のただなかにあった。イクバールは「現代の諸民族のな

かでは、西欧諸民族のほか、アジアでは日本人、西欧ではイタリア人の二つの民族が現今の変化の意義を理解し、自分たちの文化的、道徳的、政治的状態を変換し適応させようとした」として、劇的に変化する現代の諸状況のなかで、民族の生き残りをかけた自己改革の必要性を強調した。「現在いずれかの民族の力量をはかることが必要な場合、大砲や小銃ではかるのではなく、その民族がもつ工場をみて、ほかの民族の力に頼ることなく、自分たちが必要とするものを自らの努力でどれだけ得ているか、という点をみるべきである」ことの成功例として日本の発展をあげ、民族の存続が戦争など武力に頼る時代は終わり、ペンと呼ばれる木製の剣に基づくと主張、民族の団結が肝要であると力説した。同時に、ムスリムの文化に関する問題は、イスラームと切り離せない問題である点を強調している。こうした詩作は、当時英文学から紹介されたロマン主義的な詩風で描かれたが、インドでの詩作の代表格に、アジアではじめてノーベル文学賞を得たベンガル語の詩人ラビンドラナート・タゴール(一八六一〜一九四一)があった。

ここで注意すべきは、イクバールが論文の題目に「カウム」という語を用いている点である。「カウム」は英語の「ネイション」に相当する語彙で「国民」「民族」など複数の語義をもつが、この論文では「インドの諸宗教集団(アクワーメ・ヒンドゥスターン)のなかのムスリム」を扱いながらも、「シャリーア(イスラーム法)の哲学の注釈を通じて、『信者の長』アリーの後、この哲学者・指導者が教えたことを『カウム』は忘れないであろう」という表現をおこなっていることから、「カウム」は「宗教集団」の意味で用いられていることがわかる。他方、「インドの子どもに向けた民族の歌(ヒンドゥスターニー・バッチョン・カー・カウミー・ギート)」という詩の題名は、あらゆる宗教や学術の栄えた場所としてのインドの子どもたちに向けた内容であることから、「インド民族」の意味で「カウム」の語を用いたと考えられる。なお、一八八八年にデリーで発表されたナズィール・アフマド(一八三一〜一九一二)の長編小説『時の迎合者』においても「カウム」の語が宗教集団や民族の両義で用いられている。

インドのさまざまな集団(カウム)、ヒンドゥー、ムスリム、スィク、マラータ、ベンガル人、マドラス人、ラージプート、ジャート、グージャルが一緒に努力するだろうか。

(『時の迎合者』)

同様に、一九〇五年九月にイクバールが留学に向かう時に知人宛に出した以下の書簡には、「カウム」が多義的に用いられていることがわかる。

ここ(留学に向かう船が出るボンベイ)のゾロアスター教徒の人口はおよそ八、九万である。しかしこの町はすべてゾロアスター教徒のものであるかに思われる。この人々(カウム)の能力は称賛に値する。また彼らの財産は想像を絶するものである。しかしこの人々(カウム)の将来について何ら良い予測はできない。(中略、九月二日、留学に向かうフランスの船が出港したところ)およそ三時に船は動き出し、われわれは(見送りにきた)友人たちに挨拶した。ハンカチを振っているうちに、波があちこちから寄せてきて、われわれの船にくちづけし始めるような海原へと出た。フランス人(カウム)のユーモア、この船の素晴らしさと繊細さからわかるのは、毎朝多くの人間が船の掃除にいそしんでいることである。その見事さは、船に一本の藁も残っていないほどに掃除することにある。

(『イクバール書簡全集』)

当時のイクバールは、「カウム」の語を用いて「社会集団」を意識する時代において、宗教や民族の別を超えた領土的ナショナリズムに基づくインド人としての団結や郷土愛を謳っていた。同時に、当時のヒンドゥーとムスリムの緊張関係を背景に、宗教集団という単位のあり方についても意識していた。当時のインド・ムスリムにとって「他者」とは、インドを植民地としたイギリスであり、またインド社会のなかにあっては、言語問題などについて優位を競っていたヒンドゥーであった。ベンガル分割、全インド・ムスリム連盟結成をへて政治的にヒンドゥーとムスリムが明確に分化されるまで、イクバールは、宗教間の対立はイギリス支配にとって有利であることを理由に、宗教間対立を超えようとする領土的ナショナリズムに傾倒していたのである。

この時期のイクバールについて、日露戦争をめぐる話がある。一九〇五年の五月、日露戦争の日本海海戦で日本が勝利したことはインドの新聞でも報じられていた。東洋の小さな島国の勝利は、植民地インドにおいて大きな希望をもって迎えられた。イクバールが留学で乗船のために訪れたボンベイ(ムンバイ)のホテルの散髪屋は、グジャラーティー語の新聞を毎日読み、日露戦争について詳しく知っていた。一二年、ラーホールのイスラーム擁護協会の年次大会では、ジャーナリストのザファル・アリー・ハーン(一八七三〜一九五六)が日本の躍進についてふれ、この夏休みの二カ月間、イスラームの布教のためにイクバールを日本に派遣するべきとの提案を掲げた。イクバール派遣案は、彼の詩作を一部八アンナで一万部売り、売り上げのうち五千ルピーで旅費を賄うというものであった。この提案に対し、ラーホールの新聞『パイサ・アフバール』には、ザファル・アリー・ハーンの提案が感情的なものであり、イクバール自身、渡日して東京外国語学校でウルドゥー語の教鞭を執っていたインド人ムスリムのバルカットゥッラーが三年間機関誌を出しながらも二、三名の日本人しかムスリムに改宗させられなかったことから、自分はインドで「カウム」のためになすべきことがある、と渡日を断ったという内容の記事が出た。このザファル・アリー・ハーンは一九〇五年、日露戦争を主題として、夫を亡くした母を残したままでは戦争に行けないことに悩む息子をみて、母が自殺するという戯曲『露日戦争』を書いて日本人の祖国への忠誠を称えていた。イクバールが日本での布教状況を知っていたほどに、当時のインドでは日本に関する情報が広く共有されていたのである。イクバールは先の論文以外にも、以下のような詩句で日本の産業発展にふれている。

いったいいつまで買い続けるのやら
傘もハンカチもマフラーも、着るものすべて日本から
怠慢なこのさまが続くなら
軀《むくろ》を洗う者はカーブルから　屍衣《カファン》は日本から

（『旅立ちの鈴の音』）

日露戦争に勝利した日本が、自国の産業を発展させ、民族としての自立を達成している状況と、インドの隷属的な状況を比較したこの詩は、当時ウルドゥー文学で流行していた風刺詩だが、ここにイクバールのスワデーシ（国産品愛用）運動に対する理解を読み取ることができる。留学直前の一九〇四年、イクバールはアーノルドの勧めで『経済学』という入門書を刊行したが、イクバールは経済状態の改善、すなわち経済的自立によって政治的諸権利を獲得できると考え、インド人の団結を考えていた。この点でイクバールを含むインド人のなかには、日本の躍進を期待する声があった。

なお、アリーガル運動を開始したアフマド・ハーンの孫ラース・マスウードは一九二二年四月に日本

を訪問し、その政治・社会制度に関する知識を得たうえで、日本の歴史や行政のあり方、教育制度に関する著作『日本とその教育制度』を英語とウルドゥー語で二三年に著した。マスウードはその後、三〇年にはイクバール、文人スライマーン・ナドヴィーとともにアフガニスタンに招待され、アフガニスタンの近代化に関する助言をおこなっている。インド・ムスリムによるこうした本格的な政治運動に展開するきっかけとなったのが、一九〇五年のベンガル分割令なのである。

4　転換の一九〇五年

ベンガル分割令から全インド・ムスリム連盟結成へ

イギリスのカーゾン総督は一八九九年に就任後から積極的な行政改革に乗り出した。官僚制度を合理化し、警察機能を独立させるなどのほか、ロシアとの「グレート・ゲーム」を意識して一九〇一年には「辺境法」を発布、アフガニスタンとの国境地域に「北西辺境州」を設置した。灌漑や鉄道の整備をおこなう一方、〇四年には「インド大学法」を制定した。これは大学の質の確保を目的とした改革であったが、大学運営には理事会、すなわち政府の意向が強く反映されることとなり、インド人からの反発がでた。

インドではすでに、異教徒による支配への反動の波はうねりをみせていた。ベンガル出身のシャリアットゥッラー(一七八一～一八四〇)が十八歳から約二〇年間マッカに滞在し、ここでワッハーブ主義に感化されて一八〇二年にインドへ帰国、英領インドを「戦争の家（ダール・アル＝ハルブ）」と規定してイスラームへの回帰を訴えた。シャリアットゥッラーの運動は「ファラーイズィー運動」と呼ばれ、過酷な労働に反対する農民運動となって展開された。また異教徒支配に対するジハードを指揮したサイイド・アフマド・バレールヴィーは二二年にカルカッタからマッカへ赴き、ワッハーブ主義の改革者らと接触した。インドに帰国後、彼はヒンドゥー教の影響を受けた南アジアのムスリムの生活を厳しく批判し、スィク教徒やイギリス人など非ムスリムの支配下にあるインドを「戦争の家」として、武装蜂起によるジハードを唱えた。この運動は「ムジャーヒディーン運動」と呼ばれて十九世紀半ばにイギリスによって鎮圧されるまで続いた。五七年のインド大反乱をへて、イギリスは親英知識層の形成を開始したのである。

カルカッタで在任中のカーゾンは一九〇二年、市内に一基のオベリスクを建てている。それはイギリスがベンガル地方での支配を確立させた一七五七年のプラッシーの戦いの前年六月に発生した「ブラック・ホール事件」でなくなったイギリス人を追悼する記念碑である。これはベンガル太守でフランス東インド会社寄りの政策をとっていたスィラージュッダウラがカルカッタを攻略した際、逃げ遅れたイギリス人一四六名を狭い地下牢に押し込めたために、一〇時間後の解放までに一二三名がなくなった事件を指す。カーゾンの建てたオベリスクには、事件の死者への追悼文と、全死者の名前が刻まれている。この事件の詳細については今もなお議論があるが、カーゾンの時代、ブラック・ホール事件やファラーイズィー運動、ムジャーヒディーン運動、そしてインド大反乱と、イギリスに反発するインド人への危機感があったであろうことは想像に難くない。

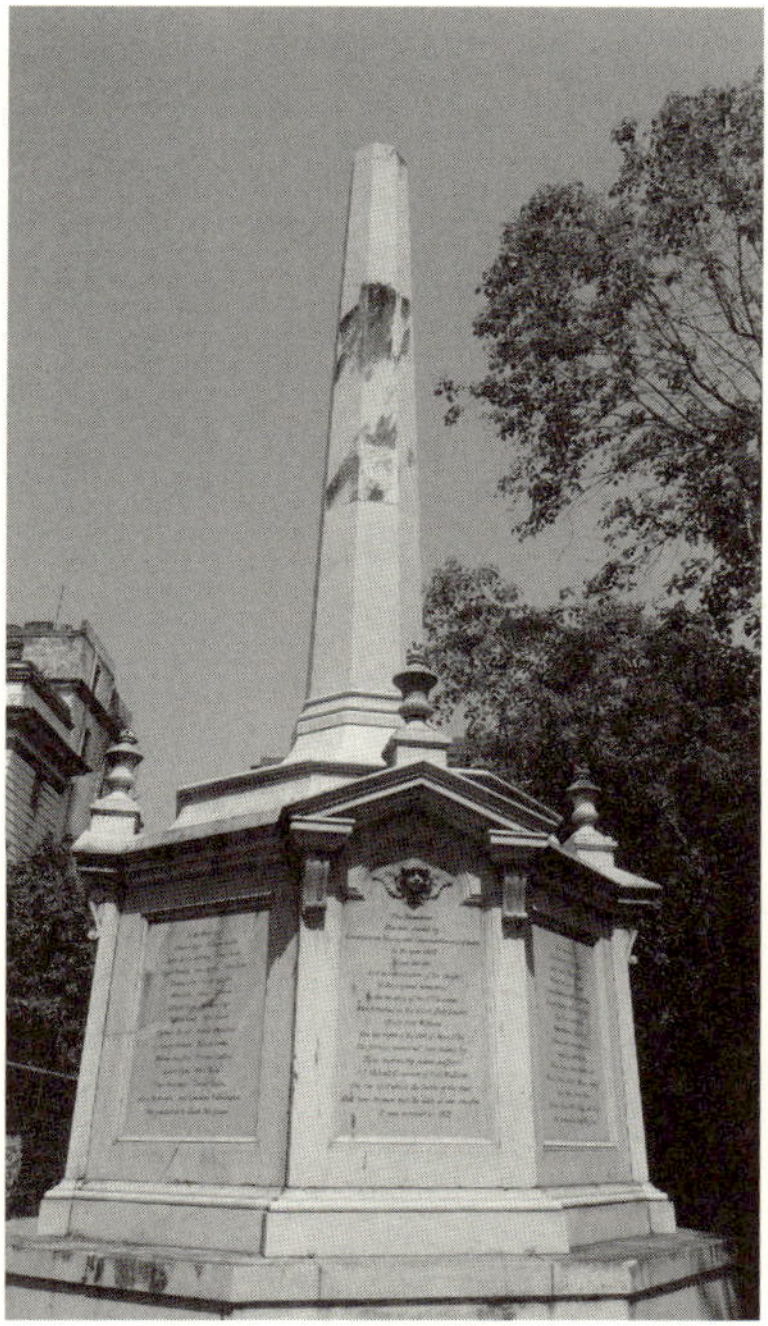

ブラック・ホール事件記念碑
当初はブラック・ホール獄房の敷地に建てられたが，のちに市の中心部にあるセント・ポール大聖堂の敷地内に移設された。

ブラック・ホール事件記念碑に刻まれた追悼文

一九〇五年二月、カーゾン総督はベンガル分割令の法案をロンドンに送り、審議をへて六月十九日に発令した。広大なベンガルを分割して行政上の利便をはかる計画はすでに一八六〇年代から議論されていたが、今回の分割令は、実際にはベンガルにおけるヒンドゥーとムスリムの居住地域を分離させることで、それぞれの政治運動を弱め、同時にヒンドゥーとムスリムの対立意識を植えつけ、ベンガルにおける反英運動の高まりを抑えることが目的であった。カーゾン総督の意図は、インド人としてまとまりつつあったヒンドゥーとムスリムの政治的対立と、イギリス政府の拠点であったベンガルで高まりつつあった「ベンガル・ナショナリズム」の切り崩しであった。

一方、植民地政府のもと、近代的教育を受けたインドの知識人のなかには、政治参加を求める声が少なからず起こっていた。一八八五年、イギリス人官僚アラン・オクタヴィアン・ヒュームがインド人とともに政党「インド国民会議派」を結成すると、イギリス政府もインド人の不満を吸収しつつ、イギリスの統治に協力的な穏健的勢力としてインド人の政治参加を徐々に認めていった。国民会議派の会議では英語が用いられ、結成から一九一七年まで会議の議長には四名のイギリス人が名を連ね、イギリス統治に協力的な政治活動として認められていた。だが十九世紀末には言語の使用をめぐる対立などでヒンドゥー・ナショナリズムやムスリムの反発のうねりが起こり始め、国民会議派内部でもバール・ガンガーダル・ティラクやオーロビンド・ゴーシュなどの急進派が台頭して、反英運動の声が上がり、自治を求める「スワラージ(自治)」を標榜する動きが出ていた。とくにティラクは批判の対象をムスリムにも向けていった。ティラクは西部インドのマハーラーシュトラでマラーティー語の新聞においてムスリムを排除した「ヒンドゥー・ネイション」を称えるなど、宗教的な区別を強調した。とくにベンガルは植民地政府の中心地であり、ここで展開される反英運動はベンガルのヒンドゥーが主体となっていた。カーゾンは、ベンガル人が「インド人」として団結している状況を、宗教や民族で分断することで弱体化をはかったのである。なお自治を求める動きはムスリム側にもみられ、一八九六年、アフマド・ハーンの息子サイイド・マスウードも宗派別の選挙を要望したことがあった。

ベンガル分割令によってベンガル州はダッカを州都とする東ベンガル・アッサム州とカルカッタを州都とするベンガル州に分割されたが、前者は三一〇〇万の人口のうち過半数を占める一八〇〇万がムスリムで、一二〇〇万がヒンドゥーという構成になったのに対し、ベンガル州は五四七〇万のうち四二〇〇万がヒンドゥーで九〇〇万がムスリムとなり、地域によって宗教人口比に差が生じた。この州分割によって、東ベンガル・アッサム州ではムスリムが有利となり、ベンガル州ではビハール人やオリッサ人など非ベンガル人が優勢となったことで、ベンガルのヒンドゥーが中心となって展開していた反英政治活動が後退することは明らかであった。ムスリムの政治的発言権が強くなることを不満としたヒンドゥーは分割案に強く反発した。それまで国民会議派のなかで穏健派を率いていたゴーパール・クリシュナ・ゴーカレー(一八六六～一九一五)やナオロージーさえも分割令に反対し、スワデーシ運動の支持を表明した。こうした宗教的対立のほか、ベンガル人と非ベンガル人の差異化によって、ベンガル・ナショナリズムにも内部対立をもたらすこととなった。新州設置は九月に宣言され、十月十六日に施行されると、ムスリムはダッカで二十二日に会合を開催、分割令を歓迎する旨で合意した。ダッカの有力者ナワーブ・サリームッラーは「この分割令がムスリムの停滞感を一掃し、政治闘争へと関心をもたせることとなった」と発言した。一方インド国民会議派は分割令の施行日、喪に服するとして反対の意を表明した。ムスリム連盟は二十四日、ヒンドゥーの圧力から解放されるとの見解を示し、ヒンドゥーの分割令への反発を非難した。

一九〇五年八月二十一日、カーゾン総督は辞職した。辞職理由は軍の最高司令官キッチェナー卿との権力闘争の末に敗れたためであったが、分割令による宗教間対立は激化する一方であった。分割令反対に端を発した反英運動はインド各地に広まり、八月にインド西部のプーナで開催された集会ではイギリスの官職やイギリスの製品をボイコットする運動や民族教育の推進運動、スワデーシ運動、スワラージ運動が掲げられ、急進派によるテロ事件も発生するようになっていった。その結果、国民会議派は〇七年のスーラトでの大会において穏健派とゴーシュが率いる急進派の二派に分裂した。

カーゾンの後任にはミントーが就任した。彼の政策は反英政治運動に対する厳しい弾圧を選択、反政府活動家をあいついで逮捕し、集会を禁ずるなどの措置をとった。同時にミントーは、ベンガル分割に反対する国民会議派に対抗する政治勢力を創出することが必要であると感じていた。また、ムスリムのなかにも、イギリスと接近することでムスリムの権益を獲得しようとする動きが出た。これを先導したのが、アリーガル大学の理事を務めていたムフスィヌル・ムルクであった。

一九〇六年八月、カシュミールの避暑地シムラにいたミントーのもとへムスリムの代表団三五名が面会に訪れ、イギリス国王のもとのムスリム臣民の代表として、中央・州立法参事会や地方公共団体でのムスリム代表を、人口比率以上に認め、植民地政府でのムスリムの雇用を増やすようミントーに要請した。人口比率だけに基づいた選挙ではヒンドゥーのみが有利となることから、ムスリムの政治参加を認めるために、留保枠を設けることを求めたのであった。この時ムスリム代表団を率いたのは、ボンベイで実業家として成功していたイスマーイール派の長、アーガー・ハーン三世(一八七七～一九五七)であり、代表団には実業家や地主、植民地官僚らが揃っていた。

イギリス政府からすれば、ムスリムがヒンドゥーと異なる立場でイギリスに忠誠を誓うことは、ヒンドゥーを主体とする反英運動を弱体化させるのに好都合であった。ミントーはムスリムの政治的権利と利益は保証されると語って、ムスリムに政治参加への期待をいだかせた。また、ティラクらヒンドゥー急進派によるムスリムに対する批判に対してムスリム側の土台となる組織が整備されていなかったことも、ムスリム固有の政治組織を編成する必要性をもたらしていた。すなわち、植民地政策を強め、反英運動を弱体化させようとするイギリス政府と、自らのコミュニティの政治的発言権拡大を企図したムスリムの上流層とのあいだで利害が一致したのである。さらに、インド人としての団結を掲げていたインド国民会議派内で、しだいにヒンドゥー教徒の指導者が優位となり始めていたことで、ムスリムの権益擁護を目的とする政治活動の必要性が認識されるようになっていた。

こうしたなかで一九〇六年十二月三十日、ダッカで開催された全インド・ムスリム教育会議の場で「全インド・ムスリム連盟」が設立された。ムスリム連盟創立大会の決議では、インド・ムスリムのあいだでイギリス政府に対する忠誠心を高め、政府の政策に対する誤解を取り除くことや、インド・ムスリムの政治的権利や利益の擁護を求めること、さらにほかの宗教コミュニティに対する敵対的感情の台頭を防ぐことが掲げられ、教育活動から政治活動への展開を宣言した。教育会議はナワーブ・サミーウッラーが主催したが、彼は一九〇三年にベンガル分割令の案が暴露されたとき、これを強く批判した人物であった。その彼が三年後には分割令を支持し、その集会の準備をおこなったということは、二十世紀はじめのムスリムの政治運動がいかに転換したかを如実に示しているといえよう。ムスリム連盟創立のこの集会には数千人の参加者があった。ムスリム連盟はその後インド各地に州の連盟支部を設置し、全国規模でムスリムの権益を擁護する主張を展開した。〇七年にはカラーチーでムスリム連盟の規約が制定された。さらに〇八年にはロンドンに支部が結成され、イクバールもこれに参加した。こうしてムスリムは、ベンガルにおける分離選挙導入によってムスリムの議席確保を期待したのである。

以上のように、祖国愛や民族運動に基づいてイギリスと対峙していたインド・ムスリムは、ベンガル分割令を境に、ヒンドゥー主体の政治活動とたもとを分かち、全インド・ムスリム連盟設立によって独自の政治活動を開始し、ヒンドゥーとの政治的対立へと傾いていった。この動きは、イクバールが領土的ナショナリズムから宗教的ナショナリズムへと傾倒していった時期とかさなっているのである。

イクバール、イギリスへ

カーゾン総督が辞職した時期、イクバールはイギリスへの留学準備を進めていた。イクバールが留学を志した理由について息子のジャーヴェード・イクバールがいくつかあげている。すなわち、イクバールが司法試験に落ちてインドで官職を得ることができなかったことや、アブドゥル・カーディルが一九〇四年に渡英したことでイクバール自身も関心をもったこと、また恩師アーノルドも、イスラーム哲学であればヨーロッパでも博士号が取得できると示唆したことなど、複合的な要因が渡英を決心させたのであった。それまで腰巻にシャツという服装だったイクバールは、渡英にあたってはじめて洋服を新調した。渡英一年前から貯金を始め、彼の兄弟シャイフ・アタ―・ムハンマドや友人が渡航費用を工面した。イギリスでの生活費のほとんどは兄弟からの仕送りであった。

一九〇五年九月一日の夜にラーホール発の列車ででたイクバールは翌二日の朝、デリーに到着した。作家ハージャ・ハサン・ニザーミーらが駅で彼を出迎え、アブドゥル・カーディルが渡英したのをきっかけに『宝庫』の編集者を務めていた学者シャイフ・ムハンマド・イクラームもイクバールの歓送会に出席した。デリーではムガル第二代皇帝フマーユーンの廟や第五代皇帝シャー・ジャハーンの皇子ダーラー・シコーの墓、スーフィー聖者ニザームッディーン・アウリヤーの墓廟などを訪ねつつ、多くの友人との面会で時間が過ぎた。三日の朝デリーを出発、列車で丸一日かけてボンベイに移動したイクバールは、ホテルに滞在するギリシア人商人や青年トルコ人の若者らと交流した。

ギリシア人商人は、中国での商売ののち、南アフリカのトランスヴァールに移動するところであった。このギリシア商人は、中国人が他国の商品を買わないとこぼしていた。これに対しイクバールは、「われわれインド人よりも、あのアヘン中毒者たち〔中国人〕のほうが賢明だということだ。なぜなら自国の製品への関心をもっているからだ。でかした、アヘン中毒者たちよ、でかした！　眠りから覚めるがいい、君たちは今目を〔覚醒しようと〕こすっているところだろう……ああ、私たちインド人に対して、アジアの貿易を活性化させることを期待してはいけない。なぜならインド人は団結して動くことを知らないからだ」と答えたという。この顚末についてイクバールは書簡で次のように続けている。

われわれには同胞愛が残っておらず、真のムスリムとはヒンドゥーの血を望み、真のヒンドゥーとはムスリムの生命の敵となってしまっている。われわれは本の虫となって西洋の頭脳の思想を食料にしているのだ。ああ、ベンガル湾の波がわれわれを飲み込んでしまえばいいものを。

（『イクバール書簡全集』）

ここにはイクバールがヒンドゥーとムスリムの対立を批判し、「インド人」としての団結を求めている姿がみえる。

イクバールはボンベイの滞在先のホテルでのトルコ人との面会についても、以下のように書簡に残している。

ある夜、私〔イクバール〕が食堂にいると、二人の紳士が私の前に座った。フランス語で会話する彼らのことを、私は風貌からもヨーロッパ人だと思っていたが、食後にトルコ帽をかぶったことでトルコ人だとわかって嬉しくなり、なんとか彼らと会いたいと思った。そこで翌日私は彼らに何気なく声をかけた。〔トルコ人のなかの一人の〕彼は英語以外のヨーロッパの言語を理解していた。ペルシア語を知っているのかと聞けば、ほとんど知らないといった。私は彼らにペルシア語で話しかけてみた。だが彼は理解できなかった。結局、致し方なく、片言のアラビア語で彼と話をした。その若者は青年トルコ党の関係者であり、スルターン・アブドゥル・ハミードに対し強く反対していた。話しているうちに彼が詩人でもあるとわかった。そこで自作の詩を聞かせるように頼むと、自分がケマル・ベイ〔トルコで存命の最大の詩人〕の弟子であり、政治的問題について書いているといった。ケマル・ベイの詩句を彼が聞かせてくれたが、それはすべて素晴らしいものであった。だが自分の詩を聞かせてくれたものはどれもこれもスルターンへの皮肉であった。そのなかの一つをここに記しておく。

過大な圧政が広く国民〔ミッラト〕を滅ぼしている

アブドゥル・ハミードは人間性と国、国民の敵である

この話題について彼と随分会話した。それで私は青年党がイギリスの歴史から利益を得るべきだと述べた。つまりイギリスの人民が徐々に王の政治的権力を得たような方法がもっとも優れていて、偉大な革命が無血で実践されるのはイギリスの土壌の一部なのだから、と。

（『イクバール書簡全集』）

イクバールは暴力的革命に頼らない社会変革を理想とし、この点でイギリスの名誉革命を無血革命として評価している。

ボンベイに三日間滞在後、イクバールは一九〇五年九月五日午後二時にイギリス行きの船に乗った。船はアデンをへてスエズ運河を抜け、地中海を通って九月二十四日にロンドンに到着した。イクバールは翌二十五日にはケンブリッジに着いた。イクバールのロンドン旅行記第一弾が雑誌『祖国』に掲載されたのは十月十六日、ベンガル分割が施行された日であった。

ケンブリッジ大学では、アーノルド教授の手配でトリニティ・カレッジに在籍したが、学生ではなく研究員としてであった。彼はケンブリッジ到着後ほどなくしてミュンヘン大学の博士課程への入学手続きをおこなった。それは、同大学が所蔵するアラビア語やペルシア語の文献を用いた学位論文執筆が可能であったためで、アーノルド教授らが博士課程入学についても助力した。

イクバールはイギリス滞在中の経験を記すなかで、学術に関しては哲学の教員との議論を深めたことなど、多くの良い思い出を残したが、個人的生活のなかでは残念なできごとを書いている。彼はケンブリッジではアーノルドの紹介でユダヤ人夫婦の家庭に下宿した。それは食事の肉をムスリム同様の方法

で調理するからであった。このユダヤ人夫婦は親切で、イクバールも「モーセもわれわれムスリムにとっては預言者です」と話して信頼を寄せていた。彼は必要な品物をこの夫婦に買ってきてもらっていたが、ある日、この夫婦が商店から上前をはねていたと知り、失望することとなった。同様に、休暇中にイギリス人の友人の故郷について行った際、インドで宣教師をしていたイギリス人が帰国して教会で講演をするというので聞きに行ったところ、その宣教師は、インド人を人間と呼ぶのはふさわしくなく、生活習慣のあらゆる面で人間とは程遠く、野生動物より少しましな程度である、と述べ、野生動物のような人間に少しばかり文化を伝えたが、その道のりはまだ遠いことから、布教のために寄付をいただきたい、と訴えた。さらに、インド人の姿として、ジャングルに半裸で住む人々の写真を幻灯機でみせた。怒りに震えるイクバールは、自身がそのインド人であり、イギリス人同様に英語を話すことができ、インドで教育を受け、現在はケンブリッジにきていると話した。イクバールはその場の聴衆に対し、宣教師が話したインド人の姿が真実かどうか、自分をみて判断してほしい、と二五分間にわたって述べたという。友人宛の書簡にこう書き残していること自体、イクバールはイギリス人のインド人に対する偏見は強烈な印象をもたらしたと想像できる。イクバールはその後博士号取得のためドイツに渡ったが、一九〇七年七月からの三カ月間、ハイデルベルクで過ごした経験は、こうした偏見から離れた自由な時間で、人生でもっとも豊かな時間であったと述懐している。

一九〇六年四月、イクバールはカーンプールの月刊誌『時代』にスワデーシに関する論考を寄稿している。そこでは、「政治的権利を獲得するための条件は、いずれの国家においても、その人々(アフラード)の意向が団結することにある。もし意向が団結できないのであれば民族性(カウミヤット、国民性)は生まれないし、人々が民族性による結びつきで団結しない場合は、自然の法則により、その人々は頁から誤字が消されるように抹消されるであろう」としたうえで、「宗教は世界をよりよくするためにあるのであって、戦争のためではない。もしヒンドゥーとムスリムが団結すれば、それ以上に素晴らしいことはない」と述べて、宗教の別を超えた団結を呼びかけた。すなわち、この時点でもイクバールは「一体としてのインド」すなわち領土的ナショナリズムへの傾倒を示していた。

スワデーシに関するこの論考が書かれた時期、すなわち一九〇五年からのヨーロッパ体験は、イクバールの内面でさまざまな変化をもたらすことになる。

祖国愛からムスリム団結へ

一九〇六年のある日、イクバールは伝統的な詩作では時代が必要とする思想を盛り込み、意味あるものにはできないと考え、アブドゥル・カーディルに詩作をやめると打ち明けた。カーディルはこれに対し、イクバールの詩が人々の心を揺り動かし、民族の傷や、国が冒されている病を治療できるとして、神から授かった才能を生かすべきであると、詩作を続行するよう説得した。二人の話し合いの結果、アーノルドの助言に委ねることになった。アーノルドはカーディルと同じく、詩作を続けるよう励ました。こうしてイクバールは詩作を続けることになった。

ヨーロッパ滞在中におけるイクバールの詩作の主題および思想的変化については、知人らの述懐によって明らかとなっている。イギリスでの友人で、ケンブリッジ大学で哲学を教えていた観念論的形而上学者マクタガートによると、ケンブリッジでのイクバールはスーフィズム、とくにアッラーのみを真の実存者とし、それ以外は仮の存在とする存在一性論に傾倒していた。また一九〇六年から〇七年までロンドンに学んでいた女性でイクバールと親交のあったアティヤ・ファイズィーによると、イクバールはロンドン滞在中、ペルシア語の古典詩人ハーフィズの影響を強く受けていて、「私〔イクバール〕がハーフィズの気分になると、彼の魂が私に乗り移り、私の人格もハーフィズのなかに取り込まれ、自分がハーフィズになったかのようなのだ」と述べたという。アブドゥル・カーディルも、この時期にイクバールがペルシア語での詩作を開始したと述べている。イクバール自身、一九二一年に知人宛の書簡で以下のように回顧している。

当時イスラームとムスリムにとっての最大の敵は人種差別と国家単位のナショナリズムだった。私がそれを最初に実感したのは一五年前であった。当時私はヨーロッパにいて、この感情が私の思想に大きな革命をもたらした。実のところ、ヨーロッパの風土が私をムスリムにしたのである。

（『イクバール書簡全集』）

博士論文執筆のためにイギリスとドイツでペルシア語文献をとおしてペルシアの古典詩やスーフィズムを研究しつつ、英文学や独文学を学ぶ機会を得たイクバールは、「ヨーロッパの科学技術の究極は肉体(タン・外見)であって、内面(マン)ではない」として、ヨーロッパの文化は知識を得ることはできても、精神はなおざりになると批判した。ヨーロッパの発展に隠された内面の問題を解決するにあたって、イクバールはイスラームにおける精神的重要性へと到達したのである。

詩作を再開したイクバールは、以下の詩句を書いた。

世界のいずことも異なるものを　アラブの創建者はつくった

われらが共同体（ミッラト）の砦の基礎は祖国の一致にあらず
いずこよりきて　いずこへ行くのか　今世と来世の違いなど欺瞞《ぎまん》
われらが万物に顕れる　われらが祖国などいずこにもあらず
イクバールよ、たれか『マフザン』編集長のもとに行き　わが言葉を伝えよ
今、意味ある仕事をしている民族は　詩の味わいに耽溺していない

（「ガザル」『旅立ちの鈴の音』）

最初の詩句では「共同体」という語を用いて領土に縛られないイスラーム共同体の意義を紹介している。イクバール研究においては、この詩句が領土的ナショナリズムからムスリム・ナショナリズムへ転換した最初の作品だと指摘されている。次の詩句でも地域や時代を超えた共同体の可能性を描き、最後の詩句では、政治経済的に発展している国々が旧習にあまんじ停滞しているインドを叱咤している。インドの覚醒を求めるメッセージを友人のアブドゥル・カーディルに伝える内容を最後の詩句にもってきたのは、詩作の継続のために説得していた友人への詩作による回答であろう。

同様に、「一九〇七年三月」と題した詩では、ムスリムの自立と団結を掲げ、その思想がより鮮明に、力強く描かれている。

ヴェールを脱ぐ時代が訪れた　人々は恋人をみるであろう
沈黙が秘密を隠していた、今やこの秘密が明らかになるだろう
待ち焦がれていた耳元で　ヒジャーズの沈黙がついにささやいた
砂漠の時代にかわした約束がまた強固となる

西洋の国の住人よ　神の住むところは店にあらず
　お前が純正と信じるものは　もはやペテンの無価値となろう
　おまえの文化は自らの剣で自殺するだろう
　　もろき枝につくられた巣は　安定などしない

（「一九〇七年三月」『旅立ちの鈴の音』）

イスラームの起こったヒジャーズの地の再興を望み、西洋の拝金主義や植民地主義の欺瞞を批判するこの詩をもって、この後の彼の詩想、思想は大きく転換したのであった。イクバールのウルドゥー語詩のほとんどは、定型抒情詩「ガザル」の形式で書かれているが、学生時代に書いた作品のように、内容が現代的課題を扱ったものを「ナズム」と呼び、各ナズムには表題がつけられていた。このガザルは表題が「一九〇七年三月」となっている。彼の作品でこのような日付が表題となっているものはほかになく、この表題には、彼自身が思想的転換を確信、宣言した時期であるという意味が込められていると思われる。

イクバールの内面の変化の背景には、彼自身の研究や思索のみならず、彼を取り巻く環境も大きく作用した。イクバールが留学前に訪れたデリーで交流を深めた友人で、ウルドゥー語の随筆家ハージャ・ハサン・ニザーミーは、自身がスーフィーのチシュティー教団の家系に生まれたこともあって、イスラームの布教に多大な関心を寄せていた。ニザーミーはイクバールへの書簡において、当時話題となっていたヒンドゥーのラーマクリシュナ・ミッションの布教活動を称賛し、イクバールもニザーミーへの返信でラーマクリシュナ・ミッションの手法を褒め、アーノルドの言葉を引用しつつ、「アーノルドはムスリムがヒンドゥーに対して強制的な布教はおこなわなかったというが、これからは積極的に布教すべきである、いや、インドどころか、世界へのイスラームの布教が重要である」と述べている。ヨーロッパにおけるイスラームへの無理解や偏見を経験し、これに応えるべく、イクバールの思想は祖国愛という領土的ナショナリズムからムスリムとしての連帯へと変わっていった。

イクバールがロンドンに着いたころ、ラーホールのオリエンタル・カレッジから渡英していた碩学《せきがく》ハーフィズ・マフムード・シェーラーニーや、十九世紀末にベンガル立法議会議員やインド帝国立法議会議員を歴任して全インド・ムスリム連盟結成に尽力したのち、定年後にロンドンに移住したサイイド・アミール・アリー(一八四九〜一九二八)など在英インド人研究者や政治家、商人やアーノルドらが共同して、インド人ムスリム留学生を支援していた。イクバールはケンブリッジからロンドンにくると、しばしばこの団体の集まりに参加していた。この団体の名称について、「イスラミック・ソサエティ」にするか、「パン・イスラミック・ソサエティ」にするかで議論が起こっていた。意見は二分されたが、最終的にイクバールが「パン・イスラミック・ソサエティ」を支持して、団体名が決まった。当時ムスリムはムスリムの団体名に「イスラーム」や「イスラーム統一」を冠していたが、「パン・イスラーム」はヨーロッパに対抗する勢力としての団結を掲げており、この呼称をなぜロンドンで選んだかは不明だが、国境を越えたムスリムの団結の気持ちが込められていたと考えられる。ロンドン在住のインド・ムスリムらとの交流もあって、イクバールは帰国直前の一九〇八年二月には、イスラーム文化に関する連続講演をすることとなった。講演は毎週実施され、イクバールは題目として、スーフィズム、ヨーロッパにおけるムスリム文化の影響、イスラーム的民主主義、イスラームと人類の知をあげている。

インドへの帰国直前の一九〇八年五月、イクバールはロンドンで結成された全インド・ムスリム連盟ロンドン支部の結成大会に出席した。支部長はサイイド・アミール・アリーであった。

留学を終える時期からイクバールは、インド人としての領土的ナショナリズムから、ムスリムとしての宗教的な、ムスリム・ナショナリズムへと転向した。帰国後の一九一〇年ごろ以降は、ムスリムとしての統一を強調するようになる。

中国もアラブも　インドもみなわれらの国
　われらはムスリム、全世界はわれらの祖国
神の唯一性の信託はわれらの胸にある
　われらの名と印を消すことは容易でない
西洋の谷間に響くはわれらがアザーン
　誰もわれらの奔流をとめることはなし

（「インド人の歌」）

これら新たな神々のなか　最大なのは領土なり
　その衣は宗教にとっては屍衣
この偶像は新しい文化が彫ったもの
　預言者の宗教の家を略奪する
そなたの腕は唯一性の力でたくましく
　イスラームがそなたの祖国なり　そなたは預言者の民

地域に囚われてしまえば　結果は破滅
　海の魚のごとく　国から自由たれ
祖国を捨てるのは神を愛する者の為すこと
　そなたも預言者への誠を示すべし
政治の話での祖国は別のもの
　預言者の言葉での祖国は別のもの
世界の諸民族の間に対抗が生まれるのはこれ（祖国愛）による
　通商の目的はこれによる征服なり
政治はこれにより誠実さを失う
　貧しき者の家はこれにより略奪、破壊される
諸民族のなか、神のしもべたちはこれにより分かたれる
　イスラームの民の根はこれにより断たれる

（「祖国愛——政治的概念としての国」）

イスラーム国家について　西洋人に諮るなかれ
　預言者の民の構造は　特別なものなれば
国家も民族も　ウンマの名のもとにできるもの
　汝のウンマは　信仰の力で作られるもの

（「宗教」）

地域的な束縛は滅亡を招く
祖国に囚われぬ大海の魚となるがよい
政治が語る祖国は別物
預言者の教えし祖国とは別物

（「領土的ナショナリズム」）

民主主義とは政治の手法の一つ
人を計るもの、諮るものにあらず

（「民主主義」）

これらの詩に描かれているのは領域的な国境線をもった祖国に対する愛ではなく、イスラームの文脈でのウンマ（イスラーム共同体）の存在意義であった。イクバールは明らかに祖国愛との決別を謳い、「イスラームこそわが祖国」として民主主義など西洋が主導する国家のあり方を批判し、ムスリムとしての超域的な連帯の重要性を訴えた。ただしイクバールが決別した祖国愛とは政治的な意味で用いられる祖国愛であって、人間が自然にいだく祖国愛は当然のものとして認めている。イクバールが批判したのは、ヨーロッパにおいて政治的文脈で語られ、利用される祖国愛であった。彼は当時を回顧しながら以下のように述べている。

もし領土的ナショナリズムが祖国愛のために生命をも捧げようというのであれば、こうしたナショナリズムはムスリムの信仰の一部である。このナショナリズムが政治的概念となり、人民の団結の基本原則とされ、イスラームが個人的な信仰という背景に追いやられ、民族主義以外に民族の生き残るすべがないかの地位が与えられるとき、イスラームと対立するのである。

（『イクバールの政治的功績』）

〔当時〕私の考えは領土以外に人間を統一できる方法はみえていなかった。今の私は、人間を精神的基盤に基づいて統一させたいと思っている。そして私がイスラームという語を用いるとき、それはイスラームこそが精神的な体制であるということである。

（『イクバールと現代イスラーム世界』）

イクバールはイスラーム独自の価値観と国家観があることを示唆し、ムスリムの自信回復と行動主義を主張した。領土的ナショナリズムに感化されていた留学前の時期は、ヒンドゥーとムスリム両者のための「新たな寺」の建設を謳ったが、ヨーロッパでのさまざまな知見をへて、ウンマやミッラトを志向することとなったのである。

アラブ地域やオスマン帝国で領土的ナショナリズムや民族主義が台頭した時代、イクバールはムスリムとしての団結の必要性を説いた。領土的ナショナリズムから宗教的ナショナリズムへのこの転換を、イクバールはヨーロッパ留学時代に経験した。

イクバールの思想がウンマの連帯を強調した時期は、まさにインド・ムスリムの政治活動が活性化した時期にかさなる。全インド・ムスリム連盟は、インド国民会議派との交渉によって、ムスリムの権益擁護を画策し、分割支配策を企図したイギリスもまた、ムスリム連盟の要求を利用した。その後一九〇九年のインド参事会法ではインド人民間委員の定数を増やし、ムスリム委員を別枠で選ぶ分離選挙制を導入、ヒンドゥーとムスリムの対立を助長させた。この時点でムスリム連盟は、ムスリムの権利擁護のために、インド国民会議派に比して親英的であった。

政治活動と同時に、ムスリム知識層のあいだではウンマの連帯が現実的問題としてあらわれた。実際、第一次世界大戦勃発によるオスマン朝の危機はインド・ムスリム知識層のあいだでの自らのコミュニティに対する危機意識にかさなり、汎イスラーム主義のうねりが高まった。メディアと交通の発達によってインドのムスリムは世界で発生するイスラームをめぐるさまざまな情勢に接し、「イスラーム世界の凋落」を自らの問題として感じるようになったのである。

政治運動とインド・ムスリム

植民地下のインドの近代化でインド・ムスリムの政治意識は大きく変化した。北インドでは近代的教育を学んだ若者によって新興知識層が形成され、印刷技術や鉄道などの移動手段の発展はこれら新興知識層のネットワークを拡充させた。彼らは口語ウルドゥー語を共通語としていたが、十九世紀後半には植民地政府のもとでの使用言語をめぐってヒンドゥーとムスリムの対立が鮮明化し、言語の政治化が高まるなか、排他的な宗教アイデンティティが急速に台頭した。その結果、各宗教コミュニティは独自の雑誌や新聞の刊行、教育機関設立や慈善団体結成を促進させた。それでもなお、それぞれの宗教運動とは別に、政治運動にあっては、親英的立場をとるインド国民会議派結成にヒンドゥーやムスリムがともに参加するなど、「インド人」としての祖国愛が説かれていた。

だが十九世紀末から反英的な政治活動が活発化し、これを懸念したイギリスが宗教コミュニティ間の分断を企図して一九〇五年にベンガル分割令を施行すると、政治運動はヒンドゥーによる反英運動と、ムスリムによる権益確保をめざした全インド・ムスリム連盟の動きに分かたれていった。この動きは最終的に、一九四七年のインド・パキスタン分離独立へと繋がっていったのである。

イクバールはまさに、こうした時代の申し子といえる。近代的教育機関に学び、イギリスやドイツでヨーロッパの哲学を学び、ペルシア文学の伝統と、新たな共通言語ウルドゥー語でナショナリズムを表現したのであった。

先述の一九二一年の書簡で「ヨーロッパの風土が私をムスリムにした」と述べたイクバールは、二年後の二三年三月に開催されたイスラーム擁護協会で以下の詩句を披露している。

東洋の亡骸《なきがら》の血管に生命の血が走った
この秘儀はイブン・スィーナーもファーラービーも理解できない
西洋の台風がムスリムをムスリムにした
海の荒波によってこそ　真珠は磨かれるのだ
（「イスラームの沖天」『旅立ちの鈴の音』）

青年イクバールのヨーロッパ体験は、ベンガル分割に続くインド・ムスリムの政治運動の活性化に呼応するように、彼の思想的転換をもたらした。一九〇五年は、一人のインド・ムスリムの思考が国境を越えたムスリム連帯へといざなわれた年であった。

四章 転換期の憲法

藤波伸嘉

1 「東方問題」とクレタ

立憲革命の波

一九〇五年三月、クレタ島西部の村テリソで、未来のギリシア首相、ヴェニゼロスが蜂起する。正教徒とムスリムが同居するクレタ島は、前世紀以来、繰り返し蜂起の舞台となってきた。だが今回の蜂起は従来のものとは性格を異にし、首謀者たるヴェニゼロスはこの後、二〇年以上にわたり、クレタのみならず、「東方《オリエント》」全域、すなわちオスマン帝国内外の命運を左右する。ではそれはなぜ生じ、いかなる影響を後世に残したのか。それを知るためには、視野を「東方」全体に広げる必要がある。

「長い十九世紀」の「東方」においては、カリフの率いるムスリムの共同体と世界総主教をいただく正教会とが、西欧由来の主権国家体系のもと、自主独立のために、どのように近代化を推し進めるかという問題に直面していた。しかし、イスラームにせよキリスト教にせよ、民族や地域の別を超えた普遍性を標榜する宗教が、世俗性を旨とし、国境内外の弁別を重視する主権国家体系とどのように折り合いをつけられるのかは、必ずしも自明ではなかった。第三共和政のフランスでは、奇しくもテリソ蜂起の同年に制定された政教分離法によって、国家と教会の関係に、「世俗主義《ライシテ》」という一つの理念型がもたらされた。同じ一九〇五年に、オスマン帝国と並ぶ多民族多宗教国家ロシアで勃発した革命は、君権の制限や正教徒とムスリムの立憲的統合に一つの道筋を示した（詳しくは第二章を参照）。法、なかんずく憲法は国制の表現であり、宗教の地位も統治権の所在もそこに定められる。憲法体制とその変遷を語るうえで、立憲革命による国制転換のもつ重要性は言を俟《ま》たない。しかし列強国たるフランスやロシアとは異なり、「東方」においては、国家と教会の関係や君権と民権の関係という内政上の事項も、しばしば列強の干渉という外部的な要因によって左右された。いわゆる「東方問題」である。そしてその最前線の様相を呈していたのが、オスマン帝国とギリシア王国の狭間にあったクレタであった。

そこで本章では、「東方」をめぐる国際秩序の転換期において、国家と教会、君権と民権、国内法と国際法の関係がいかに変容したのかという問題を、ロシアの一九〇五年革命に発する一連の「立憲革命の波」という背景に留意しながら、オスマン帝国の一八七六年憲法と一九〇九年改正憲法、ギリシアの一八六四年憲法と一九一一年改正憲法、クレタの一八九九年憲法と一九〇七年憲法、そしてトルコの一九二一年憲法という、いくつかの憲法体制にそくして考察する。この作業を通じて、「東方」の憲法のあり方とその語られ方とについて、歴史学の立場から新たな視座を示すよう努めたい。

「半主権国家」クレタ？

十七世紀後半にオスマン帝国に征服されたクレタでは、ムスリムと正教徒が長らく共存していた。しかし一八二一年にギリシア独立戦争が勃発すると、戦後処理の過程でオスマン領にすえおかれたクレタは、独立を達成したギリシア王国への合併を求める正教徒が度重なる蜂起をおこなう舞台となる。とり

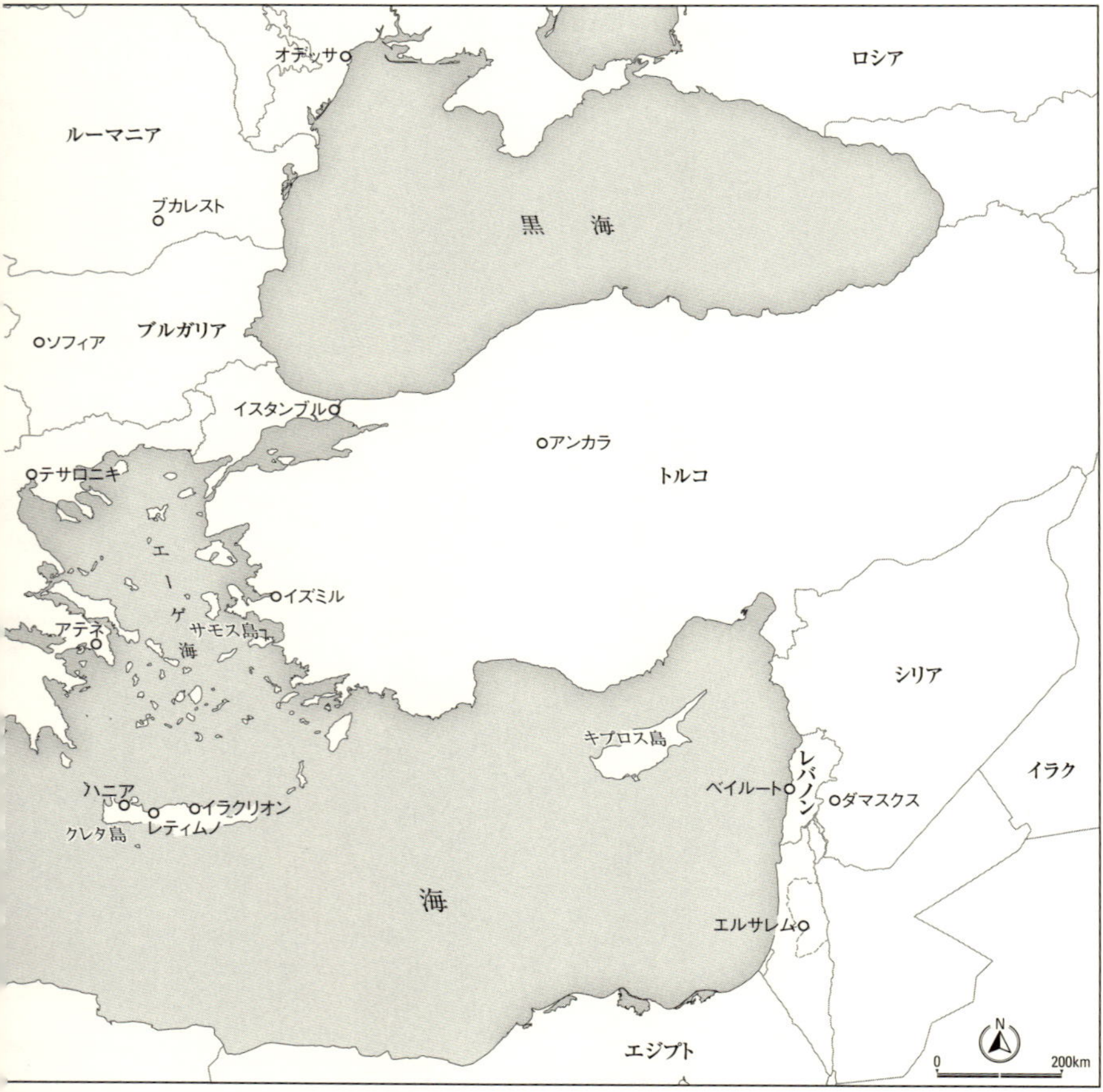

オデッサ
ロシア
ルーマニア
ブカレスト
黒　海
ブルガリア
ソフィア
イスタンブル
アンカラ
トルコ
テサロニキ
エ
ー
ゲ
海
イズミル
アテネ
サモス島
シリア
キプロス島
イラク
レバノン
ベイルート
ダマスクス
ハニア
イラクリオン
レティムノ
クレタ島
海
エルサレム
エジプト
N
0
200km

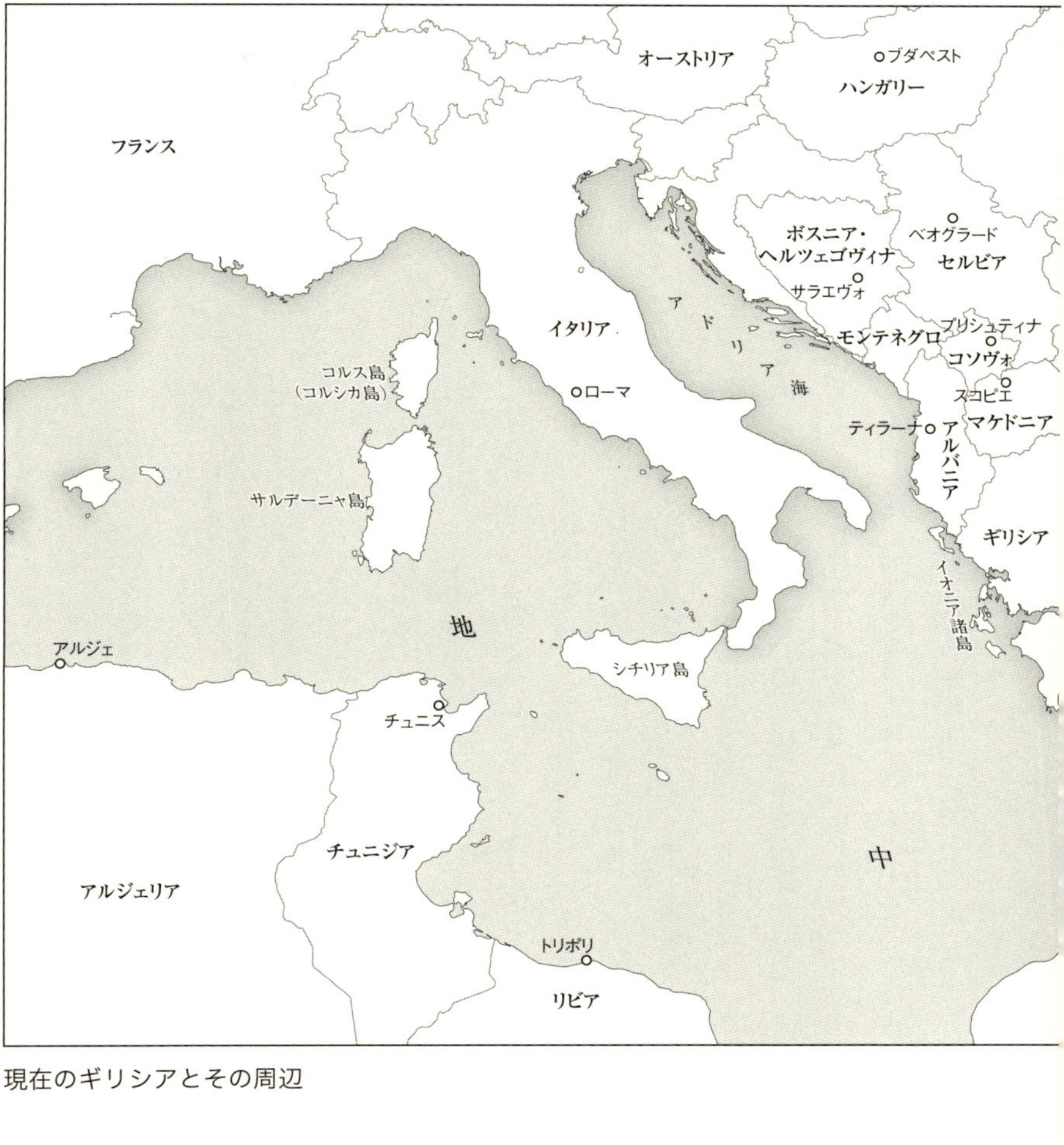

現在のギリシアとその周辺

わけ一八六六年の蜂起は列強の干渉を招き、島内の官職をムスリムと正教徒のあいだで按分《あんぶん》することを眼目としたクレタ州法が六八年に制定されることで事態が収拾された。その後、クレタのさらなる「改革」を求めた七八年のベルリン条約第二三条を受け、同年にクレタのハレパにて、大宰相府とクレタの正教徒とのあいだで結ばれた協定に基づき、さらなる正教徒優位の体制が定められた。この間、正教徒による虐殺や抑圧を恐れたムスリムはしだいに島外に逃れていき、結果的に十九世紀末にいたるまでに、クレタでは、正教徒のギリシア人が明確な多数派を形成する。一八八九年の勅令で一定の見直しがはかられたものの、こうしてクレタは、オスマン「本土」とは異なる特権的な制度のもとにおかれた。だが、正教徒の急進派がギリシア合併を求めて実力行使へと突き進んだことに端を発する九五年の蜂起は、クレタのみならず、以後の「東方」全体の政治地図を大きく変えていく。

平和維持の名目で列強が干渉するなか、オスマン側は一八九六年八月の勅令でクレタのさらなる権限拡大を認めた。だがギリシア王国が、「蛮族の狂信と略奪に晒されている」「同種同信の民」の「解放」を名目に、九七年二月にクレタに出兵したことで事態は一変する。オスマン側は当然これに抗議するが、戦争勃発にともなう現状の変更を恐れる列強六カ国は、オスマン側から「寄託」を受けるという体裁で、クレタを事実上その支配下においた。しかし以後もギリシアの準軍事組織や非正規兵によるオスマン領侵犯が繰り返されたため、同年四月、ついに両国間で戦端が開かれた。

この戦争では短期のうちにオスマン側が勝利するが、現実には、オスマン側が得たものは多くない。敗色濃厚なギリシアが、自国に不利な城下の盟を避けるべく、列強六カ国に仲裁を依頼した結果、戦勝にもかかわらず、クレタに対する大宰相府の実効支配が取り戻されるどころか、その実質的な喪失がもたらされることになった。この間に意見の相違により「寄託」の体制から離脱した独墺を除く英仏露伊四カ国は、自らの高等弁務官として、ギリシア王ゲオルギオス一世の次男、ゲオルギオス王子を任命した。ロシア大公女オリガを母に、一八六九年に生まれた彼は、九一年には父方の従兄、母方のはとこにあたるロシアのニコライ皇太子の極東旅行に随行する。そこで遭遇したのが大津事件である。ゲオルギオスのクレタ高等弁務官就任は、ニコライ二世の強い推薦によるといわれるゆえんである。

この間、列強四カ国は二枚舌の約束をおこなった。すなわち、勢力均衡のための「東方」の現状維持という建前に固執する列強は、オスマン帝国には、その領土保全はそこなわれないこと、つまりクレタはオスマン「主権」下にとどまることを前提に、クレタへの「自治」付与を慫慂《しょうよう》した。他方、ギリシアには列強は、オスマン「宗主権」下での「自治」と引き換えに、クレタ併合を断念せよとの説得をおこなった。したがってギリシア人は、クレタはもはやオスマン「主権」下にはないと考える。こうした玉虫色の「合意」のもと、一八九八年十二月にクレタに到着したゲオルギオスは現地有識者に憲法草案の起草を委嘱し、それが列強の同意をへて、翌年四月にクレタ「国民議会」によって制定された。

この一八九九年憲法は、オスマン皇帝や大宰相府になんら言及することなく、クレタは「公」をいただく政体だと宣言する。したがってギリシア人も西欧人も、その多くが、いまやクレタは、完全な内政上の自治権、すなわち「半主権」をもつ「国家」だと考えた。ゲオルギオスは、ギリシア王子とクレタ「公」と列強の任命に係る高等弁務官という三つの立場を、その一身で兼ねる存在と目される。とはいえ、多くのギリシア人は、クレタ「国家」なるものを、ギリシア合併という「最終的解決」にいたる一里塚としてしかみていなかった。他方、クレタは列強に「寄託」したのみであって、当然に自国の「主権」下にあると考えるオスマン側の観点からすれば、クレタ「国家」なるものが存在する余地はなく、ゲオルギオスも決して「公」たり得ない。帝国の領土保全を約束した列強も、少なくとも建前上はこの立場を共有する。「半主権国家」クレタは、内外両面で不安定な存在であり続けた。

主権と宗主権のあいだ、独立と自治のあいだ

主権国家体系の原則からすれば、このようなクレタの地位は複雑怪奇な「例外」と映る。だが、「東方」においては「例外」こそ常態だった。現状維持の建前のもと、オスマン側に名目的な権限を残しつつ、明確な法的解決は先送りしながら、実質的にはキリスト教徒に有利な体制を現地で既成事実化することは、「東方問題」に一貫する方策だった。そこで、国際法上の「例外」として、その意味内容が不分明な「宗主権」概念が、オスマン「主権」からキリスト教徒居住地域の「自治」をくり出すために活用された。しばしばこの推移は、「瀕死の病人」の「不可避」の解体過程と称される。だが人口に膾《かい》炙《しゃ》したこうした認識は、「東方」の分割のために列強が創り出した虚像にすぎない。オスマン帝国を主権国家体系のなかに取り込みつつ、しかし「野蛮」なオスマン帝国に対してはその行為主体性を否定して「例外的」な処遇をすることは、「東方」を列強内部の勢力均衡に資する分銅として利用するためには不可欠の手続きだった。しかもこの過程は、単にキリスト教国のオスマン帝国からの分離独立にとどまるものではない。それは、従来は普遍帝権たるオスマンの傘のもと、広域的な支配を実現した正教会が、その一体性を喪失し分裂することもともなった。

正教会の一体性を最初にそこなったのはギリシア人である。正教の観点からすれば、ギリシア独立戦

「列強——いたずらは禁止」
「東方」の子どものけんかを仲裁する「西方」の紳士たち(『カレム』第51号, 1909年9月2日)。

争とはすなわち、現世における正統な君主たるオスマン皇帝への叛乱にほかならない。したがって、イスタンブルの世界総主教座がこれらの叛徒を破門すると、これに対して新生ギリシア王国は、独立したギリシア正教会の設置を一八三三年に一方的に宣言し、それを国家の強い統制下においた。独立後最初の憲法である一八四四年憲法もその後の一八六四年憲法もともに、まず第一条で「ギリシアにおける支配的な宗教はキリスト教会の東方正教である」と定め、さらに第二条で、独立教会たるギリシア正教会の世界総主教座との「教義上」の一致を謳う。つまりギリシアの憲法体制は、一宗教の「教義」にまで踏み込むかたちで、当の世界総主教座がいまだそれを承認していない時期からすでに、ギリシアの教会法上の独立を宣言していた。

だが地上の普遍的な教会をもって自任する

正教会、とくに世界総主教座にとり、世俗権力の分立は必ずしも自らの管轄の縮減を正当化するものではない。世俗的には大宰相府の実効支配を離れた地域に対しても、世界総主教座は自らの管轄を主張し続けた。早くから事実上の自治を享受したセルビア公国の教区は、独立教会ではなく、世界総主教管轄下の自治教会とされた。オスマン「宗主権」下におかれたイオニア諸島や両ドナウ公国、すなわちのちのルーマニア公国の教区は、世界総主教座の直轄下にとどまった。オスマン「主権」下の自治領となったサモス島や、オスマン「主権」下ながらハプスブルクの占領下におかれたボスニアについても、世界総主教座の管轄は維持された。ギリシア正教会の存在を世界総主教座が認めるのは一八五〇年であり、セルビア教会やルーマニア教会が独立教会となるのは、おのおのの世俗権力が一八七八年のベルリン条約によって独立を達成してのちのことだった。国際法上ないし国法上、オスマン「宗主権」下の「半主権国家」やオスマン「主権」下の「特権州」とされる地域に対しても、教会法上はできる限り直轄下におき、せめて自治教会の地位にすえおくことでバルカン諸教会の独立を防ぐのが、世界総主教座の立場だった。

したがってクレタについても、それがオスマン「主権」下の一「特権州」とみなし得る限り、世界総主教座は当然に自らの管轄を主張する。だが自らはすでにオスマン「宗主権」下の「国家」だと考えるクレタ側は、世俗的にのみならず宗教的にもイスタンブルからの独立を求めた。一八九九年憲法によれば、「世界総主教の選出に係るクレタ府主教およびクレタの主教会議によって選出された主教の任命の承認又は不承認」は「公」の権限であり(第三一条)、「府主教および主教の任命」は、(大臣に相当する)顧問の副署なく「公」が決定できる(第二九条)。しかも、「世界総主教座と合意して、第三一条に定める府主教および主教の任命の権限の行使方法を定める権限も、公に与えられる」(第一一二条)。だがこれは、世界総主教座の叙任権とクレタ「国家」の「(半)主権」とのあいだで、少なからぬ波紋を呼んだ。この「府主教問題」は結局、一九〇〇年の協定で、クレタ府主教座は名目的には世界総主教座の管轄下に残るが、実質的には自治的な運営をおこなうことで、一応の決着をみた。

「宗教的特権」

以上が「東方」における国家と教会の関係の近代的再編をめぐる対外的側面であるとすれば、その対内的側面は、「宗教的特権」という制度に示される。主権国家体系の浸透にともない、「政治」の領域の「世俗化」ないし「脱宗教化」が求められるなか、オスマン世界における「宗教」の位置付けも変遷する。一八七六年憲法第一一条は、「オスマン帝国の国教はイスラーム教である。この原則を遵守し、かつ人民の安全又は公序良俗を侵さない限り、オスマン領におけるあらゆる公認の宗教の自由な実践および諸々の宗派共同体に与えられてきた宗教的特権の従来通りの行使は、国家の保障のもとにある」と定める。憲法にその旨の明示はないものの、ここにいわゆる「あらゆる公認の宗教」とは基本的に、キリスト教諸宗派とユダヤ教を指す。ではここにいう「宗教的特権」とは何か。これもまた、主権国家体系の「例外」として、オスマン憲法体制に埋め込まれた制度である。

同時代の西欧諸国において、国家と教会の関係は種々の形態を取ったが、他宗教に対するキリスト教徒の多数性と優位性は自明であり、国民多数派の意志が国家理性を介して教会に優越することに特段の問題は感じられなかった。ところが、ムスリムが過半を占めるオスマン帝国において国民多数派の意志がキリスト教諸教会に優越することは、西欧人には問題と映る。なぜならそれは、キリスト教はつねに「文明的」であり、したがってつねにイスラームに対して優越しなければならないという、当時の国際秩序そのものに反するからである。そこでオスマン帝国には、国民多数派の意志がおよばない、特権的な「宗教」の領域が形成された。クリミア戦争の過程で英仏の干渉の結果として発布された一八五三年の特権勅令は、非ムスリム各共同体の「宗教的特権」は君主も国民も侵害できない権利だと宣言し、しかもそれは、ムスリムと非ムスリムの平等を謳う五六年の改革勅令でも保持される。以後、非ムスリムはムスリムと「政治的」には平等だが、「宗教的」には「特権」をもつことが確立し、オスマン帝国の「ヨーロッパの協調」への参加を保障した同年のパリ条約に改革勅令が埋め込まれたことで、この体制は国際的な承認を得る。こうして国法上も国際法上も保障された「宗教的特権」制度の細目を定めるのが、六〇年代に順次制定されたいわゆる「ミッレト憲法」、正教徒の場合は六二年の総主教座法だった。同法のもと、世界総主教座には、府主教一二名より成り「宗教」を管轄する合議体、すなわちシノドと、俗人評議員八名およびシノド構成員たる府主教四名から成り非「宗教」的な事項を扱う混合評議会という、二つの統治機構が整備された。両評議会は重要案件に際しては合同で討議する。そして、「民族の長《エスナルヒス》」として、聖俗両面にわたる裁定者とみなされた世界総主教をいただく正教徒共同体は以後、一種の擬似立憲政体を形成する。ムスリムの立場からすれば、憲法第一一条の定める「宗教的特権」は信教の自由のオスマン的表現形態たる宗務行政制度であって、それは修道院運営、婚姻や遺産、そして聖職者の人事や裁判、教育にかかわる権限を含み、その細目を定めるのが総主教座法だとみなされた。だが他方で、「宗教的特権」制度は同時代からいわゆる「ミッレト制」神話を生み出し、非ムスリム、とくに正教徒のあいだに、自分たちの「特権」はイスラームが「古来」認めてきたものであって、一片の憲法典が左右し得るものではないという理解をもたらす。

こうして、「長い十九世紀」の中葉にいたり、オスマン帝国治下の正教会は、バルカン諸国の教会に比してはるかに「特権的」な地位を享受するようになる。前者では国民多数派、すなわちムスリムの意志は、その「特権」が制度的に保障された正教会にはおよばなかったのみならず、聖職者は、「民族」の非「宗教」的な事柄についても強い権限を有した。これに対し後者では、国民多数派の世俗的な意志に教会が従属するのは当然と目され、ゆえに各国の教会が政府の強い統制下におかれたのみならず、少数派の宗教に対する制度的保障はほとんどみられないか、形骸化することが多かった。独立戦争の過程で在地のムスリムのほとんどを虐殺ないし追放したうえで、正教の「特権的な地位」を定めるギリシアの憲法体制はその好例である。ギリシア独立を認めた一八三〇年のロンドン議定書がカトリックの「特権」を保障していたにもかかわらず、一八四四年憲法においても一八六四年憲法においても、「支配的な宗教以外の他の教会の法的地位」に関する規定はほとんど存在せず、「他のあらゆる公認の宗教」には、「自由」ならぬ「容認」しかあてがわれていない(第一条)。「ギリシア王位のすべての継承者はキリスト教会の東方正教を信仰しなければならない」し(一八四四年憲法第四〇条、一八六四年憲法第四七条)、王は「ギリシア人の支配的な宗教を保護する」旨を誓う(一八四四年憲法第三六条、一八六四年憲法第四三条)。そして出版の自由の例外として、「キリスト教に対する侵害」をおこなった刊行物の没収は容認されている(一八六四年憲法第一四条)。だが他方で、ギリシアにおいて教会への国家の干渉は制度的にも確立し、正教会はその人事や修道院運営の主導権を政府に握られ、婚姻や裁判や教育にかかわる権限を奪われるにいたった。

オスマン帝国とギリシア王国の狭間にある「半主権国家」クレタにおいて、国家と教会の関係は、両者の中間の様相を呈した。一八九九年憲法第一一条は、「あらゆる公認の宗教の外面的な礼拝行為」の自由を保障する。また、出版の自由の例外として、「島で信仰されている公認の宗教が侵害された場合」、刊行物の没収が認められる(第二三条)。ここにいわゆる「公認の宗教」が具体的に何を指すのかは、やはり憲法自体には言及はない。だが正教に必ずしも明文で特権性が付与されてはいないこと、イスラームについて明示的な言及があることは、オスマンやギリシアとの比較でクレタの憲法体制を考えるうえで鍵となる。「経過規定」と称する一八九九年憲法第一〇章のうち、第一〇七条はワクフ財の私有財産化を推進し、第一〇八条は、「本憲法公布後の最初の八年間、公は、学問的教育を受けておらずギリシア語を解さなくとも、法的に必要な資質や能力を備えていれば、ムスリムのクレタ人を例外的に公職に任命することができる」旨を定める。さらに第三一条は、「ムフティーやシャリーア法廷での権限行使についてシェイヒュルイスラーム(「イスラームの長老」。オスマン帝国における聖法解釈の最高権威)からの委任状を得たカーディー」の任免や異動は「公」の権限だとし、そのうえで第九二条がシャリーア法廷の管轄を定めている。つまり「半主権国家」クレタの宗務行政制度は、オスマン臣民たるシェイヒュルイスラームや世界総主教との関係を無視して考えることはできない。そしてそこに見出されるのは、国家と教会の関係をめぐり、オスマン帝国治下で非ムスリム共同体の裁判権の範囲が問題となった「特権問題」の、いわば攻守所を変えるかたちでの再演だった。

以上を要するに、クレタの憲法体制は、列強の勢力均衡の論理により、主権国家体系の「例外」として、オスマンとギリシアの中間に定められた。外部から「押しつけ」られたこの体制は、オスマン側には列強による不当な内政干渉のあらわれ、ギリシア側には民族の「大義」に対する列強の無理解のあらわれと映る。ゆえに憲法制定後も、クレタの情勢は安定しない。「東方問題」の文脈で「上から」定められた体制はやがて「下から」の圧力に晒され、翻ってそれが、「東方」の政治地図を変えていく。その過程で頭角をあらわしたのがヴェニゼロスだった。だがその射程を理解するためにも、ここでいったん、ギリシア王国へと目を転じたい。

2　メガリ・イデアの盛衰

一八六四年憲法から一八九七年戦争へ

ギリシアの独立は、その保護国となった英露仏三カ国の干渉、あるいは「人道的介入」によって実現した。だがギリシア人の認識においては、「西洋文明揺籃の地」への貢献という当然の責務を列強が充分にはたさなかったために、「東方」全域に広がるギリシア人のなかの一小部分しか「解放」されなかったのだとみなされた。そこで、列強に「押しつけ」られた現有領土は本来あるべき民族的分布に合致しない人為的な国境に基づいているとして、その外部、すなわちオスマン領に居住する「未解放の同胞」を取り込まんとする領土拡張主義がギリシアの国是となる。いわゆる「偉大なる理念」、メガリ・イデアである。勢力均衡の名のもとにギリシア人の「正当な」領土拡張を妨げる列強諸国が批判されるゆえんであり、ギリシア王国が、オスマン帝国の主権をできる限り無視しなければならないゆえんでもあった。というのも、主権の平等と不可侵がオスマン帝国にも認められれば、ギリシア側の一方的な民族的理念に基づくオスマン領侵略を正当化するのは困難だからである。だからこそギリシア王国は、キリスト教中心主義的な当時の国際法学に基づき、キリスト教国であるがゆえに「文明的」な自国は、イスラームを奉ずるがゆえに「野蛮」であるオスマン帝国の主権を尊重する必要はないと主張した。

他方、現状打破の志向は、国境と同様に外部から「押しつけ」られた国王にも向かう。建国当初は、バイエルンから迎えられた幼少のオトン王を輔弼《ほひつ》すべく、ギリシア入りした摂政団が実権を握った。成年にともなうオトン王の親政開始後も続いたこの「バイエルン支配」は、一八四三年の政変をへて翌四四年に憲法発布が実現したことで終結する。だがオトンはしだいに専制に傾斜していったため、一八六二年に再度生じた政変の結果、ギリシアから放逐される。その後、新憲法制定と並行して、デンマークよりゲオルギオスが国王に迎えられた。ところが、この一八六四年憲法体制下、しばしばギリシアは、「人民主権」に基づく「王のいる共和国」だと主張された。その根拠は、その主唱者の一人、アテネ大学の憲法学者サリポロスに従えば、以下の通りである。すなわち、憲法第二一条によれば、あらゆる権力は人民に発する。国家という法人の最高の機関は、王ではなく、主権者たる人民と法的に一体を成す議会である。そして、第四四条が「王は憲法又はそれに基づく特別法が明文で定めた以外の権限を有さない」とする一方で、憲法改正に関する第一〇七条は王に一言もふれていない。したがって、憲法改正という主権の最高次の行使において、王の容喙《ようかい》は排されている。これは、ギリシアが王制ではないことの証拠である。「ギリシア王」だったオトンに対し、ゲオルギオスの称号が「ギリシア人の王」であることは、これを裏書きしている、と(『ギリシア王国国法』二節)。

ただし、ここで根拠とされる憲法第二一条は、実際は、「あらゆる権力は民族に発する」と定めているのであって、「人民に」ではない。ゆえに、「民族《エトノス》」と「人民《ラオス》」を同一視し、第二一条から「人民主権」を引き出すのは、それ自体が一定の意図に基づく政治的な解釈にほかならない。一八六四年憲法を制定した第二次民族議会には「未解放」の在外ギリシア人の代表も含まれており、他国に先駆けて男子普通選挙を実現した同憲法は、議員はすべての男性「市民」により選挙されるとして(第六六条)、当該選挙区に二年以上居住し、市民権を享受する「ギリシア市民」にその被選挙権を認める(第七〇条)。そして一八五六年の民法典が、「ギリシア人」を父にもつ子は「ギリシア人」だとし(第一四条)、他国籍の「同胞」は二年の居住で帰化が可能だとする(第一五条)一方、一八七七年の選挙法は、当該選挙区の「住民」に選挙権を付与する(第四条)。要するに、ギリシア「民族」に属するオスマン領出身の「同胞」はギリシア王国で容易に参政権を行使できるのであって、ギリシア憲法体制は、自らが王国の現有領土に局限されない、「民族的」な広がりをもつという主張を内包していた。だからこそ、権力は「人民」ならぬ「民族」に発する。ギリシアにおいて問題はむしろ、王国領生え抜きの「現地民」が、政治的にも社会経済的にも、しばしばオスマン領出身者、すなわち「よそ者」の後塵を拝するところにあった。

だが当然にもオスマン側からすれば、自国民が他国の議会に参加することは自らの主権にかかわる。一八六九年のオスマン国籍法は、血統主義を打ち出しつつ(第一条)、勅旨なく国籍を放棄することは認めず(第五、六条)、外国籍を証明できない者はオスマン領に居住する限りオスマン臣民とみなされる旨を定めている(第九条)。つまりオスマン領に住むギリシア人は、オスマン・ギリシア両国の憲法体制が、それぞれに異なる論理から自らのうちに囲い込もうとする対象であった。

そして対内的にも、ギリシア一八六四年憲法の運用や解釈は、必ずしも「人民主義的」におこなわれていたわけではない。君権と民権の調和を志向した同憲法のもとでは、閣僚任免や議会解散について広汎な君主大権が存在した。たしかに一八七五年以降、だがとりわけトリクピスが率いる内治優先の近代党とディリヤニス率いる対外硬の民族党が交代で政権に就く二大政党制が成立した一八八二年以降、議会多数党が政権を担うという「〔信任〕表明の原則」が、いわば憲政の常道としていったんは確立する。だがこれはあくまで慣行にすぎず、憲法の文言が変わったわけではない。まして反議会主義の思想が高まった世紀転換期、既成政党の腐敗と無能は議会制そのものへの懐疑を呼び起こし、一八六四年憲法体制は左右双方からの攻撃に晒される。

「民族」の位置付けも示す通り、そもそもギリシアの憲法体制は対外侵略、すなわち「未解放」の同胞や領土の「解放」を前提として成り立っていた。「表明の原則」を実現した二大政党制は、トリクピス派の近代化政策により蓄積した内的矛盾を、ディリヤニス派の拡張主義によって外部に転嫁する分業の仕組みにほかならない。したがって、クレタの「解放」をめざす対外硬派の暴走のはてに生じた一八九七年戦争の敗北は、従来の政治手法がもはや通用しないことを白日のもとに曝し、ギリシア政治の転換点となる。二大政党制が動揺し、クレタ問題とその善後処置をめぐって政界が混乱するなか、ゲオルギオス王は、「表明の原則」に必ずしも従うことなく、あらためて大きな政治的影響力を行使する。対外侵略との抱き合わせでこそ成り立ち得た立憲政は、その実現可能性が疑わしくなったことで、変質を始めていく。

クレタ問題からマケドニア問題へ

ギリシア政治の変容は内外両面にかかわる。対外的には、オスマン帝国に対する実力行使も辞さない従来型のメガリ・イデアの非現実性が明らかになったことに鑑み、当面は軍事力発動にいたることなく、オスマン領内の正教徒に対する一種の内面指導が志向されることとなった。その主戦場となったのがマケドニアである。一八六〇年代以降、正教徒共同体のなかで世俗的な民族意識の浸透が進むにつれ、また、総主教座法に基づく擬似立憲政体のもと、数の論理の重要性が増したことを受けて、従来の正教会の体制を「ギリシア支配」とみなし、そこからの自立を求めるブルガリア人が増加した。彼らはロシアの支持を得て、自前の世俗国家の形成に先立ち、一八七〇年にブルガリア総主教代理座の設置を勝ち取った。だが、民族の別を問わない普遍性に基づくキリスト者の統一を訴える世界総主教座にとってこれは到底認められるものではなく、総主教代理座に属す者は教会分裂の徒だと宣告されるにいたった。

その後、露土戦争をへて一八七八年にベルリン条約が締結されると、オスマン「宗主権」下に設置された「半主権」のブルガリア公国は、総主教代理座を支援して、聖俗両面での勢力拡大をはかる。しかしこれは、オスマン領内の「未解放」の正教徒を取り込むことで自領の拡張を狙うギリシア王国のメガリ・イデアと衝突する。一八九七年戦争の敗北後、だがとくに一九〇三年以降、両者の対立は激化し、したがってギリシア王国にとって世界総主教座との協調の重要性が高まる。これは、その世界総主教座を国制の重要な要素とするオスマン帝国との関係改善を要請した。そしてそれは、オスマン帝国とギリシア王国の双方に居住するギリシア正教徒にとって、主要な「敵」が、ムスリム・トルコ人からブルガリア人に変化することも帰結した。換言すれば、一八九五年以降のクレタ蜂起はオスマン・ギリシア関

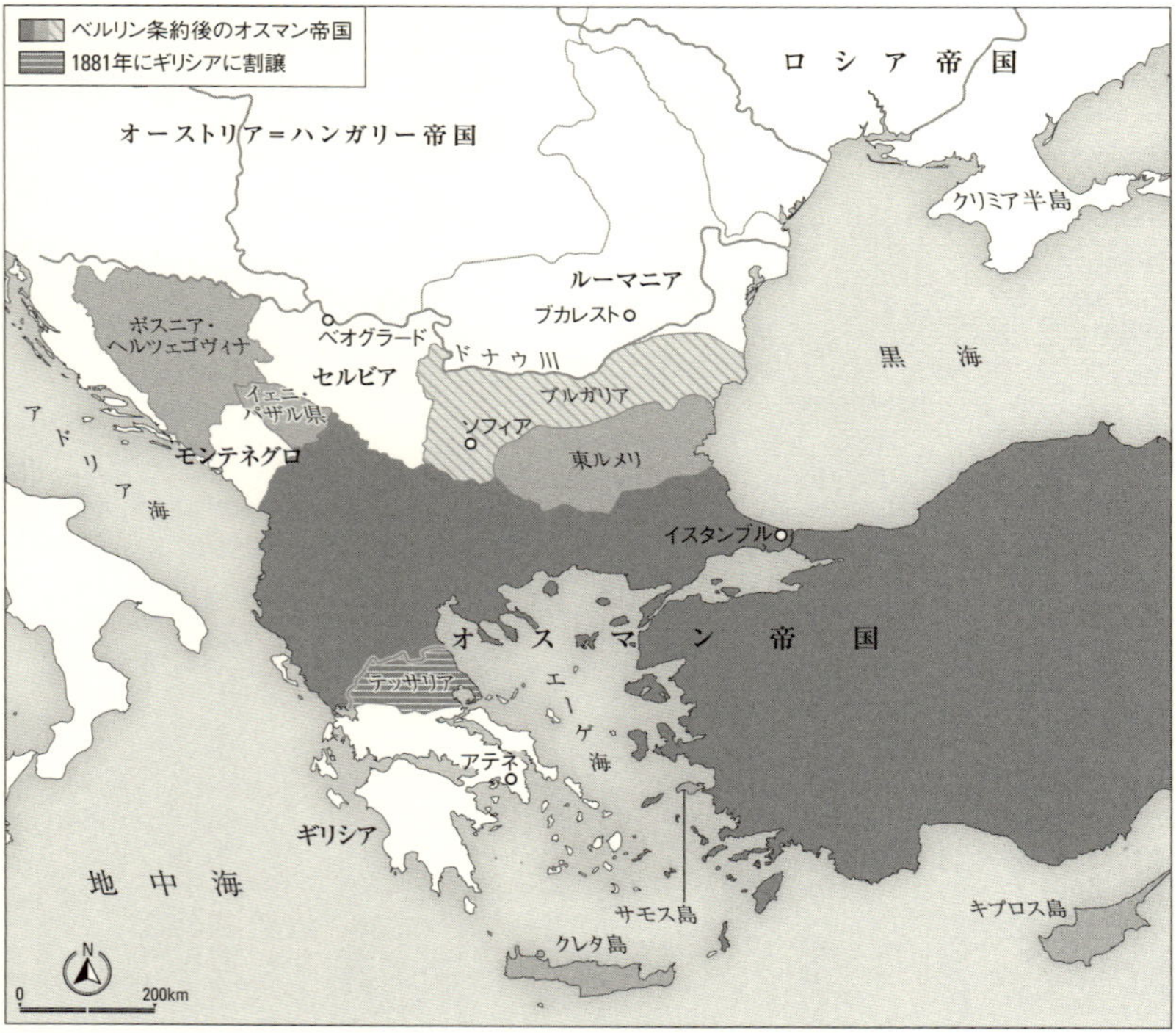

ベルリン条約後のバルカン半島

係を決裂させたが、まさにその結果としてクレタの「自治」を獲得し、さらに対ブルガリアに舵を切ったギリシア王国にとり、オスマン帝国との関係悪化の危険を冒してまでクレタにさらなる干渉をおこなう動機はなくなった。そしてこのような友敵関係の再編は、「東方」のギリシア人に、「汎スラヴ主義」に抗すべき自前の広域秩序像としてのギリシア・トルコ提携構想をもたらした。しばしば二重帝国論や東方連邦論として語られるこの種の構想が、はたしてどれほど在地の憲法体制を踏まえた現実的な議論だったのかは、やがて勃発する青年トルコ革命の後に明らかになる。

一方、対内的には、一八九七年の敗北の衝撃は当然その責任者の追及に向かうべきだったが、「汎スラヴ主義」との闘争という民族的な「大義」の名のもとに、国内の矛盾を外部に転嫁するギリシア政治の構造は延命した。二〇年近くにわたり政界を牽引したトリクピスはすでに亡く、ディリヤニスも暗殺されるなか、経済力に優れるオスマン領への移住、あるいはアメリカ大陸への移民という安全弁の存在もあって、中下層の人々は実質的な政治参加の機会や手段を得られないまま、唯一の大都市であるアテネの富裕層とペロポネソスの大土地所有層の利害を反映し、その縁故主義に立脚する従来の二大政党制が、当面はなかば惰性的に存続する。ただしこの間、君権に対する「下から」の反発は高まった。一八九七年におけるコンスタンディノス王子の戦争指導の誤りが追及される一方、王妃オリガはしばしば、ギリシアに仇なす「ロシアの手先」とみなされた。というのも、内外に少なからぬ非ギリシア語話者の「同胞」をかかえるギリシア王国において、古典古代以来の伝統を謳う文語の統一とその威信は、「民族」の統合に必須だと考えられたからである。ゆえに、「人民」教化のための「民衆語《ディモティキ》」使用に寛容とみられたオリガは、ギリシアの連続性と一体性を象徴する「純正語《カサレヴサ》」をそこなう存在と目され、したがって一部の民族主義者には彼女は、正教信仰をそこない「汎スラヴ主義」の危険を助長する存在と映った。こうした感情がただちに現行の「王のいる共和国」という政体自体の正統性を消滅させたわけではないにせよ、変化の兆しはそこここに伏在していた。

ギリシアの政治構造は、「東方」全体にかかわる国際環境の変容を受けて転換する。その契機となったのが、日露戦争とそれに引き続くロシアの一九〇五年革命だった。これを皮切りに、「東方」の各地で、イラン立憲革命、青年トルコ革命、辛亥革命と続く「立憲革命の波」が生じ、在地の憲法体制の転換がもたらされた。クレタのテリソ蜂起とギリシアのグディ事変も、同じ動きのなかに属する。そしてその主役となったのが、ヴェニゼロスだった。

3　ヴェニゼロスの時代

一八九九年憲法から一九〇七年憲法へ

ヴェニゼロスは一八六四年、クレタの中心都市の一つ、ハニアで生まれた。アテネ大学法学校で学んだ彼は、八七年より郷里で弁護士を開業する。八九年にはクレタ州議会議員に選出され、政治の世界に足を踏み入れる。九五年以降の蜂起の過程で頭角をあらわした彼は、ゲオルギオスのもと、憲法草案の起草にあたった、いわゆる「十六人委員会」にも参加した。

その憲法の文言上、クレタ「公」の権力は大きい。一八九九年憲法にはギリシア一八六四年憲法第二一条に類する規定はなく、権力は、「政体の最高の長」たる「公」に集中する。法律制定には議会の可決と「公」の裁可がともに必要とされるのみならず、執行権は「公」に専属する(第二八、五八条)。それを輔弼する顧問が議員を兼ねることは禁じられており(第六七条)、しかも顧問は任命権者たる「公」に対してのみ責任を負うため、議会の信任を必ずしも必要としない。議会は法案発議権を有するが(第六〇条)、議会の「常会は二年に一度」であり(第四六条)、その会期は二カ月と短い(第四七条)。また議会には、「人民」が選出する議員と並んで、「公」による一〇名の任命議員の枠が存在したのみならず(第三七、四二条)、議会の招集の延期や停会、解散に関して、「公」には大きな権限が存在した(第三二条)。憲法学者サリポロスは、これほどの「公」への権力集中は、「ギリシアでみられるような、議会制や人民の過度の権力に基づく逸脱を避ける」ためであり、かつ、クレタ人が「公」たるゲオルギオスに「絶対的な信頼を有していた」からだったと説く。彼はさらに、憲法改正への「公」の容喙は排されていること(第一〇〇〜一〇三条)を根拠に、クレタもまた「人民主権」の類型に属するとすら主張した(『クレタ憲法』)。だが実際には、憲法制定後に激化したのは、正教徒とムスリムの対立以上に、正教徒内部の党派対立だった。クレタの国際的な地位については当面は現状維持のまま内治を優先すべきとする「穏健派」と、ギリシア合併を最優先すべきとする「急進派」との対立はやがて、君権と民権の相剋というかたちで表面化する。

在地に必ずしも強固な権力基盤をもたないゲオルギオスは、「公」としての権限の行使に積極的であり、いささか拙速に、王室外交の手法を用いて、とくにロシアの支持を得てのギリシア合併をはかる。これに対しクレタ住民の代表を自負する司法顧問ヴェニゼロスは、「下から」のギリシア合併を推進する立場から、これを抑制しようとした。「東方問題」の文脈での勢力均衡を重視し、クレタに対するオスマン帝国の「主権」を認めざるを得ない列強諸国がギリシア合併を拒絶すると、体面を潰されたゲオルギオスとヴェニゼロスとの反目は深まる。結局、ヴェニゼロスには「辞任」すら認められず、一九〇一年四月初めに「公」によって「解任」される。だが、ゲオルギオスの専制的な政治手法に対する反発が広まるなか、ヴェニゼロスが実力行使に踏み切ることで生じたのが、冒頭で記した一九〇五年のテリソ蜂起である。その意味で今回の蜂起は、大宰相府やムスリム住民を敵とした従来の蜂起とは性格を異にする。列強四カ国の高等弁務官として、キリスト教世界の「国際世論」が注視するなか、ムスリムが住む島の正教徒を武力で鎮圧するという選択肢はゲオルギオスにはなく、クレタ人のみならず列強の支持も失って追い詰められた彼は、一九〇六年九月に辞任をよぎなくされる。憲法上は圧倒的な権限をもつはずの「公」が敗れた瞬間である。このような推移は、一九〇五年革命の勃発以来、ゲオルギオス支持のロシアの影響力が後退していたという事情の賜物だった。

クレタ退去後の一九〇七年、傷心のゲオルギオス王子はナポレオン・ボナパルトの弟の曽孫にあたるマリと結婚した。新妻に繰り返し語ったようにヴェニゼロスへの恨みはゲオルギオスの骨髄に徹しており、それは彼の父兄、すなわち当代ゲオルギオスおよび次代コンスタンディノスという二人のギリシア王の言動にも影響を与えることで、本国における君権と民権の関係にも一定の作用をおよぼしていく。他方、民権の立場から君権を掣肘《せいちゅう》し、「ヨーロッパの協調」を出し抜いた「クレタの闘士」という像は、以後のヴェニゼロスにとって重要な政治資源となる。そして、後知恵としてみれば、一八九九年憲法における「公」への権力集中は「申し開きのできない重大な誤り」だったとされ、ゲオルギオスの後を継いだ元ギリシア首相ザイミスのもとで、新憲法の制定がおこなわれる。

その一九〇七年憲法において、「政体の最高の長」は「公」ではなく、高等弁務官である(第三六条)。もちろん、一八九九年憲法第一〇三条が、「本憲法によって公に付与された権限は、現クレタ高等弁務官である、ギリシアのゲオルギオス王子殿下が行使する」と定めていた通り、かつてのゲオルギオス「公」も高等弁務官ではあった。だが第二代高等弁務官ザイミスは、クレタの憲法上も、もはや「公」ではない。そして「公」による任命議員の枠は撤廃され、顧問と議員の兼職禁止も解除されたうえで、高等弁務官が不裁可とした法案は、次会期に議会が再可決した場合には法律として成立することが定められた(第三九条)。立法権は高等弁務官と議会が共有し、両者が法案発議権をもつ点は変わらないが(第二六条)、議会の権限は顕著に拡大された。かつての「公」とは異なり、高等弁務官は年に一度は議会を招集する一方(第四〇条)、議会は毎年五月に「当然に」開会する(第四八条)。また、ギリシア一八六四年憲法第四四条に倣って、「高等弁務官は憲法又はそれに基づく特別法が明文で定めた以外の権限を有さない」(第四四条)。

さらに興味深いことに、一九〇七年憲法によれば、顧問の訴追は、それに関する法律が公布されるまで、「大臣の責任に関するギリシアの一八七六年法律第五一六号」に準拠しておこなわれる(第八四条)。しかも、「ギリシアで現職の裁判官であるギリシア市民」はクレタの裁判官になることができる(第一一二、一一四条)。その権威がクレタの「人民」に発しないことは明らかな列強四カ国の高等弁務官が「最高の長」とされ、ギリシアという外国の法律が通用し、外国の市民が公職に就く政体において、「(半)主権」の所在はいっそう曖昧であろう。そのような政体はそもそも「国家」であるか否かも疑わしい。

クレタ人は、「半主権国家」という擬制が許す限りで、ギリシアとの一体性を追求したといえるだろう。

そのあらわれの一つが宗教である。クレタ一九〇七年憲法第二条は、ギリシア一八六四年憲法第一条の文言をそのまま借用して、「クレタにおける支配的な宗教はキリスト教会の東方正教である」と定める。そのうえでさらに、やはりギリシア一八六四年憲法第四三、四九、六四条に倣い、第四六条は高等弁務官に、「同質不可分の至聖三者の名において宣誓する」ことを要求する。また一八九九年憲法第五一条が、議員は「おのおのの宗教が慣習とする形式によって」宣誓するとしていたのに対し、一九〇七年憲法第五八条のもとでは、議員もまた、「同質不可分の至聖三者の名において宣誓する」。つまり、高等弁務官や議員が正教徒であることは前提である。一八九九年とは異なり、一九〇七年のクレタでは、正教の優越性が憲法上も確立した。そして選挙に関しても少なからぬ変化が生じた。かつて一八九九年憲法は、単記制で、かつ「可能な限り完全に少数派の代表を保障する投票方法」を求めていた（第四一条）。ここでいう「少数派の代表」は具体的には「オスマン要素の代表」、すなわちムスリムの代表を指しており、これを保障すべく、一九〇一年制定のクレタ選挙法第一五三条は、大選挙区非移譲式単記制の投票方法を定めていた。ところがこれらの規定は一九〇七年憲法からは削除され、「議員選挙において、イラクリオン、レティムノ、ハニアのムスリムは、独自の選挙人団を構成する」こととなった（第一〇八条）。つまり、各議員は自らの選挙区のみならず全島を代表するという原則の一方で（一八九九年憲法第四四条、一九〇七年憲法第六〇条）、ムスリムについては、「人民」なり「国民」なりの一員としてという以上に、その信仰に基づくかたちで投票行動を固定化することが、憲法の明文による要請となる。なお、法の前の平等を定める第二二条も、「公職はあらゆるクレタ人に宗教の別なく開かれ、共存する二要素の人口に応じて按分される」と定めている。

たしかに、一八九九年憲法第一一条と同様に、一九〇七年憲法第三条は、「あらゆる公認の宗教の外面的な礼拝行為」の自由を保障してはいる。第五八条も、やはりギリシア一八六四年憲法第六四条と同様に、「他宗教の議員」については、「彼ら自身の宗教の形式によって」宣誓することを認める。そして、「経過規定」ならぬ「特別規定」にかかわる一九〇七年憲法第一一章は、シェイヒュルイスラームの委任状を得たカーディーやムフティーの任免(第一〇四条)、シャリーア法廷の管轄(第一〇五条)、「ムスリム長老会」の構成(第一〇六条)を、それぞれ一八九九年憲法よりはるかに詳細に定めている。したがって、憲法の文言上、必ずしもムスリムが明示的な差別の対象とされたわけではない。だがこれらの条文は、正教の優越性と特権性が確立したクレタにあって、「人民」とは宗教ごとに分断された存在であり、ほかの「公認の宗教」、すなわちイスラームの信徒は、もっぱら「例外」として、別枠にくくり出されるべき「特別」な存在であることを示していた。まさにその文脈で、ワクフ財の私有財産化もいっそう推進される(第一〇七条)。しかしこの新憲法もまた短命に終わる。その背景を成したのが、ヴェニゼロスのギリシア政界進出だった。

グディ事変から一九一一年改正憲法へ

クレタで「公」の「専制」に対する蜂起が生じた頃、ギリシアでは「寡頭制」、すなわち議会を牛耳る既成政党や王室への不満が蓄積していた。そこから生じたのがグディ事変である。一九〇九年八月、「軍人連盟」を称する将校らがアテネ郊外のグディで蹶起《けっき》する。これは、一八九七年戦争敗北後にギリシア政治に生じたはずの転換と、しかしそれが表面化しない時代閉塞の現状とに起因した動きであった。将校らは既成政党の腐敗と無能を糾弾し、庶政刷新によるギリシア「再建」を求めつつ、しかし自ら政権を運営する意向は示さなかったため、「軍人連盟」と文民政府の狭間で国政は機能不全に陥る。こうしたなか、クレタ「公」に民権の立場から立ち向かった実績をもつとともに、本国の既成政党の部外者であるため係累《けいるい》に囚われない変革が可能な指導者として、将校らが白羽の矢を立てたのがヴェニゼロスだった。ただし、招聘《しょうへい》を受けてアテネに到着したヴェニゼロスは、拙速な体制転換によって外部、とりわけ保護国三カ国の干渉を招くことを避けるべく、「再建」は新憲法の制定ではなく現憲法の改正によって可能だと「軍人連盟」を説得して、そのための総選挙実施への道筋を敷く。

翌一九一〇年八月に実施された選挙では、グディ事変の衝撃やヴェニゼロスの登場にもかかわらず、強い地盤をもつ既成政党が過半数を制した。しかし、これにより招集された第一次憲法改正議会では、「表明の原則」に反するかたちで、ヴェニゼロスが首相に任命される。既成政党の掣肘から自由な「改革」を志向するヴェニゼロスは、ただちに再選挙に打って出るべく、自らに対する信任投票に持ち込んだうえで、その結果を強引に議会解散の理由とした。一連の手続きは違憲だと訴える既成政党の旧政治家たちは、抗議の意を込めて再度の選挙への参加を拒絶した。このため、十二月におこなわれた選挙ではヴェニゼロス派が圧倒的な勝利をおさめる。後知恵としてみれば、既成政党の命運はここで決した。憲政の常道に反して首相となったヴェニゼロスは、憲法の明文にも反して改憲を推し進める。そもそも一八六四年憲法第一〇七条は、「基本的でない規定のみが改正可能である」とし、しかもそれは、「議会が連続する二つの会期で総議員の四分の三によって改正を求め」たうえで、改憲のため定数の二倍の議員で招集される新議会が改正を議決した場合に限られるとしていた。国王ゲオルギオスも憲法学者サリポロスも危惧していたように、この「法的にも実践的にも不可能な規定」はかえって合法的な改憲を困難とし、非合法の改憲をもたらす誘因となった。だが他方でヴェニゼロスは、「王のいない共和国」の樹立や新憲法制定を求める声には反対し、これは制憲議会ではなく、あくまで「基本的でない」規定についての改正議会だという建前を貫く。そしてその草案作成にあたったのがサリポロスだった。

こうして第二次憲法改正議会は一九一一年改正憲法を制定する。今回の改憲項目は、かつてトリクピス時代から指摘されていた問題点にかかわるものが多く、それが、クレタ憲法の経験をもつヴェニゼロスの手によって実現されたといえる。改正憲法では、既成政党の牙城だった議会の権限縮小と引き換えに執政機能の強化がはかられた。市民的自由の保障は進んだが、同時に、戒厳や「祖国の防衛」や「公共の利益」によるその制限も明文化された（第一七、九一、一〇六条）。改憲手続きも簡略化されたが（第一〇八条）、君権の制限にはほとんど手がつけられなかったし、非正教徒への無関心も継続する。一方、クレタ「公」ゲオルギオスの命運を知る「ギリシア人の王」ゲオルギオスは、ヴェニゼロス主導の「自由主義」的な改憲に同調することで王朝の延命をはかった。これに続く一九一二年の総選挙でもヴェニゼロスをいただく自由党は圧勝し、「上から」の近代化路線が正当化されるなか、同党は一連の改革立法を推進した。

こうしてギリシア政治は新たな時代を迎える。かつての二大政党制は過去のものとなり、ヴェニゼロス派と反ヴェニゼロス派の分極化が生じた。だが反ヴェニゼロス派とは既得権益への闖入《ちんにゅう》者への反発という一点を共有するのみの同床異夢の徒にすぎず、彼らが単一の政治勢力として結集するのには今しばらくの時間を必要とした。この構造が変容するのは、両次にわたるバルカン戦争とそれに引き続く第一次世界大戦の勃発をへた後になる。だがそれにいたる経緯を知るためにも、ここであらためてオスマン側の動向に目を向ける必要がある。

4　オスマン帝国と立憲政

「国民主権」と「特権諸州」

一九〇八年七月、オスマン領マケドニアで生じた蜂起は瞬く間に帝国全土に波及し、立憲政の再開が宣言された。青年トルコ革命の勃発である。この革命は、それまで三〇年にわたる「専制」政治を敷いた君主アブデュルハミト二世に抗し、「国民主権」を実現しようとする動きだった。この意識は当然に、それまで「東方問題」の文脈でさまざまなかたちで侵害されてきた「主権」の回復へと向かう。その標的の一つが、大宰相府の実効支配のおよばない、「特権諸州」と称される自治的領域だった。だが革命にともなうオスマン政界の動揺は周辺諸国の領土拡張欲を刺激し、かえってその完全な喪失をもたらす。ベルリン条約以来、「特権州」として名目上はオスマン「主権」下に留まったボスニア・ヘルツェゴヴィナを占領し続けていたハプスブルクも、同じ地位にあった東ルメリを事実上併合していたブルガリアも、オスマン側の「主権」回復の試みの機先を制すべく、各地域をそれぞれ公式に併合する。オスマン「宗主権」下にあった「半主権国家」ブルガリアは、同時に自国の完全独立も宣言した。同じく「半主

「易幟《えきし》と膺懲《ようちょう》——クレタ問題」
「主権」の所在を象徴する旗をめぐり，相争うムスリムと正教徒(『カレム』第50号，1909年8月26日)。

権国家」をもって自任するクレタもこれに敏感に反応し、十月初めにギリシア合併を一方的に宣言する。グディ事変もその延長線上にあった。「軍人連盟」の蹶起の要因の一つは、オスマン帝国の領土保全を保障する列強の意向も慮《おもんぱか》って、クレタ併合を公然と承認できない既成政党の「弱腰」に存した。だがその結果として実現したヴェニゼロスのギリシア政界進出は、両国の対立をいっそう激化させる。

　ブルガリアが独立しボスニアが併合されるなか、クレタは帝国の「主権」が尊重されるべき「特権諸州」の代表的存在となる。したがってクレタに対する「主権」の保持は、革命後の新体制にとって譲れない一線となった。オスマン側の立場からすれば、クレタ人ヴェニゼロスは当然にオスマン国民だとみなされ、その首相就任はいうまでもなく、ギリシア議会への選出も認められない。他方、クレタに対するオスマン帝国の「主権」は列強が承認している以上、ギリシアもこの論理を公然と否定することはできない。ゆえにギリシア側が示したのも、ほかのクレタ人はともかく、ヴェニゼロスはすでにギリシア国籍を取得済みだという点にとどまった。とはいえ多くのギリシア人からすれば、クレタは一八九九年以来「国家」であり、その「(半)主権」的な意志の発露としてギリシア合併を宣言したにすぎない。そして当のヴェニゼロスは、ギリシア議会でつぎのように述べる。

かつて私は、この議会に対し、我々とトルコ《ママ》とを隔てる諸問題のなかでも最も重大なもの、すなわちクレタ問題の解決のために、どれほど私が譲歩したかを示す機会を得た。私は大宰相府に対して、その名目的な宗主権の代わりに、貢納を支払うことに同意するところまで譲歩した。私は、そうすれば彼らも、クレタ選出議員がこの議会に参加することを認めるだろうと考えた。

(『ギリシア史の五年間』)

だが、自らの「主権」を訴えるオスマン側にとって、これはなんら「譲歩」となってはいない。青年トルコ革命後、多民族多宗教的な立憲政の夢が「東方」全域に広がり、かつてのギリシア・トルコ提携構想もあらためて活性化していた。だがクレタ問題の再燃は、オスマン国民たるギリシア人の立場を微妙なものとする。そして、ムスリムと正教徒の反目をさらに助長したのは、いまや議会制を採用して民権が高まったオスマン帝国内部の制度的な要因だった。

一八七六年憲法から一九〇九年改正憲法へ

「特権諸州」が主権行使の対外的な側面にかかわるとすれば、その対内的な側面の一つは君権と民権との対立に、そしてもう一つは、その当の民権を担うべき帝国議会の代表性にかかわる。前者は一連の憲法改正において、後者はいわゆる特権問題において表面化した。

オスマン帝国の一八七六年憲法は広汎な君主大権によって特徴付けられる。帝国議会は二院制であり(第四二条)、上院にあたる元老院の議員は終身の任期で勅選されたため(第六〇～六二条)、元老院はときどきの政府に近い官僚政治家の牙城となる。そして元老院は一事不再議の原則に基づき強い拒否権を有したのみならず、代議院にはない違憲審査権および憲法解釈権をも備えていた(第五四、五五、六四、一一七条)。他方、下院すなわち代議院議員の選挙は、納税額による資格制限のもと、選挙人を介した二段階選挙で、しかも大選挙区完全連記制によっておこなわれた。このため代議院は、帝国各地の名望家層が、在地社会に対する権力を保持したまま中央政界に進出する経路となった。だが、議会の召集の延期や停会、解散は君主の手中にあり(第七、四四条)、内閣の長たる大宰相は議会に対して責任を負わず君主により直接任命された(第二七条)うえ、政府と議会が対立した場合、君主は、閣僚の更迭か議会の解散かのいずれかを自由に選択できた(第三五条)。また、議会は内閣と並んで法律の新規制定および現行法の改正を請求する権限を有しているとされたが、この場合、まず政府を通じて君主の承認を得る必要があり、さらに、法案作成は議会ならぬ国家評議会でおこなわれることとされていた。そのうえ、憲法の文面からは議会を迂回する法律制定が可能と解釈することもできるなど(第五三、五四条)、議会の権限は小さかった。

しかも憲法制定直後の第一次立憲政の試みは短命に終わる。その権限の小ささにもかかわらず、おりからの露土戦争の情勢も踏まえて議会が政府批判の動きを強めると、君主アブデュルハミト二世は、憲法の規定に基づき、一八七八年二月に議会を「停会」する。その後も憲法は形式的には存在し続け、帝国は立憲君主政体だという建前がそこなわれることはなかったが、いったん「停会」された議会が再開されることはなかった。議会権限の弱さのゆえに三〇年にわたる君主の「専制」を許したという反省から、「国民主権および立憲政の確立した運用」を実現すべく、青年トルコ革命後の第二次立憲政期には、民権重視の方向で憲法を改正すべきという点で早くから認識の一致がみられた。一九〇九年二月には、ときの大宰相が、憲法上の拘束力はないにもかかわらず、代議院の不信任決議を受けて内閣総辞職に追い込まれた。同年に起きた「反革命」蜂起、「三月三十一日事件」において、議会は叛徒の襲撃対象となったが、両院議員はやはり憲法上の根拠のないまま「国民公会」を開会して抵抗し、叛徒鎮圧の暁には、その議決によってアブデュルハミトを廃位した。その後に続いたのが、八月の憲法改正だった。

今回の憲法改正は、国民の権利保障を拡大するとともに、議会権限を大幅に強化した。代議院に対する内閣の連帯責任が明示され(第三〇条)、不信任決議を受けた閣僚の失職も定められた(第三八条)。そして、君主が議会を解散できるのは、代議院によりその提案を再度にわたり否決された内閣が総辞職した後、「新内閣が前内閣の見解を踏襲し、議会が理由を付した表決によって再びこれを否決した」場合に限られるようになった。講和、通商、領土の変更にかかわる条約締結に際しては議会の同意が必要とされ(第七、三五条)、君主による恣意的な会期の短縮も不可能となった(第四四条)。代議院の正副議長も、議会による選出結果を事後的に上奏するのみとなる(第七七条)。議会には法案発議権が認められ、

「公教育大臣ババンザーデ・イスマイル・ハック——観測気球」久しく大臣候補にあげられ続けた彼だが，就任後，短期のうちに辞任をよぎなくされる(『ジェム』第17号，1911年3月4日)。

法律は必ず議会を通過すべきことが明文化された。しかも、両院を通過した法案は二カ月以内に裁可されるか再審議のため差し戻されるかのいずれかとなった。この場合、法案の再可決には三分の二以上の多数が必要となる(第五三、五四条)。従来、裁可の期間について明文の規定が存在せず、したがって君主には恣意的に裁可も不裁可もしないという選択肢もあったことに鑑みれば、これもまた議会権限を強化する修正だったといえよう。

一九〇九年改正憲法に基づく国制を講じた国法学者、バグダード選出の代議院議員ババンザーデ・イスマイル・ハックによれば、青年トルコ革命という「暴力的な出来事に国民は暗黙の支持を与え」、憲法は「国民によって奪還された」。「引き続いて召集された代議院も改正権を極めて広義に解釈し、その結果、制憲議会の内実をもつのとほとんど変わらないこととなった」。これは「抵抗権が正統性を獲得したかたち」であって、帝国議会両議院がそれぞれ総議員の三分の二以上の多数により可決し、勅旨を得るという合法的な改憲のかたちを取ってはいるが(第一一六条)、一九〇九年改正憲法は、現実の力によって「国民主権」原則を導入し、議会制を実現した点で、革命的な文書なのだった。しかもこうして議会優位に改正された憲法典自体、形式的な意味の憲法であるにすぎず、実質的な意味においては、「国民主権は憲法の上位にある」ことが自明視される。サリポロス同様、国家法人説を採用するイスマイル・ハックによれば、主権は当然に国民にあり、主権は当然に不可分不可譲である以上、君主に主権は存在せず、君主に認められるのは、国家という法人の一機関としての地位にすぎない。このような意味での君主位と国民主権との両立を定式化したものが、イスラームにおけるカリフへの忠誠の誓い、だが彼によれば「憲法の枠内での拘束的な委任」にほかならない、バイアであった(『国法』)。こうした発想は、「皇帝は、即位時に帝国議会において、議会が開会していない場合には(開会後)最初の会議で、聖法と憲法の規定の尊重並びに祖国および国民に対する忠誠を宣誓する」(修正第三条)という憲法の規定によっても裏書きされる。

こうして「国民主権」の名のもと、議会に顕現する国民の意志が重視されるようになると、君権への対抗以上に、当の民権を担うべき帝国議会の代表性をめぐる争いが表面化する。

「諸民族の統一」

多民族多宗教のオスマン帝国において、国民の意志を表明すべき議会の構成、したがって選挙制度のあり方は、「国民主権」に基づくべき立憲政の先決問題として争点化する。代議院議員選挙法未制定のため、第一次立憲政期には暫定的に、非ムスリムを優遇した宗教別の議席配分が事前におこなわれた。

これに対し青年トルコ革命後には、宗派別、民族別の議席配分が実際の人口比をどれだけ「正しく」反映しているかが、選挙戦の過程で問われるようになる。ただし、憲法は民族について語るところがほとんどない。そこで、「民族や宗派の別を問わない」オスマン人の平等を実現するため、議席配分を法的に明文化するのではなく、あくまで運用面でその実をあげようとする配慮が示される。例えば、オスマン立憲政を通じて、両院議長はすべてムスリムだったのに対し、副議長はおおむね非ムスリムないし非トルコ系のムスリムから選出されていた。また、「ギリシア人政党」であることを明言したギリシア憲政倶楽部以外の各政党は、あらゆる宗派や民族の議員を自らのうちに含むことを標榜し、そのことにより、自らは国民全体の利益を代表する存在であると主張していた。

たしかに、非ムスリムからはしばしば宗派ないし民族別の割当制選挙の要求がなされたが、ムスリム側は一般に、政党間協定に基づく事実上の議席配分は容認しても、主権の行使にかかわる国政上の制度に関する限り、宗派や民族に基づく差異の固定化を認めようとはしなかった。というのも、ババンザーデ・イスマイル・ハックによれば、それは国民主権と議会制が必然的に要請するところだからである。「代議院議員は自らを選出した選挙区の代表ではなく、全オスマン人の代表とみなされる」（第七一条）以上、不可分なはずの主権を、個々の選挙区の都合で分割することはできない。自らの選挙区をすら代表していない議員が、特定の宗派や民族を代表するはずがない。「オスマン国籍を有する者はすべて、いかなる宗教宗派に属していようとも、例外なくオスマン人と称される」（第八条）のであって、宗派や民族に基づく差異は、「国民主権」全体にかかわる「公益」の前には、消滅すべきものだった。このような公民的統合の議論は、多民族多宗教国家オスマン帝国の存続および発展の必要条件として、憲法体制の核とも目されていた、「諸民族の統一」なる理念とも親和的である。そしてそれは、一連のギリシア・トルコ提携構想も鼓吹する理念だった。つまり、ギリシアやクレタとは異なって、オスマン憲法体制において国民の多民族多宗教性は当然の前提であり、しかもそれは、必ずしも国法学上の「例外」とはみなされない。イスマイル・ハックも説く通り、国民とは、決して血統や言語や宗派や地域に基づく原初的存在ではない。それは、人間本性の帰結としての社会的連帯に基づく利益の統一により形成される想像の共同体にほかならなかった。いまやその準則となるのが立憲主義である。

だが、諸民族の利益の統一を実現すべき場である議会で実際に生じたのは、諸民族の利益の衝突だった。正教徒の地位と利益をめぐってとりわけ昂進《こうしん》したのが、特権問題である。

特権問題

議会制の導入は、議会が決定すべき「公事」の範囲自体を争点化する。中間団体を排した単一不可分の国民統合を求めるムスリム側の主張は、「宗教」と「政治」の分離、「私益」に対する「公益」の優越という点に集約される。換言すれば、非ムスリムの「宗教的特権」は、信仰という「私事」にのみかかわるべきであり、「政治」にかかわってはならないとされる。ところが一九〇九年改正憲法は、議会制定法はシャリーアにのっとるべきとし(第一一八条)、ほかの大臣に対するシェイヒュルイスラームの優位性を明示する(第七、二九条)など、オスマン国制の「イスラーム性」を明示する。ムスリムにとっては、発布時の勅令が謳う通り憲法典が「尊き聖法の規定」、すなわちシャリーアに合致していることも、イスラームが「国教」であることも(第一一条)、オスマン皇帝がカリフであることも(第三、四条)、決して「民族や宗派の別を問わない」オスマン人の平等と矛盾するものではなかった。なぜなら、「国教」をもつ国で君主が聖俗両権を有するのは西欧諸国にも類例があって、なんら国法学上の「例外」ではないからである。「すべてオスマン人は法律の前に平等であり、宗教宗派上の事項を除き、国に対する権利および義務において平等である」（第一七条）ゆえんである。

他方、非ムスリム、とくに正教徒にとっては、宗派別の割当制選挙や「宗教的特権」こそ、「国教」を奉ずるムスリムによる「多数派の専制」に対する制度的な保障として位置付けられていた。信教の自由をめぐり、オスマン憲法体制は、「国教」と「宗教的特権」という二つの制度を明文で保障している。したがってイスラームが「国教」であること自体について非ムスリムが異議を唱えることはなく、「宗教的特権」の存続それ自体は、総論としてムスリムも賛同する。だが事が各論におよべばただちに議会は紛糾し、事態は宗教対立の色彩を帯びる。いわゆる特権問題である。教育や兵役や租税や裁判など、社会のあらゆる側面に「宗教」がかかわる以上、国民の意志すなわち「主権」が卓越すべき「公事」を論ずる「政治」の場と、信仰に基づく「特権」が許容される「私事」たる「宗教」の場との線引きは、オスマン立憲政の帰趨を左右する要因であり続ける。

とはいえ、この種の対立は、共和主義と共同体主義の相剋なり公私区分をめぐる矛盾なりが語られる現代立憲政にも通有のものである。問題は、キリスト教中心主義的な「長い十九世紀」の国際秩序において、キリスト教徒はまさにキリスト教徒であるという理由ですべからく「文明的」とみなされたのに対し、ムスリムはつねに「野蛮」の側に位置付けられたことにある。「世俗性」を標榜しつつも反ユダヤ主義が昂進する世紀転換期の列強諸国において、ロシアを除けば、ムスリムの政治参加は極めて限定的だったため、そもそも多宗教的な立憲政をめぐる問題は表面化しなかった。これに対し、キリスト教徒にも全面的な政治参加が認められたがゆえにオスマン帝国で生じた対立は、キリスト教世界の「国際世論」には、「狂信的」なムスリムによる「キリスト教徒抑圧」と映る。こうしたなか、イタリアがオスマン領リビアに侵攻した一九一一年以降、対外的には近隣諸国の侵略のもと、対内的には戦時体制のもとで、オスマン立憲政は変質をよぎなくされていく。

5 帝国の解体と国制の転換

改憲と政局

一九〇九年改正憲法により実現した事実上の議院内閣制のもと、代議院多数を押さえる統一進歩党は、自派に近い官僚政治家が組織する内閣を支持するかたちで政権に参画してきたが、一九一一年春より、議会内外で徐々に政権批判の機運が高まると、対外的危機に際して政府への権力集中を求める与党と、失政を批判して現政権の退陣を求める野党との対立が激化する。統一進歩党は議会解散による起死回生をはかろうとしたが、現行の一九〇九年改正憲法修正第三五条は、議会解散に厳重な制限を課している。そこで与党側は、再度の改憲によって君主大権をあらためて拡張し、内閣主導のかたちで執政機能を強化することをめざした。

これは革命の成果たる「国民主権」からの逆行だとして野党の反発を招く。しかし与党の真の狙いは、改正案自体の成立以上に、その否決後、自派の支持する現大宰相をいったん辞任させたうえで再び組閣させて、新内閣に再び同じ改正案を提出させることで、現行の修正第三五条が想定する議会解散要件を満たそうとするところにあった。すなわち今回の改憲案は、それが可決されようが否決されようが、与党主導の議会解散を可能とするための政争の具として提出された。とはいえ与党側もその理論的な正当化をはかる。すなわち、一九〇九年改正憲法は、君主専制を警戒するあまりに議会の権限を過度に拡張したため、議会の解散を通じて国民の意志、すなわちつねに最終的な決定者たるべき国民の「主権」を問う機会を除去してしまった。だからこそ、立法執行両権の均衡を実現することで議会の暴走による「多数派の専制」の危険を排除し、「国民主権」をより良く反映すべく、解散手続きを簡略化すべきであると。

だがこうした法学的理論にもかかわらず、また与党側が主張する手続き上の合法性にもかかわらず、必ずしも国民輿論《よろん》が熟さないまま強行された改憲手続きは、人心に少なからぬ傷跡を残す。与党側の当面の課題は、イタリアのリビア侵略という危機に対処するための執政機能強化だったが、この目的すら一時的に達成され得たにすぎない。与党側の想定通りのかたちで議会が解散されると、これを受けた一九一二年総選挙では、大々的な選挙干渉のもと、統一進歩党が勝利した。だがまさにそれによって合法的な反政府活動の回路が失われ、立憲政の担い手としての帝国議会の信頼性も大きくそこなわれた結果、とくにアルバニアで蜂起が続発するなか、前代以来の旧政治家と宮廷側近が起こした政変により、同年七月に統一進歩党は下野をよぎなくされる。こうした混乱を見越しておこなわれ、オスマン立憲政が直面した種々の難問を一挙に「解決」したのが、セルビア、ブルガリア、モンテネグロ、そしてギリシアのバルカン同盟四カ国によるオスマン領侵略、すなわちバルカン戦争だった。

バルカン戦争

正教国四カ国が「キリスト教徒抑圧」を名目に「イスラーム国家」オスマン帝国を侵略するというバルカン戦争の構図はしかし、一見するほど自然に実現したものではない。一八九七年戦争敗北以来、ギリシアの主敵はブルガリアであって、一連のギリシア・トルコ提携構想が示したように、思想的にも政治的にも、スルタン＝カリフをいただく汎イスラーム主義と世界総主教をいただくエキュメニズムは、現存するオスマン国制の枠組みのもと、相互補完的に機能していた。これに対して今回のバルカン同盟は、一九〇五年以降徐々に進行していた「東方」の政治地図の転換を象徴し、またそれを促進する。日露戦争による挫折後、ロシアはあらためてバルカンへの進出を試みたが、そこは、イタリアやハプスブルクのごとき「弱い」列強が勢力圏拡大を求めて侵出し得るほぼ唯一の場にして、セルビアやブルガリアなどの現地諸国が独自の論理で領土拡張を狙う場でもあった。したがって、「ヨーロッパの協調」の矛盾も「東方問題」の矛盾もともに、バルカンに残されたオスマン領の帰趨をめぐって表面化する。

こうしたなか、ギリシア首相となったヴェニゼロスは当面は内政改革に努め、オスマン側を刺激することは避けるべく、故郷クレタが一方的に宣言したギリシア合併についても、これをただちに承認することはしなかった。だが同時に、クレタ出身の彼は、陸続きで対峙するがゆえに多くのギリシア本国出身者がいだいた「汎スラヴ主義」への恐怖を必ずしも共有しておらず、したがって多くの本国出身者には抵抗のあるバルカン同盟構想を、それほどの抵抗なく実施に移すことができた。そしてオスマン立憲政における特権問題が「キリスト教徒抑圧」という格好の口実を提供すると、おりからの伊土戦争勃発を奇貨として、火事場泥棒を狙う点で利害の一致したバルカン諸国の提携は進む。一九一二年十月にギリシアとブルガリアの同盟が実現すると、その直後、バルカン諸国はオスマン領侵略を開始する。同時に、ギリシア議会はクレタ選出議員の受け入れを宣言した。憲法体制上、クレタはもはやギリシアの一部であることを内外に闡明《せんめい》したにほかならない。

第2次バルカン戦争終結後のバルカン諸国

大方の予想を裏切り、バルカン戦争は短期のうちにオスマン側の大敗に終わる。そして当初の現状維持の約束にもかかわらず、列強諸国は前言を撤回し、オスマン帝国のヨーロッパからの駆逐を追認する。こうした事態は、キリスト教中心主義的な当時の国際秩序に対するムスリムの不信を抜き難いものとした一方、統一進歩党の下野後に政戦両面を指導した旧世代の政治家や軍人の威信の失墜をもたらし、一九一三年一月の政変で同党が政権に復帰することを可能とした。他方、予想外の大勝を得たバルカン同盟の内部ではマケドニアの分割をめぐって対立が尖鋭化し、孤立したブルガリアがほかのバルカン諸国と交戦する事態にいたる。第二次バルカン戦争である。オスマン帝国もこれに参戦し、旧都エディルネを奪還するなど、一定の戦果を得る。だがそれでもなお、その長年の「本土」たるヨーロッパ領を失った帝国の物心両面での被害は甚大であり、その後遺症が以後の憲法体制の変質を準備した。一九一一年以降の一連の戦争の結果、「東方」全域で友敵関係が宗派主義化の一途をたどるにつれて、一九〇九年改正憲法がもたらした、「自由主義」的で多民族多宗教的なオスマン立憲政も終焉する。野党側が、「文明諸国」の「国際世論」を背景とした政権批判を強めれば強めるほど、それは、列強のあからさまなキリスト教中心主義に対するムスリム大衆の反発や不信を招き、野党政治家は私利私欲のために非ムスリムの走狗となって政権打倒をはかる「非国民」だとする像を増幅させた。ギリシア人にとり、その国籍のいかんを問わず、「未解放の同胞」は「民族」の一員として自らの憲法体制に属すべき人々だったように、多くのムスリムにとって、非ムスリム、とりわけ正教徒は、その国籍のいかんを問わず、その総体が「敵」と化していく。ババンザーデ・イスマイル・ハックはいまやつぎのように説く。

人道や文明やキリスト教の名において要求される改革のすべてが、我が国の基盤を揺さぶり独立をそこなうため、要するに国内を分断して解体させ、外からの一撃を効果的にする条件をつくるという目的を有していたことは、ここ一世紀のオスマン史が最も痛ましいかたちで目撃したところである。　　　　　　　　　　　　　　　　　　　　　　　　　　　　　　　　　（「改革の問題」）

「二十世紀の十字軍」とも称されるバルカン戦争をへて、自らの「主権」を護るべきムスリム知識人がいだいた国際秩序像はこうしたものだった。だからこそ、「ここ一世紀のオスマン史」、すなわち「東方問題」の過程でオスマン領分割に狂奔した列強諸国の勢力均衡、すなわち「ヨーロッパの協調」が崩壊した大戦の最中には、外部からの干渉の要因自体を根絶すべく、在地の多民族多宗教性そのものを抹消しようとする欲望が昂進する。それでもなお、一定数の非ムスリム議員を含んで大戦中も開会し続けた帝国議会ではあったが、この間、かつて一九一一年末に提起された執政機能強化のための改憲案が一四年五月に実現すると、以後も同様の改正があいつぎ、議会権限は一八七六年憲法発布当初の程度まで弱められることとなる。

「新領土」と「旧領土」

一方、バルカン戦争の勝者ギリシアは、従来の「旧領土」に匹敵する広大な「新領土」を獲得した。長年の懸案だったクレタも、一九一三年五月のロンドン条約で正式にギリシアに併合される。だが、宗教的にも民族的にも多様で、「旧領土」と同等の人口を擁する「新領土」の存在は、もっぱらギリシア「民族」のために「旧領土」内部で展開した従来の政治構造を変質させる。かつてテッサリア併合にともない締結された一八八一年の協定もたしかにムスリムの「外面的な礼拝行為」を保障していたが、国境画定を主眼とする同協定の内容が限定的なものだったのに対し、一九一三年十一月にオスマン・ギリシア両国間で締結されたアテネ条約は、第一一、一二条や附属の第三議定書によって、ムスリムの「外面的な礼拝行為」の保障のみならず、「シェイヒュルイスラームに従う聖職の長」すなわちムフティー、とりわけ、三名の候補のなかからギリシア王が任命しシェイヒュルイスラームより委任状を得る「大ムフティー」の権限、「ムスリム私立学校」の運営、そして「ムスリム共同体の自治や位階制組織」に関し、詳細な規定を盛り込んでいる。興味深いことに、アテネ条約はワクフ制度を尊重し、ムスリムを独自の選挙人団とすることもない。この状況は、憲法の明文によってムスリムを「特別」視したクレタ一九〇七年憲法体制とは少なからず異なっている。つまり、非正教徒への関心をほとんど有さない一九一一年改正憲法自体の文言や精神には変更がないままに、ムスリムをめぐる「特別」な制度が――「主権」にかかわる「公事」たる選挙の領域においてではなく、「私事」たる「宗教」の領域において――つけ加えられるというかたちで、ギリシアの憲法体制には実質的な変遷が生じた。「旧領土」にはほとんど存在しなかった非正教徒を大量に「国民」としてかかえこむ事態に直面して、ギリシア憲法体制が自らの「自由主義」性を示すためにも、こうした対応は不可避だったといえよう。

他方、戦争の結果、オスマン領から離脱した「新領土」の教区について、これを従来通り世界総主教座管轄下にとどめるのか、あるいは国境線の変更にともないギリシア正教会のもとに移管するのかという問題が浮上する。オスマン側が国境による内外の弁別を掲げてギリシア正教会への移管を主張したのに対して、ギリシア側は、オスマン領内の「未解放の同胞」を代表すべき世界総主教座の威信低下を避け、同時にオスマン領内への干渉の手段を残すべく、「新領土」の教区をイスタンブルの管轄下に残そうとした。だがその背景には、さらなる領土拡張をともなうメガリ・イデア実現の暁には、現行の「旧領土」「新領土」、オスマン領の区別が意味をもたなくなることを見越して、いずれあらためて世界総主教座のもとに全正教徒を糾合させようとする意図も存在していた。結局、「新領土」に対する世界総主教座の名目的な管轄は残しつつ実質上はギリシア正教会が運営するという、かつてのクレタ「府主教問題」を彷彿とさせるかたちでこの問題が決着するのは、後述の小アジア「破局」とメガリ・イデアの破綻をへた一九二八年のことである。

このように聖俗双方の文脈で、バルカン戦争は、領土とその住民、そしてそれに対応する権力との関係を揺るがした。バルカン戦争終結から一年後、いわば「第三次バルカン戦争」として勃発した第一次世界大戦は、こうした点をいっそう増幅したかたちで表面化させていく。

「国民分裂」

早くから協商国による分割構想の対象となったオスマン帝国が同盟国側での参戦をよぎなくされたのに対し、ギリシア王国の参戦は遅れた。だがこの間、ギリシアは参戦の是非をめぐって国論が真っ二つに割れる「国民分裂」をかかえこむ。バルカン戦争直後に暗殺されたゲオルギオスにかわり、大戦勃発時には長男のコンスタンディノスが国王の座に就いていた。ヴィルヘルム二世の義弟にあたる彼は、ドイツに好意的な軍部との関係もあって、親独的な中立の維持を主張した。もちろんその背景には、両次のバルカン戦争により疲弊した新旧両領土の安定を優先させるべきであって、英仏の驥尾《きび》に付して冒険主義的な拡張策を採るべきではないという判断が存在した。これに対して首相ヴェニゼロスは、オスマン帝国と仇敵ブルガリアがともに同盟国側に立った以上、協商国側での参戦は、列強の同意を得てメガリ・イデアを実現させるための千載一遇の好機だと判断する。第三国の攻撃を受けたセルビアを支援するのは同盟条約上の義務だという建前がこれを補強した。というのも、

> 島々をめぐるギリシアとトルコ《ママ》の戦争は未解決のままなのであって、これほど強力な同盟国とともにそれを続行することには大きな利益がある。トルコ《ママ》がいずれ加わる戦争に我々が参加しなければ、トルコ《ママ》が勝利した場合、小アジアのギリシア人の根絶が完了し、ギリシアはアジア沿岸の諸島を返還しなければならなくなるだろう。また、トルコ《ママ》が敗北した場合、ギリシアは小アジア問題の解決に際して、蚊帳の外に置かれる
>
> （『ギリシア史の五年間』）

からである。すでに一九一四年の時点で、ヴェニゼロスはコンスタンディノスとの対立の結果、一度辞任して再び首相に就任するという推移をへていたが、一五年にはいると、英仏が公式にギリシアへの参戦要請をおこなったことで両者の対立は激化し、ヴェニゼロスは三月に再び辞任した。だが、六月の総選挙で自由党が勝利すると、彼があらためて首相に就任する。しかし参戦の是非をめぐる対立は解消されていないため、前回と同様の衝突が再演された。王の抵抗により組閣が八月までずれ込んだうえ、十月にはブルガリアも同盟国側で参戦し、ギリシア「新領土」への進攻をうかがうなか、コンスタンディノスがあくまで中立保持を主張したことで、参戦を訴えるヴェニゼロスは再び辞任する。後継内閣が議会解散と総選挙実施に向かうと、これは違憲だと反発する彼は、抗議の意を込めて選挙不参加を決定した。一九一〇年の経緯を繰り返すかのごとく、自由党のいない十二月の選挙では王党派が大勝する。

このように、「国民分裂」は基本的には大戦への対応いかんという政治的問題だったが、法的には、

王と首相および議会との関係いかんをめぐる憲法問題として争点化した。一九一一年改正憲法は君権の制限には手をつけていなかったため、一八六四年憲法以来の広汎な君主大権が残存していた。そこでヴェニゼロスは、憲法上、王は首相および議会の意志を拒否する権限を有するにせよ、参戦の是非という同一の問題について、すでに総選挙を通じて国民の意志が表明された以上、「人民主権」に基づく「王のいる共和国」ギリシアにおいて、「ギリシア人の王」たるコンスタンディノスはそれに従うのが憲政の常道だと主張した。これに対して王党派は、宣戦講和など、内外政の重要問題についての君主大権は憲法が明文で規定するところであり、また、前回と今回とで解散理由が同一だとすること自体が恣意的な解釈である以上、ヴェニゼロスの訴えに正当性はないと主張した。そしてその背後には社会経済的な対立も伏在した。「旧領土」の都市名望家層と大土地所有者層を基盤とした既成政党の支持層は、二十

コンスタンディノス王とソフィア王妃
(『ギュレルユズ』第25号，1921年10月20日)

世紀にはいり、成長する中間層や労働者層を背景とするヴェニゼロス派と対立する。バルカン戦争後、「新領土」の住民がこれに加わると、「旧領土」の既得権益層は「小さくとも名誉あるギリシア」を合言葉とし、王の周りに結集して、民族の「大義」の名のもとに中下層階級を煽動して野放図な対外拡張に走るヴェニゼロス派と対峙する。

総選挙を棄権したヴェニゼロスはクレタに戻るが、事態の進展は彼を故郷にとどめてはおかなかった。ブルガリアの脅威を座視して中立維持を唱えるコンスタンディノスに不満をいだく一部将校は、「新領土」の中心都市テサロニキで「民族防衛」協会を立ち上げ、実力による領土防衛をはかった。一九一五年十月には事実上ギリシアの主権を無視するかたちで英仏軍が「新領土」に進駐し、翌一六年にはついにブルガリアが「新領土」に進攻する。それでもなお中立を守る王に業を煮やした「民族防衛」協会は、同年十月、ヴェニゼロスを首領に迎えてテサロニキに臨時政府を樹立した。英仏はアテネの王党派政府を一応は承認し続けるが、同時に臨時政府をなかば公然と支援する。一六年十一月、英仏の圧力がアテネでの武力衝突へと発展すると、王党派は、ヴェニゼロス派の大々的な追捕でこれに応ずる。かねてより自由党主導の「近代化」や「自由主義」化に反発していたギリシア正教会もこれに同調し、「国王の敵」にして「信仰の敵」であるヴェニゼロスには破門が宣告された。こうしてもはや修復不能となった「国民分裂」の帰趨を定めたのが、一九一七年のロシア革命だった。

協商国側にありながらも、ロシアは、一方では戦後のギリシアの発言権増大を警戒して、他方では正統な国王の地位の保全を要求して、英仏がギリシアの参戦に向けて実力を行使することには反対であった。ところが二月革命の勃発は、君主制原理へのロシアの固執を弱める。一九一七年六月、英仏はついにコンスタンディノスの国外退去を実現する。これを主導したのは、ゲオルギオス王子の妻マリの愛人にして、かつて政教分離法制定過程で頭角をあらわした人物、フランス首相ブリアンであった。亡命したコンスタンディノス本人は退位を認めなかったが、ヴェニゼロスは、彼の次男アレクサンドロスを即位させる。ヴェニゼロスは、自分はあくまでコンスタンディノス個人の「非立憲」な態度に反対していたのであって、現政体にも現王朝にも反対ではないという姿勢を示すことで、自己正当化をはかった。だがそれと同時におこなわれたのは、王党派の大規模な粛清だった。テサロニキの臨時政府はクレタから多くの人材を招いたが、かつてのゲオルギオス「公」との対立の記憶も新しい彼らは、王党派への敵意を露わにする。そしてコンスタンディノス放逐後、前年来の追捕への報復として、クレタを含む「新

「ヴェニゼロスの破門」

「領土」の人々が官職を独占的に掌握したため、「旧領土」の官民は、ヴェニゼロスへの憎悪を増幅させていく。並行してヴェニゼロスは、一九一五年十月の議会解散と十二月の総選挙を無効として、同年六月の総選挙での勝利に基づく自由党多数の議会を再招集する。だが当然これは、王党派の認め得るところではない。両派の対立は、相互の存在そのものの否認へと昂進する。これほどの「国民分裂」をもたらしつつ、ヴェニゼロスは念願の参戦を一七年七月に実現した。だがすでに大戦は末期であり、その貢献の少なさを自覚するヴェニゼロスは、戦後処理の過程でメガリ・イデアを実現するためにも、英仏へのいっそうの奉仕を必要とした。

ギリシア軍による一九一九年初頭のオデッサ進駐と同年五月のイズミル進駐は、このような計算の結果だった。だが、対ソヴィエト・ロシア干渉戦争の一環としておこなわれた前者はボリシェヴィキの反攻を受けて早期に撤収をよぎなくされ、ロシア領内のギリシア人の立場をいっそう困難なものにしただけに終わる。アナトリア内陸部への侵攻へと発展した後者は、オスマン側の強い反発を惹起し、トルコ独立戦争の発端となるとともに、ギリシア人にとってのその後の「破局」の引き金ともなった。それでも、ヴェニゼロスの活動もあって、二〇年八月のセーヴル条約では東トラキアやイズミル周辺の事実上の獲得が認められ、「五つの海と二つの大陸」の大ギリシアが達成されるかにみえた。ヴェニゼロスはこの余勢を駆って、一九一五年以来の総選挙に打って出る。ところが、彼が国王に擁立したアレクサンドロスが、総選挙直前の一九二〇年十月に猿に嚙まれて急死すると、国内外の動揺のなかで実施された翌月の総選挙で、ヴェニゼロス派は予想外の敗北を喫する。「国民分裂」以来の王党派の反発や、バルカン戦争以来のあいつぐ出兵に対する人々の厭戦気分がその背景にあったと目される。すでに総選挙前

「アナトリアを一掃するヴェニゼロス」
(『ネオロゴス』第4002号，1920年7月3日)

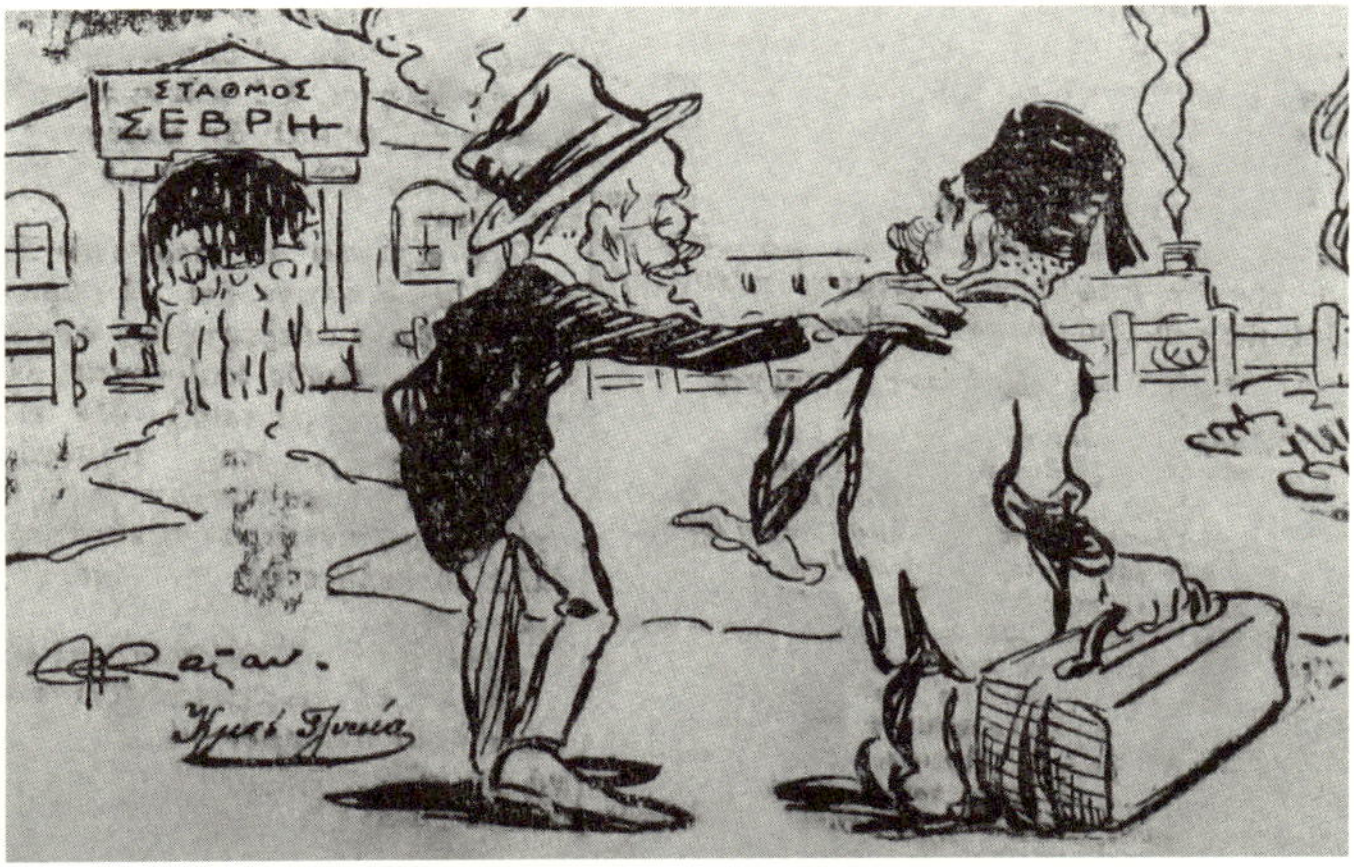

「セーヴル条約――調印の後に」
勝者の余裕を漂わせるヴェニゼロス
(『ネオロゴス』第4039号，1920年8月12日)。

から、ヴェニゼロス派と王党派のあいだでは、暗殺や暗殺未遂が応酬される不穏な情勢となっていた。敗北を受けてヴェニゼロスは退陣し、十二月にはコンスタンディノスの帰国と復辟《ふくへき》が実現した。

従来「小さくとも名誉あるギリシア」を呼号していたはずの王党派は進行中の小アジア侵攻を引き継いだが、「国民分裂」の際、協商国側での参戦を肯《がえ》んじなかったコンスタンディノスに対し、英仏は露骨に不支持の意を示す。他方、再び粛清の対象となったヴェニゼロス派は、連合国の占領下にあり、王党派の手出しできない帝都イスタンブルを拠点とした。こうした展開は、オスマン領に居住する「未解放の同胞」にも作用する。ヴェニゼロスの首相在任中の一九一九年三月に、イスタンブルの正教徒共同体は一方的に大宰相府との断交を宣言し、ギリシアとの合併を志向することを明確にした。そして二一年には、かつて「国民分裂」の際に破門されたヴェニゼロスが政権復帰後にアテネ府主教に推挙した人物、メレティオスが、世界総主教に選出される。こうして強化されたヴェニゼロス派とオスマン領内の正教徒との結び付きは、ムスリムの目には、バルカン戦争以来の、「敵」としての正教徒像を確証するものとして映る。こうしたなかで進められたのが、トルコ独立戦争だった。

トルコ一九二一年憲法

敗戦直後、統一進歩党の領袖が逃亡すると、オスマン政界の主導権は最後の君主メフメト六世ヴァヒデッティンが握った。一九一四年以来の任期を一年延長して開会し続けていた帝国議会を一八年十二月に解散した彼は、君主大権の回復をはかりつつ、連合国への屈従による王朝の延命を企図していた。だが英仏はオスマン領の分割を既定方針としており、やがて二〇年のセーヴル条約によってオスマン側

「ヴェニゼロスの成果――大ギリシア」
(『ネオロゴス』第4040号, 1920年8月13日)

は、アラブ地域の放棄やギリシアへの領土割譲に加え、独立アルメニアやクルディスタン自治領の設置によるアナトリア分割などを含む過酷な内容を突き付けられることになる。一方、「弱腰」な政府に対し、抵抗の動きは「下から」生じていた。すでに敗戦直後から、アラブ地域を除く全国各地で、住民の「自決」を演出しつつ占領および分割に反対する権利擁護協会が結成されていた。そしてとりわけ抵抗運動の活性化をもたらしたのが、ギリシアのイズミル占領だった。あくまで英仏など列強諸国に敗れたという認識のムスリムに、「小国」ギリシアによる占領は憤激をもたらす。そして、アラブ地域ではおこなわれず、またユダヤ人を除く非ムスリムは参加を拒絶した一九一九年の総選挙をへて、二〇年一月に権利擁護協会系の勢力が多数を占めるかたちで召集された最後のオスマン帝国議会は、「国民誓約」を決議し、「ムスリム・オスマン人」の居住地域としてのアナトリア死守の意志を明示する。連動して抵抗運動が活発化するなか、治安維持を成し得ない大宰相府に業を煮やした連合国が三月に帝都に進駐するにおよび、これに抗する議員らはアンカラに集結し、以後の独立戦争を指導していく。

こうして招集された大国民議会第一議会は、オスマン帝国議会第四議会からの連続性に基づき、オスマン帝国とトルコ共和国という、二つの異なる国家を媒介する役割を担った。同議会が制定した一九二一年憲法は、「国民主権」原理を明示し(第一条)、立法と執行に関する全権力を大国民議会に集中する議会統治制を定め(第二条)、国号として「トルコ国」を選択した(第三条)。同憲法の原型として一九二〇年九月に提出された「人民主義綱領」第五条はすでに、スルタン=カリフに「基本法の枠内において高貴で名誉ある地位」を保障しており、これらの規定は、君権の「国民主権」への従属を成文化した画期とも目される。

ただし、こうした発想はすでに青年トルコ革命の頃よりみられる。「国民主権」の顕現たる帝国議会、とくに代議院はしばしば「国民議会」と呼ばれていたし、「三月三十一日事件」の際には、超法規的存在として「国民公会」が開かれるという事態も生じていた。したがって、「大国民議会」という名称は、オスマン帝国議会からの断絶を明言するのではなく、むしろそこからの連続不連続の問題を曖昧化する効果を有していた。同様のことは、一九二一年憲法の「基本組織法」という名称にもあてはまる。この名称は、「基本法」と称するオスマン帝国憲法からの断絶を明示するのではなく、そもそものその効力の有無や両憲法間の形式的効力の優劣といった問題を曖昧にする効果をもった。ババンザーデ・イスマイル・ハック『国法』の熱心な読者だったムスタファ・ケマル、のちのアタテュルクは、「基本組織法」の審議の際、オスマン憲法からの経過規定を盛り込むべきという意見は「極めて正しく、極めて当然」としつつも、それを条文としては採択しないよう要請している。彼が元来、大国民議会は制憲議会の内実を有すると公言していたことに鑑みれば、彼がこの法律を新たな憲法典とみなしていることに疑いはない（『大国民議会議事録』第七巻）。したがってケマルのこの発言には、オスマン憲法体制からの連続不連続、すなわち国制転換の有無の明示を避けようとする政治的配慮を見出すべきだろう。

つまり、君権をめぐる議論がほとんどなされないまま、「国民主権」を掲げつつスルタン＝カリフへの言及は欠く一九二一年憲法の制定を通じて、いわばなし崩し的に、大国民議会は事実上の国制転換をおこなった。「基本法」と「基本組織法」が並存する「二憲法期」に終止符が打たれるのは一九二四年憲法第一〇四条によってのことだが、この間、一九二二年十一月になされたスルタン制の廃止も二三年十月になされた共和制の宣言も、既成事実の追認以上のものではない。いみじくも、「一九〇八年革命以降、カリフの歴史的権利はもはや存在しなくなった。統治権は一九〇八年革命とともに法的にも完全に国民へと移行した」と説かれるゆえんである(『大国民議会秘密会議事録』第一巻)。「国民主権」が正統性の中核を成し、「国民議会」がその顕現とみなされる青年トルコ革命以来の言説空間は、スルタン＝カリフの地位を、それ自体をめぐる議論は棚上げされるなかですら、「国民」の意志に従属すべきものへとすでに変容させていた。

一方、一九二一年憲法の原型たる「人民主義綱領」は、「主権は無条件に国民に属する。統治様式は人民がその運命を自ら実際に決定する原則に基づく」(第六条)とし、「生存と独立の回復を唯一の目標とする人民を、帝国主義および資本主義の抑圧から解放し、統治および主権の真の所有者とすることによって」、それが達成されると確信する(第二条)。オスマン「基本法」にせよ「国民誓約」にせよ、従来の憲法体制は、「国民《ミッレト》」については語るが、「人民《ハルク》」について語ることはまれであった。だからこそ、一九二一年憲法の審議過程では、「国民主権」を謳う第一条も議会統治制を定める第二条もほとんど異論なく承認されたのに対し、「人民」の代表性にかかわる職能代表制導入の是非は紛糾をもたらした。「基本組織法」第四条の原案は、地域代表制を排し、職能代表制のみに基づいた一院制を構想していたが、その根拠の一つは、旧来の宗派共同体に基づく政治への反発にあった。かつて多民族多宗教のオスマン帝国においては、「国民主権」の実現を担保する理念として、「諸民族の統一」が唱えられた。この際、「国民」の構成要素として想定されたのは宗派ないし民族共同体である。しかし一九二〇年の大国民議会においては、非ムスリム、とりわけキリスト教徒はすでに完全に「敵」とみなされており、ゆえに、「キリスト教徒が産業を牛耳っている」という認識が、最終的に職能代表制の採用を阻むこととなった。とはいえこの過程で、非ムスリムの「国民」からの排除と並行して、その構成要素として新たに浮上した「人民」の概念が、事実上の国制転換を促進する。内憂外患の状況にあった一九二〇年の大国民議会にとり、「帝国主義」列強を共通の敵とするソヴィエト・ロシアはほぼ唯一といって良い「友邦」であって、「人民」への関心には、明らかに社会主義への傾斜が観察される。ただし独立戦争の勝利後、西欧列強との関係再構築をはかる大国民議会は、「人民」概念の階級的含意を払拭することに腐心する。かつてギリシア憲法体制が「民族」と「人民」の同一視を慫慂したのとも似て、単一不可分の「国民」と階級闘争を超克した「人民」とが同一視されるなか、「人民主義」は、「国民主権」と並ぶ新生トルコ共和国の正統的言説として確立していく。

住民交換

一九二二年九月、トルコ軍はイズミルを奪還し、ギリシア軍はアナトリアから駆逐される。この過程は大量の正教徒の殺害や放逐をともなったが、さらに翌二三年一月の協定で、ギリシアのムスリムとトルコの正教徒との交換が定められた。大戦勃発直前の一九一四年夏におこなわれていた住民交換交渉の再来である。戦争という暴力的手段をへて、交渉という「平和的」な手段で継続されたのは、人口工学的発想に基づく領内の均質化の試みだった。この結果、かつてクレタ一九〇七年憲法や一九一三年のアテネ条約が創出したギリシアの「ムスリム共同体」はほぼ消滅する。バルカン戦争以来ブルガリア領に属していた西トラキアはギリシア編入後も住民交換の例外とされたものの、正教徒の優越性と特権性は、ギリシア「民族」の一体性とともに、以後の憲法体制でも自明視され続けていく。ただし、今回の住民交換が両国の集合的記憶で占める地位は不均等である。トルコにおいてそれは「長い十九世紀」を通じた一連の難民移民の波の最終幕にすぎず、しかもそれは、独立戦争をへて共和国建国にいたる勝利の民族史観に回収される。一九二三年七月のローザンヌ条約でその勝利を国際的に承認せしめた新生トルコでは、二五年にクルディスタンで勃発した叛乱とその翌年に発覚したムスタファ・ケマル暗殺未遂事件を奇貨として仕組まれた見世物裁判とをへて、事実上の一党独裁化が進展していく。ケマル率いる共和人民党の強権支配が確立するなか、共和国は、「政治」への一切の「宗教」の干渉を排するべく、「世俗主義《ライクリッキ》」を推進していく。以後、「私事」の領域に追いやられたイスラームは宗務庁の統制下におかれ、一九二四年憲法第二条に存在したイスラーム国教条項も、二八年に削除される。

これに対し、敗者ギリシアにとって、アナトリアでの敗戦も住民交換も、「破局」にほかならない。これは、「長い十九世紀」に一貫した国是、メガリ・イデアの最終的な挫折を意味し、かつて「東方」全域に広がった跨境的な正教徒社会の事実上の消滅をもたらした。世界総主教座の存置によってかろうじてその存在を認められたイスタンブルの正教徒も従来の「特権」を失い、単なる一「少数派《マイノリティ》」へと転落する。ローザンヌ条約が定めた「少数派保護」も、主権の単一不可分と不可侵に固執するトルコ共和国の前にやがて骨抜きとなっていく。他方、バルカン戦争以来の新旧両領土の対立も癒えないギリシア本国では、積年の戦争による民生の疲弊に加え、百万人以上の難民受け入れが深刻な社会問題を形成する。都市の貧困層を構成し、新旧両領土の「現地民」から「よそ者」扱いを受けたかつての「未解放の同胞」は、自らの被抑圧感情を反ユダヤ主義として表し、政権の差別的法制を助長する一方、急成長する社会主義の基盤ともなる。共産党の勢力拡大は、「民族」に道徳の儀表を提供すべき正教会の重要性

イスタンブルを退去する総主教メレティオス
(『ギュレルユズ』第117号，1923年7月10日)

を高め、翻って国家に対する教会の自律性拡大の一因となったが、その背景には、国民の分極化にともなう政情不安があった。早くも「破局」の直後から、自らが開始した小アジア侵攻の責任を、それを引き継いだ王党派に負わせるかたちで、ヴェニゼロス派による粛清がおこなわれる。一九二二年九月の政変でコンスタンディノスは退位をよぎなくされ、王党派の政治家や軍人が見世物裁判の結果として処刑された。さらにヴェニゼロス派は二四年二月の国民投票によって王制を廃止するが、流血をともなう国制転換は、安定をもたらすにはほど遠かった。これ以降、王党派とヴェニゼロス派が対峙するなか、軍の政治介入が常態化する。共和制を定めた一九二七年憲法の制定後、ヴェニゼロスは二八年より最後の政権運営をおこなうが、その成果の一つが、一九三〇年のトルコとの関係正常化だった。

だがこの行為は失地回復と故郷帰還の夢を捨てられないかつての「未解放の同胞」を憤慨させ、その多くが王党派や共産党に鞍替えする。一九三三年の総選挙で敗北した後、ヴェニゼロスは亡命先のパリで三六年に世を去った。この間、三五年には王制復古がなされ、一九一一年改正憲法が復活するが、引き続く「国民分裂」のため政党政治は機能不全に陥る。結局、かつてコンスタンディノスの腹心だった軍人が強権支配を樹立すると、憲法の主要条項は停止されるにいたった。こうしたなか、ゲオルギオス王子の妻マリはギリシア王族としての活動を続ける一方、フランスの精神分析学者としても活躍する。彼女は師フロイトをナチスの迫害から庇護する役割も担ったが、第二次世界大戦が始まると、当のギリシアがイタリアの侵略、そしてドイツによる占領に直面する。クレタは激戦の舞台となり、かつてテサロニキの人口の半分近くを占めたユダヤ人は「最終的解決」の犠牲となる。対独協力と抵抗運動の狭間で、占領下のギリシアは同胞の相争う極限状態に陥り、解放後もかつての「国民分裂」をなぞるかのごとく、英米の支持する王党派とユーゴスラヴィアの支援を受けた共産主義者とのあいだで、凄惨な内戦に突入していく。

転換期の憲法

　本章で論じた通り、日露戦争からバルカン戦争をへて第一次世界大戦にいたる過程は、「東方」の政治地図の変容をもたらした。大戦は、それまでの国際秩序の担い手だった「ヨーロッパの協調」を解体させたのみならず、各地の君主制を崩壊せしめ、大衆政治に基づく共和制の時代をもたらした。この転換期において、「東方」各地の憲法体制は、外部、すなわち列強の干渉の結果として「民族」に基づく排他的なものへと変質し、その過程で君権は民権に、普遍宗教は世俗国家に、多民族多宗教の広域秩序像は単一民族による国民国家論にそれぞれ敗北した。それを反映するのが、クレタ、ギリシア、オスマン、そしてトルコそれぞれの憲法体制とその変遷である。往々にして類似の制度を備えつつ、しかししばしば同一の対象に異なる位置付けをすることで対抗し合ってもいたこれらの憲法は、その形成の局面でも崩壊の局面でも密接に連動し、しばしば相互に制度の継受をおこなっていた。とりわけ宗務行政に関して、オスマン帝国とギリシア、そしてその狭間のクレタ「国家」のあいだの相互作用は著しい。「民族史観」に基づき、現存する主権国家の境界を前提としながら、「先進的」な欧米諸国との異同の提示に専心する一国史的な憲法論の単純な「比較」では、これらの憲法体制も、そこに内在した諸制度の意義も、それらがたどった変遷の過程も、充分には理解できないゆえんである。

　しかも、本章で検討した世紀転換期の「東方」各地の憲法体制が内包した制度や対立軸が、すべて過去の遺物となったわけではない。かつてのクレタ「公」、ゲオルギオスが死去した一九五七年には、西側陣営の最前線として反共防波堤の役割を分担すべきトルコとギリシアのあいだでキプロス問題が昂進していた。かつてのクレタと同様に、ムスリムと正教徒の関係はこの島でも悪化の一途をたどっていき、それは今にいたるキプロス島の分断に帰結する。キプロス問題はトルコ・ギリシアの処遇ともあいまって、欧洲連合の試金石たり続けている。そして、冷戦終結後には普遍宗教が「復興」する一方、熟議に基づく立憲政はしばしば人民の喝采に依拠する権威主義に屈服し、縁故主義や世襲支配をともない君主制の再来とも見紛う「大統領制化」の流行が取り沙汰される時代が到来する。「破綻国家」の「主権」を掣肘する「保護する責任」が喧伝され、欧洲連合の周縁には「未承認国家」が叢生するなか、国際機関の管理下におかれる事実上の「半主権国家」の存在も珍しいものではない。「帝国」の復権はもはや既成事実と化したかのごとくである。宗教に対する世俗の勝利にせよ、君権に対する民権の勝利にせよ、「野蛮」に対する「文明」の勝利にせよ、そのいずれも、不可逆的な事象でも予定調和的な「進歩」でもなかったことはいまや明らかだと思われる。そのときどきの国際秩序や歴史的文脈を踏まえることなく、イスラームや正教といった特定の宗教それ自体と立憲主義との両立の是非を云々することの愚かさもまた明らかであろう。

その意味でも、国際秩序の転換期における憲法や憲法論を考察するにあたって、問われるべきはむしろ、「長い十九世紀」の西欧列強や「短い二十世紀」の西側陣営で実現したかにみえた民主主義は、はたしてどのような条件のもとで成立していたのかという点であろう。「長い十九世紀」においては、「ヨーロッパの協調」のもとでの「西方」の平和も民主主義も、「文明」すなわちキリスト教諸国による

「野蛮」すなわち非西欧諸地域の搾取を前提とし、「東方」全体を列強相互の勢力均衡に資する分銅として用いることでのみ存続し得た。「東方」各地の憲法体制とその変遷は、こうした構造に対する在地諸民族の同調と抵抗の法的な表現形態にほかならず、したがってその変質の過程自体が、「西方」の民主主義、すなわちヨーロッパ域外への帝国主義的侵略に依拠する国内平和の条件を成していた。「短い二十世紀」における「西側」の平和も民主主義も同様に、「東側」と対峙し、それへの優越性を誇示することを前提として成り立っていたのであり、冷戦終結後、その条件が崩れた後には、当の「西側」の民主主義も立憲主義もほとんど不可避的に変質した。であればこそ、「東方」各地の憲法体制がいかなる制度を包含し、国際秩序の転換期にいかに機能しまた変遷したか、そしてそれがこれまでどのように語られてきたかを学ぶことは、現代の「文明」が、あからさまにキリスト教中心主義的だったかつてのそれから何を引き継ぎ、何を前提にして存立しているのかを、現在の国際秩序に内在する価値観からできるだけ自由な立場で歴史的な視座から理解するためにも、必須の作業といえるのではないだろうか。

■図版出典・提供一覧

Ghālib, Mirzā Asad Allāh Khān, *Dīwān-e Ghālib,* Lahore, 1969. *165* 上

Ghālib, Mirzā Asad Allāh Khān, *Dīwān-e Ghālib,* Delhi, 1984. *165* 下

Iqbal: An Illustrated Biography, Lahore, 2006. *147, 169*

Molla Nəsrəddin, 1.Cild (1906-1907), Bakı: Azərbaycan Dövlət Nəşriyyatı, 1996. *15, 19, 27* 下

Molla Nəsrəddin, 2.Cild (1908-1909), Bakı: Azərbaycan Dövlət Nəşriyyatı, 2002. *21*

Theodosis Ath. Tsironis, *Ekklisia Politevomeni: O politikos logos kai rolos tis Ekklisias tis Ellados (1913-1941),* Thessaloniki, 2010. *251*

Waqt, 20. 05. 1911: 3. *94*

Загидуллин И.К., Мусульманское богослужение в учреждениях Российской империи, Казань, 2006. *145*

Исхаков С.М., Первая русская революция и мусульмане Российской империи, Москва, 2007. *135*

Ризаэтдин Фахретдинов : научно-биографический сборник, Казань, 1999. *117*

Тілекқабыл Боранғалиұлы, Жәңгір хан, Алматы, 2014. *127*

東京外国語大学アジア・アフリカ言語文化研究所所蔵 *27* 上

長縄宣博提供 *123, 125, 131*

八尾師誠提供 *31, 59, 68, 69, 75*

藤波伸嘉提供 *209, 231, 235, 249, 253, 255, 261*

山根聡提供 *155, 160, 181*

PPS 通信社提供 *109*

2005.

Tanör, Bülent, *Osmanlı-Türk Anayasal Gelişmeleri (1789–1980)*, İstanbul: Yapı Kredi Yayınları, 2005.

Tsiros, Nikolaos. Νικόλαος Τσίρος, *Κράτος, εξουσία, κοινοβουλευτικό σύστημα σε κρίση κατά την περίοδο 1914–1920: Ο Ελευθερίος Βενιζέλος και η λειτουργία του πολιτεύματος*, Αθήνα: Παπαζήση, 2013.

TBMM Gizli Celse Zabıtları, Vol. 1, Ankara: TBMM Basımevi, 1980.〔『大国民議会秘密会議事録』〕

T.B.M.M. Zabıt Ceridesi, 2nd ed., Vol. 7, Ankara: TBMM Basımevi, 1944.〔『大国民議会議事録』〕

▶参照文献

秋葉淳・橋本伸也編『近代・イスラームの教育社会史――オスマン帝国からの展望』昭和堂 2014年

新井政美『トルコ近現代史――イスラム国家から国民国家へ』みすず書房 2001年

新井政美『憲法誕生――明治日本とオスマン帝国　二つの近代』河出書房新社 2015年

池田嘉郎編『第一次世界大戦と帝国の遺産』山川出版社 2014年

岡本隆司編『宗主権の世界史――東西アジアの近代と翻訳概念』名古屋大学出版会 2014年

藤波伸嘉「国民主権と人民主義――トルコ『1921年憲法』審議過程における職能代表制論議」『日本中東学会年報』第25巻第1号 2009年

藤波伸嘉『オスマン帝国と立憲政――青年トルコ革命における政治，宗教，共同体』名古屋大学出版会 2011年

藤波伸嘉「ババンザーデ・イスマイル・ハックのオスマン国制論――主権，国法学，カリフ制」『史学雑誌』第124編第8号 2015年

Adıyeke, Ayşe Nükhet, *Osmanlı İmparatorluğu ve Girit Bunalımı (1896-1908),* Ankara: Türk Tarih Kurumu, 2000.

Alivizatos, Nikos K. Νίκος Κ. Αλιβιζάτος, *Το σύνταγμα και οι εχθροί του στη νεοελληνική ιστορία 1800-2010,* Αθήνα: Πόλις, 2011.

Fujinami, Nobuyoshi, "Georgios Streit on Crete: International Law, Greece, and the Ottoman Empire," *Journal of Modern Greek Studies,* 34(2), 2016.

Kitromilides, Paschalis M. (ed.), *Eleftherios Venizelos: The Trials of Statesmanship,* Edinburgh: Edinburgh University Press, 2006.

Maroniti, Niki. Νίκη Μαρωνίτη, *Πολιτική εξουσία και «Εθνικό ζήτημα» στην Ελλάδα, 1880-1910,* Αθήνα: Αλεξάνδρεια, 2009.

Nanakis, Andreas. Ανδρέας Νανάκης, *Το μητροπολιτικό ζήτημα και η εκκλησιαστική οργάνωση της Κρήτης (1897-1900),* Αθήνα: Επέκταση, 1995.

Perakis, Manos. Μάνος Περάκης, *Το τέλος της Οθωμανικής Κρήτης: Οι όροι κατάρρευσης του Καθεστώτος της Χαλέπας (1878-89),* Αθήνα: Βιβλιόραμα, 2008.

Svolopoulos, Konstandinos D. Κωνσταντίνος Δ. Σβολόπουλος, *Ο Ελευθέριος Βενιζέλος και η πολιτική κρίσις εις την αυτόνομον Κρήτην 1901-1906,* Αθήνα: Ίκαρος,

〔『イスラームの盛衰——ハーリーの六行詩』〕
Hasan, Mushirul, *Islam and Indian Nationalism: Reflections on Abul Kalam Azad,* Delhi, 1992.
Hasan, Mushirul, *Islam in the Subcontinent:Muslims in a Plural Society,* Delhi, 2002.
Hāshmī, Rafī'al-Dīn, *Taṣānīf-e Iqbāl,* Lahore, 1977.〔『イクバールの著作』〕
Iqbāl, Muḥammad, *Kulliyāt-e Iqbāl,* Lahore, 1989.〔『イクバール全詩集』〕
Iqbāl, Muḥammad, Barnī, Saiyid Muẓaffar Ḥusain (ed.), *Kulliyāt-e Makātīb-e Iqbāl,* Delhi, 1989.〔『イクバール書簡全集』〕
Jāved Iqbāl, *Zindah Rūd ('Allāma Iqbāl kī Mukammal Sawāniḥ Ḥayāt),* Lahore, 2014.〔『生き生きとした河』〕
Khān, Muḥammad Aḥmad, *Iqbāl kā Siyāsī Kārnāmah,* Lahore, 1977.〔『イクバールの政治的功績』〕
Niyāzī, Saiyid Nadhīr, *Dānā-e Rāz Sawāniḥ Ḥakīm al-Ummat Ḥaẓrat 'Allāma Muḥammad Iqbāl,* Lahore, 1979.〔『秘儀を知る——イクバール伝』〕
Qureshi, Ishitiaq Husain, *The Struggle for Pakistan,* Karachi: University of Karachi, 1969.
Sālik, 'Abd al-Majīd, *Dhikr-e Iqbāl,* Lahore, 1993.〔『イクバール伝』〕
Shafīq, Khurram 'Alī, *Iqbāl Tashkīrī Daur 1905 se 1908 tak,* Lahore: Iqbāl Akāḍemī Pākistān, 2009.〔『イクバール初期——1905年から1908年まで』〕
Shāhid, Ḥanīf, *Iqbāl aur Anjuman-e Ḥimāyat-e Islām,* Lahore, 2009.〔『イクバールとイスラーム擁護協会』〕

４章　転換期の憲法

▶史料

Babanzade İsmail Hakkı, *Hukuk-ı Esasiye,* 2nd ed., Kostantiniye: Müşterekü'l-Menfaa Osmanlı Matbaası, 1329r.〔『国法』〕
Babanzade İsmail Hakkı, "Islahat Meselesi," *Tanin,* 1528: 1.〔「改革の問題」〕
Cinq ans d'histoire Grecque 1912-1917: discours prononcés à la chambre des députés en aout 1917 par E. Venizélos, N. Politis, E. Répoulis, G. Cafandaris; Traduction de M. Léon Maccas, autorisée par le gouvernement grec, Paris: Berger-Levnault, 1917.〔『ギリシア史の五年間』〕
Νικόλαος Ν. Σαρίπολος, *Τὸ Κρητικὸν Συνταγματικὸν Δίκαιον ἐν σύγκρισει πρὸς τὸ ἡμέτερον καὶ τὰ τῶν ξένων κρατῶν,* Ἐν Ἀθήναις· Ραφτάνη-Παπαγεωργίου, 1902.〔『クレタ憲法』〕
Nikolaus N. Saripolos, *Das Staatsrecht des Königreichs Griechenland,* Tübingen: J.C.B. Mohr (Paul Siebeck), 1909.〔『ギリシア王国国法』〕

qūlghān ishlarī, Kazan, 1909.
Walīduf, Jamāl al-Dīn, *Millat wa milliyat,* Orenburg, 1914.
Waqt〔『ワクト(時)』〕(引用数字は順に日.月.年:頁)
Werth, P. W., *The Tsar's Foreign Faiths: Toleration and the Fate of Religious Freedom in Imperial Russia,* New York: Oxford University Press, 2014.

3章　イクバールのロンドン

上田知亮『植民地インドのナショナリズムとイギリス帝国観――ガーンディー以前の自治構想』ミネルヴァ書房 2014年
大石高志「全インド・ムスリム連盟の創立(一九〇六年)」歴史学研究会編『世界史史料 8　帝国主義と各地の抵抗1　南アジア・中東・アフリカ』岩波書店 2009年
加賀谷寛・浜口恒夫『南アジア現代史Ⅱ　パキスタン・バングラデシュ』山川出版社 1977年
古賀勝郎「諺歌百首――バーラテンドゥ・ハリシュチャンドラに捧ぐ」『印度民俗研究』5巻 大阪外国語大学 1978年
近藤治『インド史研究序説』世界思想社 1996年
藤井毅「近現代インドの言語社会史」小谷汪之編『社会・文化・ジェンダー』(現代南アジア)東京大学出版会 2003年
松村耕光「初期イクバールのインド・ナショナリズム」『外国語・外国文学研究』6 外国語大学大学院修士会 1982年
山根聡「19世紀初めインドにおけるウルドゥー語の正書法」『西南アジア研究』67号 2007年
山根聡「19世紀北インドにおけるウルドゥー語とイスラームの親和性」三尾稔・山根聡編『英領インドにおける諸宗教運動の再編――コロニアリズムと近代化の諸相』人間文化研究機構地域研究間の推進事業「南アジアとイスラーム」 2015年
Aḥmad, Nad͟hīr, Sibṯ-e Ḥasan(ed.), *Ibn al-Waqt,* Lahore, 2004.〔『時の迎合者』〕
Aḥmad, Ḥāfiẓ Nad͟hīr, *Lekcar, Ijlās Cehlum Muḥammadan Ejukeshnal Kāngres, Muna'qida 27, 28, 29, 30 Desembar 1889,* Agra, 1889.〔『第4回ムハンマダン教育会議講演録, 1889年12月27, 28, 29, 30日開催』〕
'Aqīl, Mu'īn al-Dīn, Iqbāl aur Jadīd Duniyā-e Islām, Masā'il, Afkār aur Taḥrīkāt, Lahore, 2008.〔『イクバールと現代イスラーム世界』〕
Aziz,K.K., *A Chronology of Muslim India 1700–1947,* Lahore, 1997.
Barrier, N., Genald and Wallace, Paul, *The Punjab Press1880–1905.,* Michigan University Press, 1970.
Ḥālī, Maulānā Alṭāf Ḥusain, *Madd o Jazr Islām al-Ma'rūf Musaddas Ḥālī,* Aligarh, 1903.

トワーク』昭和堂 2014 年
長縄宣博『イスラームのロシア――帝国・宗教・公共圏 1905-1917』名古屋大学出版会 2017 年
濱本真実『共生のイスラーム――ロシアの正教徒とムスリム』山川出版社 2011 年
Aḥmīrūf, ʻAbd al-Khāliq b. ʻAin al-Dīn, *Yāpūn muḥārabasī yākhūd tātār ṣāldātī,* Kazan, 1909.
Baṭṭāl, ʻAbdullāh, *ʻAbd al-Walī Yāwshif,* Orenburg, 1912.
Bīgī, Mūsā Jār Allāh, *1906 sana 16-21 āwghūstda ijtimāʻ ītmish Rusyā muslimānlarīning nadwasī,* Kazan, 1906.（本文中では『議事録』と略記。）
Bīgī, Mūsā Jār Allāh, *Iṣlāḥāt asāslarī,* Petrograd, 1917.
Crews, R., "Empire and the Confessional State: Islam and Religious Politics in Nineteenth-Century Russia," *American Historical Review* 108, no.1, 2003.
Kappeler, A., *The Russian Empire: A Multiethnic History,* Harlow, 2001.
Maʻlūmāt〔『マールーマート（報知）』〕（引用数字は順に号/刊行年/頁）
Meyer, James H., *Turks across Empires: Marketing Muslim Identity in the Russian-Ottoman Borderlands, 1856-1914,* New York: Oxford University Press, 2014.
Muṭahhar ibn Mullā Mīr Ḥaydar, *Īskī Qīshqī Tārīkhī,* Orenburg, 1911.
Nūr〔『ヌル（光）』〕（引用数字は順に日.月.年:頁）
Riḍā' al-Dīn b. Fakhr al-Dīn, *Rūsīya muslimānlarīning iḥtiyājlarī wa ānlar ḥaqqinda intiqād,* Orenburg, 1906.
Riḍā' al-Dīn b. Fakhr al-Dīn, *Islāmlar ḥaqqinda ḥukūmat tadbīrlarī, īkinchī juz',* Orenburg, 1908.
Rieber, A. J., *The Struggle for the Eurasian Borderlands: From the Rise of Early Modern Empires to the End of the First World War,* Cambridge University Press, 2014.
Ross, D., "Caught in the Middle: Reform and Youth Rebellion in Russia's Madrasas, 1900-10," *Kritika: Explorations in Russian and Eurasian History* 16, no. 1, 2015.
Sohrabi, N., "Global Waves, Local Actors: What the Young Turks Knew about Other Revolutions and Why It Mattered," *Comparative Studies in History and Society* 44, issue 1, 2002.
Shūrā〔『シューラー（評議会）』〕（引用数字は順に号/刊行年/頁）
Steinwedel, Ch., *Threads of Empire: Loyalty and Tsarist Authority in Bashkiria, 1552-1917,* Bloomington: Indiana University Press, 2016.
Sulaimānuf, Niyāz Muḥammad, *Pītirbūrgh Siyāḥatnāmasī,* Kazan, 1907.
Ṭāng Yūlduzī〔『タン・ヨルドゥズ（暁の星）』〕（引用数字は順に日.月.年:頁）
Ūṣāl, M-F., *Birinchī, īkinchī wa ūchūnchī Dūmāda muslimān dīpūṭāṭlār ham ālārining*

Загидуллин И.К., Татарское национальное движение в 1860–1905 гг., Казань, 2014.

Ибрагимов Г., Татары в революции 1905 года, Казань, 1926.

Исхаков С.М., Первая русская революция и мусульмане Российской империи, Москва, 2007.

Каримуллин А.Г., Татарская книга начала XX века, Казань, 1974.

Материалы, Материалы по истории Татарии второй половины XIX века. Ч.1: Аграрный вопрос и крестьянское движение 50–70-х годов XIX в., Москва, 1936.

РГИА, Российский государственный исторический архив.（本文中では順にフォンド／オーピシ／ヂェーラ／リストを記す。）

Усманова Д.М., Мусульманские представители в российском парламенте: 1906–1916 гг., Казань, 2005.

Фархшатов М.Н., Самодержавие и традиционные школы башкир и татар в начале XX века (1900–1917 гг.), Уфа, 2000.

ЦИА РБ, Центральный исторический архив Республики Башкортостан.（本文中では順にフォンド／オーピシ／ヂェーラ／リストを記す。）

Ямаева Л.А., Мусульманский либерализм начала XX века как общественно-политическое движение, Уфа, 2002.

▶その他の史料・参照文献

磯貝真澄「19 世紀後半ロシア帝国ヴォルガ・ウラル地域のマドラサ教育」『西南アジア研究』76 2012 年

土屋好古『「帝国」の黄昏，未完の「国民」――日露戦争・第一次革命とロシアの社会』成文社 2012 年

豊川浩一『ロシア帝国民族統合史の研究――植民政策とバシキール人』北海道大学出版会 2006 年

長縄宣博「総力戦のなかのムスリム社会と公共圏――20 世紀初頭のヴォルガ・ウラル地域を中心に」塩川伸明他編『ユーラシア世界 4　公共圏と親密圏』東京大学出版会 2012 年

長縄宣博「ロシア・ムスリムがみた 20 世紀初頭のオスマン帝国――ファーティフ・ケリミー『イスタンブルの手紙』を読む」中嶋毅編『新史料で読むロシア史』山川出版社 2013 年

長縄宣博「イスラーム教育ネットワークの形成と変容――19 世紀から 20 世紀初頭のヴォルガ・ウラル地域」橋本伸也編『ロシア帝国の民族知識人――大学・学知・ネッ

Hasanzāde, Narīmān, Shāhmorsī (tarjome), *Sattār Khān va Jonbesh-e Āzarbāyjān,* Tehrān, 1386Kh.

Jūrābchī, Hājī Mohammad Taqī, *Harfī az Hezārān Kander 'Ebrāt Āmad*, Tehrān, 1363Kh.

Kasravī, Ahmad, *Tārīkh-e Mashrūte-ye Īrān,* Tehrān, 2535Sh(chāp-e sīzdahom).

Ordūbādī, Mohammad Sa'īd, Monīrī, Sa'īd(tarjome), *Tabrīz-e Mehālūd,* 3 jeld, Tabrīz, 1362–65Kh.

Pedrām, Mohammad Hasan, *Bāniyān va Hāmiyān-e Markaz-e Gheybī-e Tabrīz,* Tabrīz, 1394Kh.

Ra'īs niyā,Rahīm va Nāhīd, 'Abdol-Hoseyn, *Do Mobārez-e Jonbesh-e Mashrūte,* Tabrīz, 1348Kh.

Sanī od-Dowre, *Mer'āt ol- Boldān,* Tehrān, 1294Q(chap-e sangi).

Sardārīniyā, Samad, *Naqsh-e Markaz-e Gheybī-ye Tabrīz dar Enqelāb-e Mashrūtiyyat,* Tabrīz, 1363Kh.

Semnānī, Panāhī, *Sattār Khān: Sardār-e Mellī*, Tehrān, 1376kh.

Tabātabā'ī, Mohammad Rezā, *Tārīkh-e Owlād ol-Āthār,* Tabrīz, 1304Q(chap-e sangī).

Tāherzāde Behzād, Karīm, *Qiyām-e Ādharbāyjān dar Enqelāb-e Mashrtiyyat-e Īrān,* Tehrān, bī tārīkh.

Yazdānī, Sohrāb, *Mojāhedān-e Mashrūte,* Tehrān, 1388Kh.

Veyjaviyye'ī, Hājī Mohammad Bāqer, 'Alī Kātebī (be-kūshesh), *Tārīkh-e Enqelāb-e Ādharbājān va Balvā-ye Tabrīz,* Tehrān, 2535Sh(chāp-e dovvom).

Wilson, S. G., *Persian Life and Customs: With Scenes and Incidents of Residence and Travel in the Land of the Lion and the Sun,* New York, 1973(3rd edition).

2章　「ロシア・ムスリム」の出現

▶キリル文字の史料・参照文献

Амирханов Р.У., Татарская демократическая печать (1905–1907 гг.), Москва, 1988.

Арапов Д.Ю., Система государственного регулирования ислама в Российской империи (последняя треть XVIII – начало XX вв.), Москва, 2004.

Арапов Д.Ю., Императорская Россия и мусульманский мир, Москва, 2006.

Валидов Дж., Очерк истории образованности и литературы татар, Казань, 1998.

Загидуллин И.К., Исламские институты в Российской империи: Мусульманская община в Санкт-Петербурге. XVIII – начало XX вв., Казань, 2003.

■参考文献

総論　革命のうねりと連帯の夢

〔イブラヒム〕「本会韃靼評議員イ氏の書簡」『大東』5-1 1912 年
イブラヒム，アブデュルレシト(小松香織・小松久男訳)『ジャポンヤ――イブラヒムの明治日本探訪記』岩波書店 2013 年
木畑洋一『二〇世紀の歴史』岩波新書 2014 年
小松久男『革命の中央アジア――あるジャディードの肖像』東京大学出版会 1996 年
小松久男『イブラヒム，日本への旅――ロシア・オスマン帝国・日本』刀水書房 2008 年
トロツキイ(桑野隆訳)『文学と革命』下 岩波文庫 1993 年
トロツキー，レオン(清水昭雄訳)『バルカン戦争』柘植書房新社 2002 年
ミシュラ，パンカジ(園部哲訳)『アジア再興――帝国主義に挑んだ志士たち』白水社 2014 年
Allworth, E.A. et al. ed., *The Personal History of a Bukharan Intellectual: The Diary of Muhammad-Sharif-i Sadr-i Ziya,* Leiden-Boston, 2004.
Browne, E.G., *The Persian Revolution of 1905-1909,* London, 1966.
İbrahim, Abdürreşid, *Âlem-i İslâm,* 1- 2, İstanbul, 1910-1913.
Sharīf jān Makhdūm-i Ṣadr-i Ẓiyā, *Rūznāma-i Ṣadr-i Ẓiyā*, ed., Muḥammad jān Shakūrī-yi Bukhārāyī, Tehrān: Markaz-i asnād va khadamāt-i pazhūheshī, 1382/2003-04
Арапов Д. Ю., Императорская Россия и мусульманский мир, Москва, 2006.

1章　サッタール・ハーンのイラン立憲革命

佐藤次高・八尾師誠・清水宏祐・三浦徹『イスラム世界のヤクザ――歴史を生きる任侠と無頼』第三書館 1994 年
八尾師誠『イラン近代の原像――英雄サッタール・ハーンの革命』東京大学出版会 1998 年
Adīb ol-Molk, Abdol-'Alī, *Dāfe' ol-Ghorūr,* Tehrān, 1349Kh.
Amīr Khīzī, Esma'īl, *Qiyām-e Ādharbāyjān va Sattār khān,* Tehrān va Tabrīz, 1339Kh.
Aubin, Eugene, *Le Perse D'aujourd'hui,* Paris, 1908.
Browne, Edward G., *The Persian Revolution 1095-1909,* 1966(New Imp.).
'Ebādollāhī Vāhed, Dāryūsh, *Mājerā-ye Sattār Khān,* Tabrīz, 1353Kh.
Ebrāmī, Hūshang, *Sattār Khān, Sardār-e Mellī,* Tehrān, 1353Kh.
E'temād os-Saltane, Mohammad Hasan Khān, *Chehel Sāl-e Tārīkh dar Īrān dar Dowre-ye Pādshāhī-ye Nāser od-Dīn Shāh(al-Mā'ther va al-Āthār),* Tehrān, 1363Kh.

長縄宣博（ながなわ　のりひろ）
1977年生まれ。東京大学大学院総合文化研究科博士課程退学，博士（学術）
専攻　中央ユーラシア近現代史。北海道大学スラブ･ユーラシア研究センター教授
〈主要著書〉
『越境者たちのユーラシア』（共編著，シリーズ・ユーラシア地域大国論５）（ミネルヴァ書房，2015）
『北西ユーラシア歴史空間――前近代ロシアと周辺世界』（編著，スラブ・ユーラシア叢書12）（北海道大学出版会，2016）
『イスラームのロシア――帝国・宗教・公共圏　1905-1917』（名古屋大学出版会，2017）

山根　聡（やまね　そう）
1964年生まれ。パンジャーブ大学オリエンタル・カレッジ　ウルドゥー文学研究科修士課程修了
専攻　ウルドゥー文学，南アジア・イスラーム論。大阪大学大学院言語文化研究科教授
〈主要著書〉
「南アジア・イスラームの地平――イクバールとマウドゥーディー」小杉泰・小松久男編『現代イスラーム思想と政治運動』（イスラーム地域研究叢書２）（東京大学出版会，2003）
『現代パキスタン分析――民族・国民・国家』（共編著，岩波書店，2004）
『４億の少数派――南アジアのイスラーム』（イスラームを知る８）（山川出版社，2011）
『越境者たちのユーラシア』（共編著，シリーズ・ユーラシア地域大国論５）（ミネルヴァ書房，2015）

藤波伸嘉（ふじなみ　のぶよし）
1978年生まれ。博士（学術）
専攻　近代オスマン史。津田塾大学学芸学部准教授
〈主要著書・論文〉
『オスマン帝国と立憲政――青年トルコ革命における政治，宗教，共同体』（名古屋大学出版会，2011）
「仲裁とカピチュレーション――1901年オスマン・ギリシア領事協定にみる近代国際法思想」『史学雑誌』第125編第11号，2016年
The First Ottoman History of International Law, *Turcica,* 48 (Leuven, 2017)

著者紹介(執筆順)

小松久男(こまつ　ひさお)
1951年生まれ。東京大学大学院人文科学研究科博士課程中退
専攻　中央アジア近現代史。東京外国語大学特別教授・東京大学名誉教授
〈主要著書〉
『革命の中央アジア――あるジャディードの肖像』(東京大学出版会，1996)
『新版世界各国史４　中央ユーラシア史』(編著)(山川出版社，2000)
『イブラヒム，日本への旅――ロシア・オスマン帝国・日本』(刀水書房，2008)
『激動の中のイスラーム――中央アジア近現代史』(山川出版社，2014)
『中央ユーラシア史研究入門』(共編著)(山川出版社，2018)
『近代中央アジアの群像――革命の世代の軌跡』(世界史リブレット人80)(山川出版社，2018)

八尾師　誠(はちおし　まこと)
1950年生まれ。北海道大学大学院人文学研究科博士課程単位取得退学，博士(人文学〈イラン・イスラーム共和国〉)
専攻　イラン近現代史，イラン地域研究，現代イスラーム論。東京外国語大学名誉教授
〈主要著書・訳書〉
『銭湯へ行こう・イスラム編――お風呂のルーツを求めて』(編著)(TOTO出版，1993)
『イスラム世界のヤクザ――歴史を生きる任侠と無頼』(共著)(第三書館，1994)
『イラン近代の原像――英雄サッタール・ハーンの革命』(中東イスラム世界９)(東京大学出版会，1998)
『新版世界各国史９　西アジア史Ⅱ――イラン・トルコ』(共著)(山川出版社，2002)
『全訳　イラン・エジプト・トルコ議会内規』(共編)(東洋文庫，2014)
『イランの歴史――イラン・イスラーム共和国高校歴史教科書』(訳，世界の教科書史シリーズ45)(明石書店，2018)

歴史の転換期10
1905年 革命《かくめい》のうねりと連帯《れんたい》の夢《ゆめ》

2019年 3 月20日 1 版 1 刷 印刷
2019年 3 月25日 1 版 1 刷 発行

編者―――小松久男
発行者――野澤伸平
発行所――株式会社 山川出版社
〒101-0047 東京都千代田区内神田1-13-13
電話 03(3293)8131(営業) 8134(編集)
https://www.yamakawa.co.jp/
振替 00120-9-43993
印刷所――図書印刷株式会社
製本所――株式会社ブロケード
装幀―――菊地信義

 ISBN978-4-634-44510-9

1905年の世界

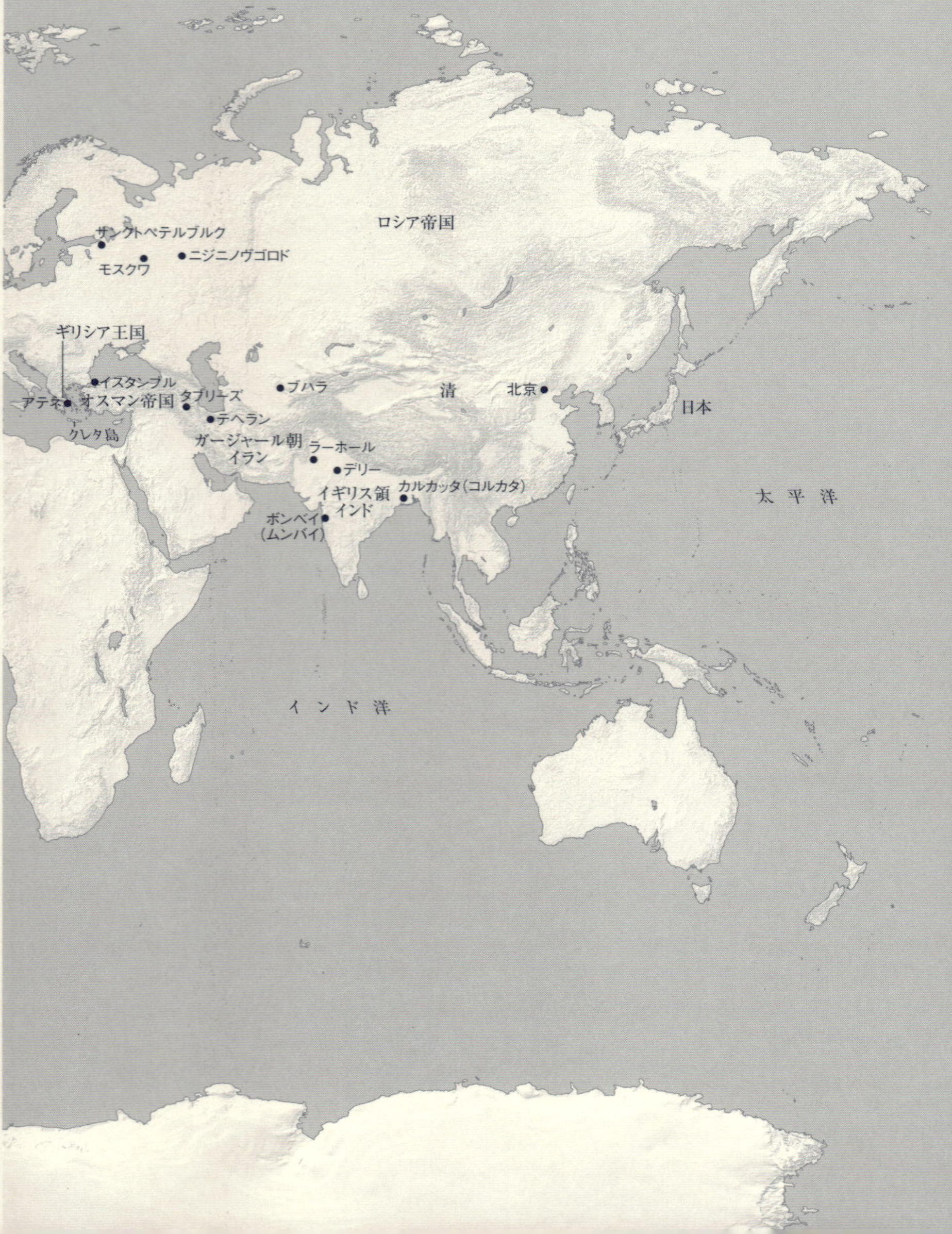
ロシア帝国
サンクトペテルブルク
モスクワ
ニジニノヴゴロド
ギリシア王国
イスタンブル
アテネ
オスマン帝国
タブリーズ
テヘラン
クレタ島
ガージャール朝
イラン
ブハラ
清
北京
日本
ラーホール
デリー
イギリス領
インド
カルカッタ(コルカタ)
ボンベイ
(ムンバイ)
太平洋
インド洋